KB179783

환자명: 대한민국

"대한민국은 지금
응급상황입니다."

경제 청진기로 진단한

환자명:
대한민국

송하늘 지음

지음미디어

CONTENTS

0장 환자정보

"대한민국은 참 특별한 환자입니다" … 8

1장 증상

01. 사회 갈등 … 21
항상 싸우는 나라 | 양팔이와 외팔이 | 박정희와 노무현

02. 계층 이동성 하락 … 35
개천에서 나지 않는 용 | 승자독식

03. 저출산 … 43
시한부 판정 | 1+1=?

2장 진찰

01. '경제'라는 청진기 … 61

02. 사회 갈등 … 69
새로운 전선 1. 남녀 갈등 | 새로운 전선 2. 세대 갈등 | 새로운 전선 3. 노노 갈등
'공정'이 만능일까 | 흑백 논리의 원천

03. 계층 이동성 하락 … 97

04. 저출산 … 108

3장 진단

01. 원인 … 121
인심은 곳간에서 나온다 | 욕구의 단계 | 국가의 기원 | '동물의 공화국'이 없는 이유

02. 유사 사례 … 146

독알: 고양이를 무는 쥐 | 영국: 연환계와 브렉시트(BREXIT) | 미국: MAGA, Make America
Great Again | "못 살겠다, 갈아보자" | 경찰과 경비 | 호랑이 새끼를 키운 미국 | 먹고사는
문제와 죽고 사는 문제

03. 발병경로 … 187

증상의 출발: 희소성 | 자본: 노동의 축적 | 자본과 노동의 격차: 시간의 희소성 | 사람과 분리
되는 자본 | 자본주의: 자본이 노동을 고용하는 경제 | 신자유주의: 유동화된 자본과 유연화
된 노동 | 약해진 낙수효과 | 증상의 시작: IMF 외환위기

4장 처방과 치료

01. 처방전 : 수문 열기 … 259

02. 처방전 : 엘리베이터 … 273

특이점이 온다 | 기본소득: 엘리베이터의 끝판왕

03. 응급치료 … 309

유사 처방 주약: 이민

04. 유의사항 … 331

5장 응원

환자 옆 보호자들 … 339

차가운 머리와 따뜻한 가슴 | 마지막 보루

작가의 말_ 이 책을 쓴 이유 … 349

COOL HEAD
AND
WARM HEART

0장
환자 ·
정보

"대한민국은
참 특별한 환자입니다"

  이 환자는 조금 특별합니다. 얼핏 보면 여느 다른 환자들과 비슷해 보이기도 하지만, 자세히 알면 알수록 결코 흔하지 않은 케이스라는 점은 분명해 보입니다.

  지금은 몇 가지 치명적인 증상이 나타나서 집중 치료가 필요하긴 하지만, 어쩌면 지금 이렇게 치료를 기다리는 상태조차도 감사하다고 해야 할지 모르겠습니다. 사실 오늘날에 이르기까지 이 환자는 매우 거칠고 힘들게 살아왔습니다. 삶 자체가 도전의 연속이었지요. 몇십 년 전까지만 해도 이 환자는 거의 죽은 목숨과 다를 바가 없었습니다. 치료가 무의미할 정도로 손을 쓸 수조차 없어 보였죠.

일단 한 세기 전만 해도 이 환자는 공식적으로 존재하지조차 않았습니다. 아니, 존재는 했으나 환자 본인의 독자적이고 주체적인 삶을 살지 못했습니다. 오랫동안 알고 지내왔던 옆집 사람 '벚꽃네'가 이 환자네 집에 무단으로 들어와서 오랫동안 점거하고 있었기 때문입니다.

주거침입을 당한 이 환자는 정신적·육체적, 심지어 성적으로도 모든 삶을 잠식당한 피해자였습니다. 자신의 운명을 스스로 결정할 수 있는 힘이 없었습니다. 물론 이 환자도 저항하지 않았던 것은 아니었지만, '벚꽃네'는 그만큼 강하고 악독했습니다. 심지어 네가 원해서 자신이 들어와 줬다는 적반하장도 일삼았습니다. 언젠가 내보내리라는 희망조차 사치스럽게 느껴지던 고통스러운 시간이었죠.

나날이 더 심해지던 '벚꽃네'의 횡포는 의외의 순간 끝이 납니다. 사실 '벚꽃네'에게 주거침입을 당하던 피해자는 이 환자뿐만이 아니었습니다. 가해자는 이 환자를 필두로, 집이 가까운 이웃 여러 명의 집을 차례로 더 손아귀에 넣고 싶어 했습니다. 욕심은 그칠 줄은 몰랐고, 주거침입의 대상은 더 넓어졌습니다.

　그러다가 어느 날부터는 동네 다른 건달들과 편을 갈라 패싸움을 벌이기 시작합니다. 처음에는 '벚꽃네'가 속한 '추축파'가 압도적이었으나, 시간이 흐르면서 '연합파'가 조금씩 우세해지기 시작합니다. 이 가해자는 흐름이 불리함을 깨닫고 필사적으로 저항해보지만, 마을 저수지 너머에 살던 '연합파' 소속 '독수리네'라는 근육맨에게 결정적인 펀치 2방을 얻어맞고 실신해버립니다. 그제야 이 환자도 질기고 질겼던 '벚꽃네'를 비로소 쫓아낼 수 있었습니다.

　하지만 그 기쁨은 잠시뿐이었습니다. 오랫동안 집을 차지하고 있던 침입자를 몰아낸 뒤 이제 앞으로 어떻게 살아가야 될지를 두고 동생과 의견이 치열하게 갈리기 시작한 것이죠. 이 환자는 '독수리네' 식대로 자유롭게 살고 싶어 했지만, 동생은 또 다른 '연합파'였던 '불곰네'에게 이미 푹 빠져 있었습니다. 형도 '불곰네'에게 넘어오지 않으면 인연을 끊고 살겠다고 협박하기까지 했습니다.

　설마설마 하다가, 어느 날 동생은 정말 이 환자를 죽이려고 시도합니다. 이 환자는 영문도 모르고 계속 얻어맞았고, 이 상황을 보다 못한 '독수리네'가 도와주러 와서야 가까스로 정신을 차릴 수 있었습니다. 머리끝까지 화가 난 이 환자는 내친김에 동생을 집에서 내쫓아 버리려고 했으나, 또 다른 이웃인 '팬더네'가 그 꼴은 또 못 보겠다며 멋대로 난입해 버리는 바람에 그것도 무산되고 말았습니다. 피투성이가 될 때까지 싸우느라 지칠 대로 지친 형제는 일단 그만 싸우기로 임시로 약속합니다. 그리고는 같은 집에서 칸막이로 구획만 막아두고 서로 왕래하지 않은 채 불편한 동거를 시작하지요.

사실 이 환자의 집은 아시아 대륙 동북단에 위치한 작은 반도입니다. 드넓은 오대양 육대주를 지닌 이 지구라는 마을에서, 고작 0.043%에 불과한 면적입니다. 안 그래도 비좁은 집인데, 현재는 그조차도 절반을 나눠서 쓰고 있는 실정이지요. 덕분에 동생은 수도를 끌어오는 물길이 둘로 나뉘어 크게 불편해졌고, 이환자는 다른 집들과 연결된 유일한 통로가 동생에 의해 틀어막혀 버렸습니다. 이제는 화해하려나 싶은 기회도 몇 번 있었지만, 매번 결과는 크게 달라지지 않았습니다. 그 앙금은 여전히 계속 남아 있지요. 언젠가는 그 칸막이도 걷히겠지만, 언제, 어떤 방식이 될지는 아직 아무도 모르는 일입니다.

이야기로 다시 돌아와서, 산전수전 공중전까지 다 겪고 난

70년 전 이 환자는 매우 심각한 상태였습니다. 이웃의 주거침입과 그 직후 동생과의 처절한 싸움은 모두 이 환자에게 큰 상처로 고스란히 남았습니다. 온몸은 성한 곳이 없었고, 정신도 극도로 피폐해져 있었으며, 안 그래도 없는 살림은 말 그대로 아무것도 남아 있지 않았습니다. 체계적인 치료를 받기는커녕, 치료비를 낼 돈도, 당장 먹고살 양식도 없었습니다. 온 마을에서 자타가 공인하는 가장 가난하고 불쌍한 신세였습니다. 동생과의 싸움에서 편을 들어준 '독수리네'가 그나마 도와준 덕분에 이 환자는 하루하루를 연명할 수 있었습니다.

사실 말이 나와서 말인데, 다른 집들은 터만 파도 땅에서 온갖 보물들이 쏟아져 나온다는데, 이 환자네 집은 그런 행운도 딱히 기대하기 어렵습니다. 여기 살던 공룡들은 뭘 했나 모르겠습니다. 아주 오래전 이 집터를 직접 고르셨다는 단군 할아버지라는 까마득한 조상님도 잠시 원망해보지만, 사실 이제 와서 뭐 어쩌겠나요. 타고난 흙수저 운명을 받아들이고 열심히 사는 수밖에.

그래서 사실 이 환자는 정말 열심히 살아오기는 했습니다. 그냥 열심히가 아니라, 목숨을 걸 정도로. 그렇게 살지 않으면 안 되었으니까요. 이 환자에게 노력은 단순한 선택이 아니라 목숨이 달린 생존의 문제였습니다.

어느 날, 이 환자는 언제까지나 이렇게 살 수만은 없다고 생각합니다. 그리고 그때부터 각성하게 되지요. '잘살아보겠다'라는 일념 하나로 새벽부터 밤늦게까지 온갖 장사와 아르바이트를 닥치는 대로 하기 시작합니다. 지금은 온 동네에서 손꼽히는 자수성가의 표본이지만, 사실 그렇게 되기까지 이 환자는 한때 안 해본 일이 없었습니다.

돈이 된다면 인형도 팔고 가발도 팔고 신발도 팔았습니다. 돈이 된다면 멀리 '아랍이네' 집에 가서 모래바람을 맞아가며 시멘트 자루도 날라주었고, 그보다도 더 멀리 '소시지네' 집까지 찾아가서 땅을 파드리고 할아버지 할머니 똥오줌을 받아내는 궂은일도 마다하지 않았습니다. 심지어는 예전 자신처럼 동생과 치고받고 싸우던 '월남이네' 집까지 같이 가서 '독수리네'를 도와 같이 싸우는 용역 일까지도 해봤습니다.

다행히 이 환자는 성실하고 부지런한 성품 덕분에 곧 마을의 신망을 얻을 수 있었습니다. 그렇게 조금씩 모은 돈으로 이제는 더 큰 장사에 도전하게 됩니다. 인형과 가발과 신발을 팔아서는 입에 풀칠은 간신히 할 수 있었지만 동시에 한계도 명확했거든요. 그래서 이 환자는 자동차와 배, 반도체와 철강을 만들어서 팔아보기로 도전합니다. 혹자는 이 계획을 두고 능력도 없이 욕심만 많다고 비웃기도 했지만, 그럴수록 이 환자는 특유의 의지와 뚝심으로 악착같이 매달렸습니다.

그리고 마침내 현재 이 환자는 온 마을에서 알아주는 장인의 경지에 오르게 되었습니다. 이제는 비행기까지 만들어서 팔고 있고, 인공위성도 날릴 수 있게 되었습니다. 불과 얼마 전까지 굶어 죽기 직전이었던 처지를 생각하면 정말 기적과도 같은 변화였지요.

한편, 이 환자에게는 오래된 고민거리가 하나 있었습니다. 뇌에서 환자 전체를 통제하려는 무서운 암세포가 자라고 있었던 것입니다. '독재'라는 이름의 이 암세포는 환자의 주체적인 의사 결정을 방해하고 개입하면서, 심지어는 여기에 반대하는 이 환자의 다른 세포들을 마구 죽여 없애는 자해조차 서슴없이 저질렀습니다. 덕분에 이 환자는 한때 몸 곳곳이 시퍼렇게 멍이 들거나 곪기도 했습니다. 그 와중에 신체기관 곳곳의 다른 세포들에게 골고루 돌아가야 할 영양분을 함부로 횡령해서 자기 종양을 키우는 데 마구 써버리기도 했습니다.

문제는 동생도 같은 암세포를 갖고 있었다는 점입니다. 사실 동생도 이 환자에게 호전적인 자세를 취하고 있었으며, 언젠가는 형을 쫓아내고 집을 독차지해 버리겠다는 욕심을 버리지 않고 있었습니다. 구획을 정해둔 칸막이도 심심치 않게 몰래 넘어오고는 걸리면 발뺌하기도 했지요. 이미 뒤통수를 세게 맞은 경험이 있었던 환자 입장에서는 여간 신경 쓰이는 부분이 아니었습니다. 자신이 잠들어 있을 때라도 언제 죽임을 당할지 모른다는 불안함을 항상 떨쳐버릴 수 없었지요.

이러한 특수한 상황은 결과적으로 이 암세포가 서식하기에는 더할 나위 없이 좋은 환경이었습니다. 암세포의 특기는 환자의 온몸을 곧잘 긴장 상태로 만들어 버리는 것이었거든요. 동생과 더 잘 싸우기 위해서는 몸이 항상 긴장되어 있어야 한다고 주장하면서 말입니다. 그러면서 암세포는 자기 덕분에 환자가 더 현명해지고 몸도 튼튼해졌으며, 특히 동생이 있는 한 자기가 이 환자 몸에 꼭 필요한 존재라고 가스라이팅하곤 했습니다. 이는 암세포들이 환자와 동생 모두에게서 각자의 존재를 정당화하는 논리로 이어지는 악순환이 되었습니다.

암세포를 지닌 환자는 정상적인 생활이 어려웠지만, 항암 투병 역시 쉽지만은 않은 일이었습니다. 이 암세포는 가까스로 제거해도, 얼마 지나지 않아 또 새롭게 다시 자라나기를 반복했습니다. 누군가는 이 환자가 완치될 확률은 쓰레기통에서 장미를 피어날 확률보다도 낮다고 비관하기도 했습니다.

하지만 이 환자는 기어코 쓰레기통에서 장미를 피워내고야 말았습니다. 언제까지나 암세포에게 조종당하며 살아갈 수는 없다고 결심한 환자는 불굴의 의지로 항암 투병을 이어갔습니다. 수많은 세포가 또 죽어 나가기도 했지만, 고통을 참아가며 치료를 받고 건강을 관리한 결과, 결국 암세포를 제거하는 데 성공했습니다. 완벽하다고는 할 수 없을지언정, 이제 이 환자는 마을에서 손꼽힐 정도로 모범적인 뇌암 완치 사례로 남게 되었습니다. 마치 잘살아보자고 마음먹고 독하게 노력한 끝에 마을에서 손꼽히는 장인의 경지에 오른 것처럼 말입니다.

가난도 극복하고 건강도 회복한 이 환자는 이제 문화로도 두각을 점점 드러내고 있습니다. 사실 이 환자는 원래부터 정도 많고 흥도 많고 끼도 넘칩니다. 춤도 잘 추고 노래도 잘 부르고 연기도 잘하지요. 사실 원래 타고난 기질이 그런 편인데, 그동안은 사는 게 너무 힘들어서 본의 아니게 그 끼를 죽이고 살 수밖에 없었습니다.

이제는 그 끼도 조금씩 다시 발산하고 있습니다. 한번 마음을 먹고 제대로 해보니 거칠 것이 없습니다. 이 환자의 춤과 노래, 연기는 마을 전체에서 매우 힙한 문화로 큰 인기를 끌고 있습니다. 여러 집을 돌아다니다 보면 이 환자의 춤을 따라 추고 노래를 틀어놓고 연기를 감상하는 모습을 어렵지 않게 발견할 수 있습니다.

얼마 전까지만 해도 빈털터리에 거의 죽은 목숨이었지만, 지금 이 환자의 위상은 몰라보게 바뀌었습니다. 이제는 다른 어려운 이웃들을 도와줄 수 있을 정도로 잘살게 되었고, 아직 항암 투병 중인 이웃들에게는 희망의 증거가 될 만큼 건강해졌으며, 마을의 유행을 선도하는 힙한 멋쟁이가 되었습니다. 점점 이 마을의 '인싸'로 거듭나는 이 환자를 많은 이웃이 부러움의 눈빛으로 바라보고 있습니다.

이 환자가 지금까지 걸어온 길은 결코 당연하게 주어진 선물이 아닙니다. 그동안 이 환자가 흘려온 피와 땀 그리고 눈물이 만들어낸 기적입니다. 목숨을 걸고 절박하게 덤벼들었던 불굴의 의지가 통했다는 징표이지요. 이 모든 것은 정말 아무것도 없이 척박한 맨땅에서 시작했기 때문에 더 의미 있고 값진 결과입니다. 말도 많고 탈도 많지만, 어쨌든 짧은 시간에 이렇게 환골탈태한 경우는 온 마을을 통틀어서도 유례가 없습니다. 역동적인 수준을 넘어서, 말 그대로 기적 같은 삶이었습니다.

대한민국은 여러모로 참 특별한 환자, 아니 나라입니다.

COOL HEAD
AND
WARM HEART

1장 • 증상 ,

01. 사회 갈등

"본인의 경험과 식견만을 과신하는 '오만'과
그렇기 때문에 상대방은 일단 틀리다는 선입견으로
무장하는 '편견'은 점점 심화되고 있습니다."

겉으로는 남부러울 것 없이 대단해 보이기만 하는 이 환자도 사실은 얼마 전부터 슬슬 예전과 같지 않음을 느낍니다. 이제는 가난에서도 벗어나고 뇌암도 완치되었지만, 기존에 못 보던 낯선 증상들을 새롭게 앓고 있습니다. 처음에는 알아서 괜찮아지겠지 싶었지만, 이게 웬걸! 나을 기미는커녕 더 악화하는 모양새가 심상치 않습니다. 신진대사가 활발하고 역동적인 체질이라 그런가, 증상이 확산하는 속도도 상당히 빠른 듯합니다.

이 환자가 앓고 있는 증상들은 참 다양합니다. 이 책에서는 그

중에서도 특히 심각한 3가지 증상들을 뽑아서 우선적으로 살펴보겠습니다. 사회 갈등, 계층 이동성 하락, 그리고 저출산입니다.

항상 싸우는 나라

먼저, 이 환자는 최근 각종 사회 갈등이라는 새로운 도전에 직면해 있습니다. 갈등은 양적으로 급격하게 늘어날 뿐만 아니라, 질적으로도 그 정도가 점점 심화되고 있습니다. 종류와 양상도 점차 다양해지고 있습니다. 기존의 남북 갈등, 이념 갈등, 지역 갈등, 노사 갈등 등에 더해, 계층 갈등, 세대 갈등, 남녀 갈등, 노노(勞勞) 갈등 등 새로운 유형의 갈등들이 수면 위로 부상하고 있습니다. 각종 국책사업 등을 둘러싼 핌피(PIMFY, Please In My Front Yard) 및 님비(NIMBY, Not In My Back Yar) 등의 공공 갈등은 모든 공공사업을 추진하고 시행하는 과정에서 일종의 통과의례가 되어버린 지 오래입니다.

갈등은 정치 이념이나 경제 정책 등 꼭 거창한 사회 담론에만 그치지 않고, 문화, 역사, 사법, 심지어는 반려동물이나 소비생활 등 개개인의 일상에 이르기까지 사회 모든 분야로 확산하고 있습니다. 일상에서는 개인 간 갈등, 가정 내 갈등들이 동시다발적으로 일어나고 있습니다. '개목줄'과 '캣맘' 논란 등 반려동물을 둘러싼 갈등, '김여사' 논란 등 주차와 교통사고를 둘러싼 갈등, '노노재팬' 논란 등 경제활동을 둘러싼 갈등, '골목식당' 논란 등 골목상권을 둘러싼 갈등, 층간소음을 둘러싼 이웃 간의 갈등 등 그 범위도 점차 한계가 없이 다양해지는 추세입니다. 강형욱, 한문철, 백종원, 오은영 씨가 바쁠 수밖에 없는 시대입니다.

사회 갈등이 급증하는 흐름과 맞물려, 이 환자의 강점이었던 치안도 같이 흔들리고 있습니다. 보이스피싱, 전세 사기, 묻지마 살인 등의 범죄는 사회공동체에 대한 신뢰도마저 떨어뜨립니다. 영화에서나 접하던 마약은 이미 청소년층까지 공공연하게 퍼졌습니다. 대낮 번화가에서 묻지마 범죄가 버젓이 일어나고, 모방 범죄 예고도 잇따르고 있습니다. 마약 청정국이자 치안 강국이라고 불리던 대한민국이 언제부터 이랬는지, 경악스러움을 넘어 어안이 벙벙할 정도입니다. 아무 날이나 저녁 뉴스만 틀어도 그리 어렵지 않게 접할 수 있는 이 환자의 내부 단면입니다.

물론 사람이 살아가면서 갈등이 없을 수는 없습니다. 갈등(葛

藤)은 이 세상 어디에나 존재합니다. 일상생활에서 칡(葛)과 등나무(藤)는 정작 쉽게 눈에 띄지 않는데, 그 보이지 않는 둘이 얽혀 만들어내는 갈등은 훨씬 더 빈번하게 관찰됩니다. 동서고금을 막론하고 어느 시대, 어느 나라, 어느 사회에서나 갈등은 있게 마련입니다. 또한 문명이 고도화되고 사회가 다원화되면서 갈등의 수준이 복잡해지는 현상은 어쩌면 자연스러운 추세일지도 모릅니다. 그리고 갈등이라는 과정은 모든 생명이 살아가면서 죽을 때까지 겪을 수밖에 없는 숙명일지도 모릅니다.

하지만 최근 대한민국 사회의 갈등은 건강한 수준을 넘어섰다는 평가가 많다는 점에서 우려를 자아내고 있습니다. 2021년 6월 영국 킹스컬리지런던(King's College London) 정책연구소가 국제 여론조사 업체 입소스(Ipsos)에 의뢰하여 발간한 한 보고서가 있습니다. 전 세계 28개국 성인 2만 3,000여 명을 대상으로 12개 사회 갈등 항목에 대해 얼마나 심각하다고 느끼는지를 조사했습니다. 그중 한국은 '심각하다'고 응답한 비율이 이념, 빈부, 성별, 학력, 정당, 세대, 종교 등 무려 7개 항목에서 1위를 기록했습니다. 특히 성별 갈등과 세대 갈등이 심각하다는 응답 비율은 평균치가 각각 40%대인 데 비해, 한국은 두 경우 모두 80%를 기록했습니다.

국내에서 조사한 결과도 크게 다르지 않습니다. 2022년 말 정부가 내놓은 〈2022 한국인의 의식·가치관 조사 결과보고서〉에 따르면, 집단 간 갈등이 크다는 응답은 거의 모든 분야에서 과반을 훌쩍 넘겼습니다.

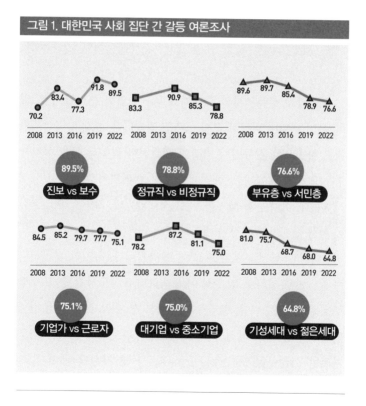

그림 1. 대한민국 사회 집단 간 갈등 여론조사

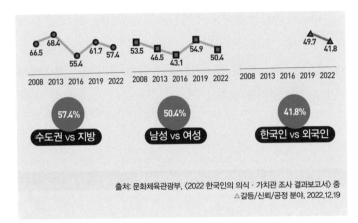

출처: 문화체육관광부, 〈2022 한국인의 의식·가치관 조사 결과보고서〉 중
△갈등/신뢰/공정 분야, 2022.12.19

　사실 각종 설문조사와 통계자료들을 일일이 분석할 것도 없이, 우리는 이미 피부로 직접 느끼고 있습니다. 실제로 일상생활에서 불필요한 갈등이나 범죄에 휘말릴까 일부러 몸을 사리는 경우도 적지 않습니다. 예전에는 똥은 더러워서 피한다고만 생각했는데, 요새는 무섭기까지 한 시대입니다. 자연스레 긴장감이 항상 팽배하고 신경이 예민하게 곤두서 있습니다.

　적대감과 함께 피로감도 같이 올라갑니다. 하지만 피곤하다는 말조차 혹시라도 '감수성'이 부족하다고 매도당할 수 있어 함부로 쓸 수 없습니다. 반대로 '공감'한다는 위로 역시 특정 집단만의 편을 든다고 비칠까 봐 조심스럽습니다. 그저 중간이라도 가려면 '할많하않(할말은 많지만 하지 않는다)'을 지켜야 합니다.

합리성에 근거한 대화와 타협이 설 자리를 잃어가고 있습니다. '알빠노(내가 알 바냐)', '누칼협(누가 칼 들고 협박했냐)', '누물보(누가 물어봤냐)', '꼬이직(꼬우면 이직하든가)' 등의 신조어는 대한민국 사회에서 합리적 토론과 타협이 갈수록 설 자리를 잃어가고 있다는 방증입니다. 상대에 대한 예의와 선의는 '선비질'로 쉽게 매도당합니다. 그 대신 조롱과 비난, 혐오와 낙인, 그리고 반지성주의가 갈수록 그 자리를 채워가고 있습니다.

이상적인 직접민주주의를 실현하리라고 한때 기대되었던 정보화 문명은 오히려 상황을 한층 더 악화시키고 있습니다. 인터넷과 SNS에서 표출되는 날 선 적대감은 거의 사이버 '전쟁' 수준이라고 해도 과언이 아닙니다. 온라인 공간은 이념·진영·성별·세대별로 편이 촘촘하게 갈려 내뱉는 온갖 조롱과 욕설로 항상 가득 차 있습니다. 벌레를 뜻하는 '충(蟲)'을 접미사로 붙여 부르는 정도는 이제 애교로 보일 지경입니다.

진심이 느껴져서 섬뜩하기마저 한 공격성은 오프라인으로도 고스란히 이어집니다. 선을 넘는 모욕, 명예훼손, 허위 사실 유포는 고소·고발 등 법적 분쟁으로도 이어지기 일쑤입니다. 심지어는 악플 테러에 시달리다 실제로 삶을 포기해 버리는 비극적인 사례들도 우리는 알고 있습니다.

이러한 증상들은 사회적으로 막대한 비용과 폐해를 유발함은 물론, 사회공동체의 결속력도 심각하게 저해하고 있습니다. 사회 구성원들은 자연스레 제각기 파편화되어 각자도생에 몰두하게 됩니다. 그렇지 않으면 살아남기도 어려운 시대이니까요. 그 과정에서 관용과 배려, 연대와 신뢰 등 공동체를 유지하기 위해 필요한 가치들은 빛이 바랜 지 오래입니다. 타인의 처지보다는 나의 편의를, 공동체의 번영보다는 개인의 영달을 우선시하는 분위기가 만연해지고 또 뚜렷해지고 있습니다. 영국의 철학자 토마스 홉스(Thomas Hobbes, 1588~1679)가 언급한 '만인에 대한 만인의 투쟁(The war of all against all)'을 연상케 하는 이 세태는 2020년대를 살아가는 이 환자의 아픈 속살입니다.

양팔이와 외팔이

미국 제33대 해리 트루먼(Harry Truman, 1884~1972) 대통령과 관련된 유명한 우스갯소리 일화가 있습니다. 참모들이 정책과 예상 효과를 보고할 때마다 "일단은(on the one hand)… 하지만 반대로 다른 한편으로는(on the other hand)…"이라며 그 부작용도 꼭 나란히 덧붙이는 바람에 "양팔 말고 어디 외팔이(one-handed)는 없느냐"고 푸념을 섞어 농담했다는 내용입니다. 여러 측면을 골고루 고려해서 균형감 있게 판단하는 작업은 그만큼 피곤한 일입니다.

세상 사람 모두가 미국 대통령처럼 항상 '양팔이' 참모들의 도움을 받아 만사를 결정할 수는 없겠지요. 하지만 그렇다고 해도 언제부터인가 대한민국 사회에서는 '양팔이'들을 아예 찾아보기조차 어렵게 되었습니다. '외팔이'의 시각으로 사안을 섣불리 단정 지으며, 이를 토대로 다른 '외팔이'들을 비난하는 세태가 짙어지고 있습니다.

생각이 '다른' 사람들을 '틀리다'고 일방적으로 규정하며 적대시하는 풍조가 팽배해 있습니다. 당연히 상대방의 반발을 부르게 되고, 갈등은 끝없는 악순환으로 이어집니다. 사회가 반반으로, 그 반에서 또 반으로 쪼개지고 갈라져서 서로를 불신하고 증오하고 있습니다. 상대방은 이미 나의 대안 세력이 아니라 퇴출해야 하는 무리입니다. 나와 같은 사람들은 '선'하고 '정의'로운 '아군'이지만, 상대방은 자연스레 '악'하고 '불의'를 추종하는 '적군'이 됩니다. '선'과 '악', '정의'와 '불의', '아군'과 '적군'의 대결은 '모 아니면 도', '승 아니면 패'로 귀결됩니다. 상종하지 못할 사람들과는 결코 타협할 수 없지요.

이러한 이분법적인 풍토 속에서 '다른' 것은 종종 '틀린' 것으로 간주됩니다. 진영 논리에서 벗어나 합리적인 논의가 이루어질 중간지대가 점차 사라지면서, 결국 남게 되는 것은 친구 아니면 적뿐입니다. 양극단의 중간지대에서 합리적인 대안을 모색하려는 시도는 종종 '어느 편'인지를 추궁받습니다. '상대편'이 아닐까 하는 경계 섞인 의심의 눈초리도 양쪽 모두에서 쏟아집니다.

상황에 따라 이치에 맞는 합리적인 대안을 건설적으로 모색하려는 대화는 점차 설 자리를 잃어가고 있습니다. 본인의 경험과 식견만을 과신하는 '오만'과 그렇기 때문에 상대방은 일단 틀리다는 선입견으로 무장하는 '편견'은 점점 심화되고 있습니다.

박정희와 노무현

사회 갈등을 예방하고 완화하고 해결해야 할 제도권 정치의 영역은 유명무실해진 지 오래입니다. 아니, 그냥 유명무실하기만 하면 다행일 정도로 오히려 갈등을 부추긴다는 지적이 많습니다. 정치권은 국민 전체가 아닌 각자의 강성 지지층, 즉 '개딸'과 '틀튜브'만 쳐다보며 상대 진영을 전인적으로 부정합니다. '우리 편'의 과실은 애써 외면하는 반면, '상대편'에게는 더욱 가혹한 잣대를 들이댑니다. '상대편'의 위기는 곧 '우리 편'의 기회이며, '우리 편'의 위기도 일단은 '상대편'의 책임으로 돌려봅니다. 이러한 진영 논리에서 조금이라도 벗어나는 일말의 쓴소리는 '내부 총질'이 되며, 양보나 타협은 '전열'을 무너뜨리는 '배신'이나 '변절' 행위로 낙인 찍힙니다.

선거 때마다 여야는 주기적으로 교체되지만, 사실은 야구처럼 주어진 기회를 소진하고 강제로 물러나는 공수 교대에 지나지 않습니다. 경쟁은 최선과 차선이 아닌, 최악과 차악 사이의 선택만을 강요합니다. '1찍'과 '2찍'은 서로가 서로를 각각 비난하기 바쁘지만, 실상은 상대가 없으면 나도 존재의 의의를 잃어버리고 마는 허무한 구조입니다. 미래 비전 대신 상대 잘못만 물고 늘어지는 적대적 공생관계는 다음 이닝에서도 똑같이 이어집니다. '이게 나라냐'와 '이건 나라냐' 간의 단편적인 대립 속에, 정작 '어떤 나라'를 만들어갈지에 대한 진지한 고민은 점점 설 자리를 잃어갑니다.

사실 맨 왼쪽을 고집하는 이상, 나머지 사람들이 모두 오른쪽으로 편향되어 있다고 보일 수밖에 없습니다. 마찬가지로 맨 오른쪽에서는 나머지가 모두 왼쪽으로만 보이게 마련입니다. 한편으로는 분단과 독재를 겪으며 이념적 갈등이 극심했던 역사적 특수성으로 인해 이른바 '빨간' 딱지에 대한 레드 콤플렉스(red complex)도 여전히 곳곳에 남아 있습니다.

아이 싸움이 어른 싸움으로 번진다는 말처럼, '산업화' 세력과 '민주화' 세력 간의 갈등은 종종 역사적 인물들을 소환해내기도 합니다. '박정희'와 '노무현' 등 양 진영을 상징하는 정치인들은 사후에도 계속 한국 정치 한복판으로 복귀하고 있습니다. 지지 · 존경 여부를 떠나서, 이들이 대한민국 현대사에 큰 영향을 미쳤다는 사실 자체는 부인하기 어렵습니다. 그 역사에 명(明)과 암(暗)이 있는 것처럼, 그들의 유산 또한 당연히 공(功)도 있고 과(過)도 있겠지요. 하지만 이 지극히 상식적인 평가는 의도적으로 둘 중 하나에만 매달리는 양극단의 목소리 앞에서 종종 묻히고 맙니다. 남는 것은 팬덤 아니면 증오뿐이지요.

인터넷과 SNS가 발달하면서 소통의 양과 속도는 거의 무한대로 촉진되었지만, 다른 한편으로 소통의 깊이는 그만큼 얕아졌습니다. 논조를 위해서는 사실도 왜곡하고, 정보를 편식하게 하며, 감성을 조작하는 작업도 더 용이해졌으며, 더 잦아졌습니다. 제목부터 자극적인 가짜 뉴스들이 어지럽게 난무하면서 객관적인 사실도 쉽게 믿지 못하고 있습니다. '우리 편'의 콘텐츠만 취사선택해서 보여주는 유튜브나 인터넷 방송은 이미 유망한 산업으로 자리 잡았습니다. 이분법적인 흑백 논리는 때때로 음모론을 만나 위험한 수준으로 폭발하기도 합니다.

또한 알고리즘을 통해 사용자의 입맛에 맞는 정보와 뉴스만 취사선택하는 경향은 강화됩니다. 각종 온라인 커뮤니티에서는 비슷한 성향의 사람들끼리만 모여 교류하는 과정에서 서로의 확증편향이 강화됩니다. '보고 싶은 것'만 보고, '믿고 싶은 것'만 믿는 환경에 더욱 노출됩니다. 입맛에 맞는 정보만 선택적으로 수용하는 가운데, 내 생각과 다른 가치관, 의견, 경험을 마주하고 교류할 기회 자체가 오히려 많이 줄어들었습니다. 같은 사안에 대해서도 해석과 평가가 극과 극으로 갈리게 되면서, 보편적 합의에 도달할 수 있는 여지가 상당히 좁아졌습니다. 우리는 우리 자신도 깨닫지 못하는 사이, 그렇게 서서히 '외팔이'가 되어가고 있는지도 모릅니다.

안타깝게도 세상은 그렇게 명쾌하게 나뉘어 떨어지지 않습니다. 인간은 모든 것을 완벽하게 알고 완벽히 행할 수 있는 신이 아닙니다. 천사도 악마도 아닙니다. 정의가 늘 승리하는 것도 아니고, 아니 그보다 정의가 무엇인지부터 단언하기도 어렵습니다. 세상에는 '절대적'이라고 확언할 수 있는 대상이 생각보다 그리 많지 않습니다. 어느 한쪽만이 전적으로 옳고, 전적으로 틀린 경우는 없습니다. 분명히 선한 의도로 시작했는데 결과가 나쁜 사례도 있고, 반대로 불가능하게만 느껴지던 일들이 현실로 이루어지는 기적도 일어납니다. 어떠한 화려한 영광이나 비극적인 좌절도 결국에는 역사의 물줄기로 합쳐져 흘러가며, 그 과정에는 셀 수 없이 많은 우연과 필연이 겹쳐져 있습니다.

'박정희'에 대한 무조건적인 반대가 항상 '민주'적이지는 않은 것처럼, '노무현'이 추구하던 가치가 무조건 '좌빨'인 것도 결코 아닙니다. 불필요하게 반복되는 소모적인 갈등은 공을 계승하고 과를 극복할 합리적인 혜안을 흐려버립니다. 그러면서 우리는 우리만의 새로운 시대로 나아가지 못하고 여전히 그 시대에 갇혀 버리게 되지요. 각자의 방식으로 대한민국을 사랑했던 그들이 이 갈등을 본다면 과연 무슨 생각을 할까요. 물론 역사에 가정은 없습니다만.

02. 계층 이동성 하락

"유토피아가 아닌 현실에서 개천과 하늘은
어차피 모두 존재할 수밖에 없습니다. 그보다 훨씬 더 중요한
본질적인 문제는 개천에서 하늘로 오를 수 있는 기회의 사다리
자체가 줄어들고 있다는 점입니다."

개천에서 나지 않는 용

이 환자의 다른 증상으로는 계층 이동성이 하락하는 현상을 꼽을 수 있습니다. 계층 이동의 사다리는 조금씩 좁아지고 있으며, 개인의 노력만으로는 그 사다리를 오르기 쉽지 않습니다. 아니, 이제는 그 사다리에 접근하고 도전해볼 기회조차 쉽게 허락되지 않습니다.

사실 대한민국은 얼마 전까지만 해도 흔한 비유로 '개천에서

용 난다'는 신화가 가능한 사회였습니다. 집안이 평범해도, 부모가 가난해도, 심지어 조상이 노비 출신이더라도, 본인의 능력에 따라 성공의 가능성이 얼마든지 열려 있었습니다. 전통적인 신분 질서는 일제강점기와 한국전쟁을 거치면서 통째로 무너졌고, 사람이 자원인 나라였기에 누구나 노력하면 기회의 사다리에 도전할 수 있었습니다. 오늘날 이 환자를 먹여 살리는 주요 대기업들의 창업주들은 대부분 자수성가 일대기를 가지고 있고, 명문대와 사법시험 등 이른바 사회적인 '성공가도'들도 대부분 본인의 공부와 노력에 따라 합류 여부가 결정되었습니다.

꼭 그런 성공신화까지 아니더라도, 그냥 성실하게 살아가는 평범한 사람들도 양질의 일자리를 잡아서 중산층으로서 안정적인 삶을 영위할 수 있었던 사회였습니다. 어려운 가정형편으로 공사판을 전전하다가도, 피나는 노력 끝에 서울대와 사법시험에 연이어 합격할 수 있었던, 그 유명한 '공부가 가장 쉬웠어요' 류의 성공신화가 전 국민에게 이따금 희망과 감동을 선사하기도 했습니다. 태어난 대로 평생의 삶이 결정되는 대신, 본인의 노력으로 운명을 바꿀 수 있는 가능성이 열려 있었습니다. 상당히 역동적인 사회였죠.

그런데 이렇게 한때 이 환자의 역동성을 상징했던 이런 신화도 언젠가부터는 좀처럼 찾아보기 어려워진 것 같습니다. 최근 대한민국은 흔한 비유로, 개천에서 용 나기가 참 어려워졌습니다. 진짜 문제는 개천과 하늘이 나누어져 있다는 사실이 아닙니다. 유토피아가 아닌 현실에서 개천과 하늘은 어차피 모두 존재할 수밖에 없습니다. 그보다 훨씬 더 중요한 본질적인 문제는 개천에서 하늘로 오를 수 있는 기회의 사다리 자체가 줄어들고 있다는 점입니다.

하늘은 높아져 이제는 우주가 되어버렸고, 반대로 개천은 더 낮아져 지하수가 되어버렸습니다. 엄두도 내지 못할 정도로 벌어진 격차를 연결할 사다리는 곳곳이 끊어지고 휘청이고 있습니다. 하늘로 오르는 사다리가 높아도 꾸준히 노력하면 언젠가는 다다를 수 있다는 나지막한 희망은 서서히 꺾여가고 있습니다. 개천에서 태어난 가재와 붕어, 개구리는 하늘로 오르는 사다리까지만 가는 데에도 삶을 다 바쳐야 합니다. 가재 새끼는 가재로, 붕어 새끼는 붕어로, 개구리 새끼는 개구리로 살아갈 수밖에 없습니다. 혈통에 따라 지위가 세습되고, 출발점에 따라 기회도 달라지고 있습니다.

사실 용이 되는 일은 일견 화려해 보이지만, 한편으로는 그만큼 노력도 해야 하고 때로는 희생도 필요합니다. 그래서 스스로 가재, 붕어, 개구리로 개천에 계속 남아 있기를 원하는 경우도 충분히 있을 수 있습니다. 그래서 하늘로 승천한 용이 아니더라도, 가재, 붕어, 개구리도 개천에서 행복하게 살 수 있어야 합니다. 다만 이러한 자발적인 선택이면 모를까, 용에 도전할 수 있는 기회의 사다리 자체는 유지되어야 합니다. 설령 개천에서 가재, 붕어, 개구리로 태어났더라도, 본인이 의지를 가지고 노력하면 용이 되어 하늘로 오를 수 있는 기회 자체는 열려 있어야 합니다.

 계층 이동성이 낮아진 사회는 능력보다는 혈통에 따라 자원이 분배됩니다. 가재, 붕어, 개구리의 새끼로 태어난 수많은 가재, 붕어, 개구리들은 도전할 기회조차 얻지 못한 채, 좌절과 포기 끝에 안주를 택하게 됩니다. 그리고 그런 사회는 필연적으로 활력이 떨어지면서 정체되게 마련이지요. 사회 구성원들이 미래에 대해 품는 희망에도 격차가 생기며, 이는 상대적 박탈감을 키우면서 공동체 의식도 흐려지게 만듭니다. 장기적으로 이 환자의 건강을 심각하게 악화시킵니다.

사회가 '정글 같다'는 표현은 이미 흔하다 못해 식상한 레토릭이 되어버렸습니다. 가끔 언론에 보도되는 미담에 "아직 이 세상은 살 만하다"는 댓글이 달리고 많은 추천을 받는 이유는, 어쩌면 적지 않은 사람들이 평소에는 대한민국 사회가 그만큼 살 만하지 않다고 느끼기 때문일지도 모릅니다.

대한민국 사회는 원초적인 욕구를 위한 투쟁으로 가득 차 있습니다. 꿈이나 가치나 목표를 추구하기 위해 자신의 한계를 뛰어넘는 거창한 경쟁이 아니라, 입시 지옥, 과잉 스펙, 취업 준비, 전월세난, 청약 경쟁, 승진 경쟁 등 단순히 먹고살기 위한 생존 경쟁이 대부분입니다. 입시, 취업, 심지어 결혼과 출산 등 삶의 주요 과정에서 성공과 실패가 갈리고 승자와 패자가 나뉩니다. 그 이후에는 자녀 교육을 통해 이 경쟁이 다시 대물림되기까지 합니다.

승자는 모든 것을 독차지하는 반면, 패자는 '노력이 부족'하거나 '무능'하다는 낙인이 찍힙니다. 용에 도전할 기회의 사다리가 점차 부실해짐과 동시에, 패자부활전의 기회 역시 줄어듭니다.

한번 '패자'는 영원한 '패자'로 낙인찍히게 됩니다. 성공과 실패는 한 끗 차이로 갈리는 경우도 많지만, 그에 비해 승자와 패자가 받는 대우의 격차는 너무 큽니다. 이 환자의 승자독식 현상은 승자에게 보상을 주는 수준을 넘어 패자에게 벌을 주는 수준일지도 모릅니다.

'실패는 성공의 어머니'라는 그 유명한 교훈은 어느덧 옛말이 되었습니다. 실패는 더 이상 성공이라는 자식을 낳지 않습니다. 마치 대한민국의 기록적인 저출산을 쏙 빼닮았습니다. 한번 미끄러지면 다시 일어설 기회 자체가 희박해진 상황에서는 모험적이고 도전적인 선택이 줄어들 수밖에 없습니다. 컴퓨터 게임처럼 실패 지점부터 재도전이 가능한 '금수저'와 달리, '흙수저'의 삶은 오락실 게임 같아서 실패는 곧 게임 오버를 의미합니다. 젊을 때 고생은 '사서도 하는' 대상이 아니라 반드시 '돈 주고도 팔아야 할' 기피 대상이 되었습니다. 대한민국의 우수한 젊은 인재들이 의대와 로스쿨로 과도할 정도로 쏠리는 이유는 의사면허증과 변호사자격증이 이 환자 내에서는 그나마 안전하다고 검증된 방패이기 때문입니다.

대한민국에서는 적지 않은 젊은이들이 스스로를 '패자'로 간

주하고 있습니다. 조국은 세계 몇 대 경제대국이라는데, 정작 개개인의 일상에서는 평범하게 먹고사는 사치조차 결코 쉽게 허락되지 않습니다. 아무리 노력해도 이룰 수 없는 한계가 뚜렷한 현실 앞에서, 그 '패자'들은 분노와 좌절과 박탈감을 넘어 이제는 순응하기 시작합니다. 연애와 결혼, 돈벌이와 출세, 대인관계와 사회 문제 등에 관심을 끊고 무기력하게 살아간다는 일본의 사토리(悟り) 세대가 남의 일이 아닙니다.

우리 사회에 부는 '소확행(소소하지만 확실한 행복)'이나 욜로(YOLO, You Only Live Once)' 열풍은 어쩌면 '패자'가 된 젊은이들이 이제 꿈을 '포기'하겠다는 항복 선언일지도 모릅니다. 미래에 대한 희망을 포기하는 대가로 현재의 작은 행복이나마 일단 확실하게 챙기고 보자는 취지이지요. '아프니까 청춘'인가 싶어 이 악물고 버텨왔지만, 청춘이 그렇게 아프다면 이제는 그 특권도 반납하겠다는 포기입니다. '오르지 못할 나무는 쳐다보지도 않는' 상황이 되어버린 셈이지요.

연애, 결혼, 출산을 포기했다는 '3포 세대'는 그 이후로도 포기할 것들이 너무 많아지면서 'n포 세대'로 발전했습니다. 헤아릴 수 없는 줄임말 신조어 중 '이생망(이번 생은 망했다)'은 너무 덤덤

한 나머지 그 좌절감이 실감조차 나지 않습니다.

　몇 년 전 대한민국 사회에서는 드라마 〈응답하라〉 시리즈가 선풍적인 인기를 끌었습니다. 그 시대를 살아보지 않았거나 당시 어렸던 젊은 세대들도 기성세대 못지않게 이 드라마에 열광했습니다. 많은 사람이 잠시나마 과거에 대한 향수에 젖었던 이유는 그 시절이 꼭 완벽했었기 때문이 아닙니다. 사람 사는 곳이 완벽할 수는 없는 법이고, 그 시절도 당연히 문제는 많았습니다. 다만 굳이 이유를 찾아보자면 지금은 많이 퇴색되어 없어지거나 찾아보기 어려운 이런 가치들이 아련하게 다가왔기 때문이 아닐까요. 분명 소득은 지금보다 훨씬 낮았지만, 그 시절에는 적어도 오늘보다 내일이 나아지리라는 희망은 있었습니다. 지금보다 촌스러운 생활상에서 향수를 느낀 사람들이 많았던 이유는 바로 그 지점일지도 모릅니다.

03. 저출산

"어쩌면 이 환자는 머지않아
시한부 판정을 받을지도 모르는 일입니다.
대한민국을 구성하는 한국인이
점점 덜 태어나고 있기 때문입니다."

시한부 판정

이 환자의 증상은 여기서 끝이 아닙니다. 갈등이 심화하고 계층 이동성이 낮아지는 현상 말고도, 대한민국은 심지어 더 심각한 증상을 앓고 있습니다.

"대한민국은 완전히 망했네요(Korea is so screwed)!"

2023년 중반 EBS에서 방송된 한 다큐멘터리에서 우리나라의 출산율 통계를 접한 미국 캘리포니아대학 조앤 윌리엄스 교수가 보인 반응입니다. 2022년 기준 0.78명. 그녀는 그 정도로 낮은 수치는 들어본 적이 없다면서 놀랍다(amazing)는 탄식을 연이어 내뱉었습니다.

이 환자의 수명은 이론상 원래 무한입니다. 우리는 애국가를 부르면서 "동해물과 백두산이 마르고 닳도록", 즉 영원토록 "우리나라 만세"를 기원합니다. 즉 설령 지금을 살아가는 우리가 언젠가 세상을 떠나더라도, 우리의 후손과 또 그들의 후손들이 계속 이어서 이 나라를 존속시켜 가기를 기대합니다. 우리의 선조들이 그래왔듯이요.

하지만 이 환자의 최근 증상을 보면 그런 기대는 조금씩 희미해지고 있습니다. 어쩌면 이 환자는 머지않아 시한부 판정을 받을지도 모르는 일입니다. 대한민국을 구성하는 한국인이 점점 덜 태어나고 있기 때문입니다.

저출산은 이 환자가 당면한 여러 증상 중에서도 가장 심각하고 위협적이며 치명적인 문제입니다. 대한민국의 사회 갈등과 계층이동성이 심각한 수준이기는 하지만, 현재 이 환자에게 치료가 가장 시급한 문제는 단언컨대 바로 저출산입니다. 저출산은 대한민국의 현재뿐만 아니라, 미래까지 두고두고 좌우할 수 있는 문제입니다. 사회 갈등은 애교일 뿐, 이제는 머지않아 싸울 사람조차 없어질 판입니다. 나라 자체가 소멸할 위기입니다.

일각에서는 '저출산' 대신 '저출생', '출산율' 대신 '출생률'이라는 용어를 사용하자는 주장도 있습니다. 하지만 이 책에서는 크게 두 가지 이유에서 '저출산'과 '출산율' 용어를 그대로 사용하겠습니다.[1] 우선 삶의 다른 모든 과정과는 달리, 그 시작인 탄생은 그 당사자가 직접 선택할 수 있는 대상이 아닙니다. 태어나고 싶어서 태어난 사람은 없습니다. 정신 차려 보니 '나'라는 사람의 정체성을 가지고 살아가고 있을 뿐이지요. 한 생명의 출발은 태아가 출생을 선택하는 것이 아니라, 부모가 출산을 결정하는 것에서 비롯됩니다. 영어로도 "be born(태어나다)"이라는 수동태를 쓰거나, 아니면 아예 "give birth(낳다)"라는 부모가 주체가 되는 능동태 표현을 쓰지요.

더 큰 이유는 이 문제의 본질과도 관련이 있습니다. 출산율이 추락하는 현상은 다양한 사회적 · 경제적 · 문화적 의미를 지닙니다. 현재 대한민국에서 새로운 사람이 태어나지 않는 가장 큰 이유는 쉽게 말해 기존 사람들도 살기 힘들기 때문입니다. 기존

---

1) 출산율과 출생률은 기본적으로 서로 다른 개념이기도 합니다. 출산율(fertility rate)은 여성 1명이 평생 낳을 것으로 예상되는 평균 자녀 수의 예측치이며, 출생률(birth rate)은 특정 집단에서 인구 1,000명당 태어난 출생아 수를 가리킵니다. 전자는 가임기 여성 인구를 토대로 나온 수치이고, 후자는 남녀노소를 모두 포함한 전체 인구에 대비한 수치입니다. 이렇게 양 지표의 개념과 기준이 서로 다른 이유는 각자가 파악하고자 하는 대상 자체가 서로 다르기 때문입니다. 글자는 비슷하지만 혼용해서는 곤란합니다.

사람들도 살기 힘든 판국에, 새로운 사람들을 초대할 여유가 나올 리 없지요. 지금 우리 사회에서 문제가 되는 상황은 엄밀히 말해 '태아가 출생하지 않는' 현상이 아니라, '부모가 출산하지 않는' 현상입니다.

아이가 태어나는 나라는 먼저 부모의 행복이 선행되어야 가능합니다. 이미 태어난 사람들, 즉 현재 인구가 살만하다고 느껴야 비로소 새 생명을 세상으로 초대할 용기도 조심스레 내볼 수 있습니다. 이미 태어난 사람도 힘들어하는데 어떻게 아직 태어나지도 않은 사람더러 세상에 나오라고 하겠습니까.

출산율은 결국 그 나라가 살 만한가 하는 근본적 물음과 밀접하게 연관되어 있습니다. 우리가 저출산에 주목해야 하는 이유는 이 문제가 이 환자의 건강 상태를 압축적으로 보여주는 종합 건강검진표라고 할 수 있기 때문입니다. 따라서 대한민국이 기록을 경신 중인 압도적인 저출산 추세는 단순히 신혼부부 둘만의 결정을 넘어, 이 나라가 어딘가 심각한 문제를 안고 있다는 방증입니다. 이는 대한민국의 청년층이 현재 느끼는 고달픔을 넘어, 미래에 대해 느끼는 불안감까지 모두 투영된 복합적인 문제입니다.

인구 규모를 유지하는 인구 대체 출산율은 보통 2.1명으로 설정합니다. 기본적으로 부부 1쌍을 대체하는 2명에, 유아사망률 등 여러 변수까지 감안한 수치입니다. 그래서 출산율이 2.1명이면 인구는 유지되고, 이보다 높으면 증가하고 낮으면 감소하게 됩니다.

그런데 최근 대한민국의 출산율 실태를 보면 아이를 안 낳아서 대신 걱정을 낳는 형국입니다. 출산율은 2022년 기준 0.78명입니다. 2023년에는 여기서 더 낮아진 0.7명대 초반, 2024년 이후에는 심지어 0.6명대라는 전망도 심심찮게 들립니다. 2010년대 초중반 잠시 반등하는 듯했으나 그 이후로 계속 가파른 내리막길을 걷고 있습니다. '저출산'을 넘어, 이제는 '무출산'에 가까워지고 있습니다. 2018년 1명 수준도 무너진 데 이어, 바닥이 없이 계속 추락 중입니다. 주식투자자들이 자주 내뱉는 탄식처럼 바닥 밑의 지하실을 거듭해서 구경하는 중입니다. 2020년부터 신생아가 사망자보다 적어진 데 이어, 그다음 해부터는 총인구가 감소세로 돌아섰습니다. 대한민국 정부 수립 이후 처음입니다.

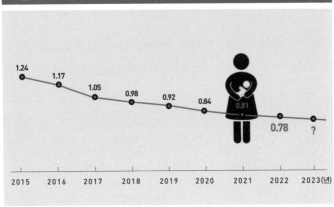

그림 2. 최근 출산율 추이

1.24 1.17 1.05 0.98 0.92 0.84 0.81 0.78 ?

2015 2016 2017 2018 2019 2020 2021 2022 2023(년)

자료: 통계청

　밖으로는 전 세계를 통틀어서도 몇 년째 꼴찌입니다. 일반적으로 개발도상국들의 출산율이 높다는 점을 감안하여, OECD 회원국들로만 비교해보아도 사정은 마찬가지입니다. 대한민국은 OECD의 평균(1.58명)은커녕, 심지어 그 절반보다도 낮습니다. 애초에 OECD 38개국 중 출산율이 0명대인 나라는 한국뿐이며, 저출산 고령화의 대명사로 연상되는 일본조차 1.3명대입니다. 대한민국은 타의 추종을 불허하는 압도적인 저출산 국가입니다.

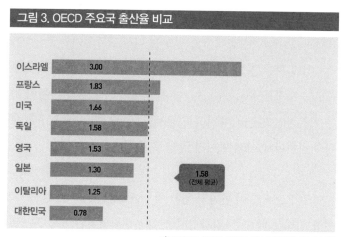

그림 3. OECD 주요국 출산율 비교

국가	출산율
이스라엘	3.00
프랑스	1.83
미국	1.66
독일	1.58
영국	1.53
일본	1.30
이탈리아	1.25
대한민국	0.78

1.58
(전체 평균)

자료: OECD, 통계청, 2021년 기준 출산율(한국만 2022년)

주요 선진국 중 인구 고령화가 가장 심각한 나라는 일본입니다. 한때는 미국을 위협했던 일본 경제가 1990년대부터 서서히 위축된 것도 생산가능인구가 줄어드는 인구구조의 변화와 결코 무관하지 않습니다. 그런데 대한민국은 고령화 속도가 일본보다도 빠릅니다. 한 세대 전 압축적인 경제 성장으로 세계를 놀라게 했던 이 환자는 이제 저출산과 고령화도 압축적으로 달성하고 있습니다.

사실 인구는 국가의 생존과도 직결되는 문제입니다. 전통적으로 국력을 결정하는 3요소에도 경제력, 군사력과 함께 인구가 꼽히곤 합니다. 이 중에서도 인구는 다른 요소들, 즉 군사력과 경제력에 모두 영향을 미치는 요소이기도 합니다. 적정한 인구 규모는 사회를 유지하는 근간이자, 경제와 국방 등 공동체의 가장 기본적인 기능을 유지하는 전제이기 때문입니다. 인구는 국력의 원천이자, 그와 동시에 국력 그 자체입니다.

인구가 줄어도 이 환자의 힘이 현 상태를 유지할 수 있다는 막연한 기대는 매우 큰 착각입니다. 대한민국의 5천만 인구는 그 자체로 적은 편은 아닙니다. 그러나 인구가 정점을 찍고 줄어들면, 무엇보다도 저출산으로 인해 인구구조가 고령화된다면 국력 역시 같은 전철을 밟게 될 수밖에 없습니다.

인구의 절대적인 규모 자체는 항상 끊임없이 변동하는 변수입니다. 어느 정도의 인구 변동에는 적응하면서 새로운 균형을 찾아가지만, 예측을 급격하게 빗나가기 시작하면 그 균형마저 무너집니다. 지금 추세로는 반등은커녕 적응해나갈 시간도 부족하기에, 대한민국의 모든 분야에서 연쇄적인 타격이 불가피합니다. 인구가 줄어들면 경제활동인구도 줄어들고, 노동력은 감소합니다. 경제 규모는 자연스럽게 위축되고, 내수는 침체하며 산업은 공동화됩니다. 미래 가능성을 나타내는 잠재성장률 역시 하락세를 면치 못합니다. 사회가 발전하기는커녕 현상 유지에만 급급한 처지에 머무르게 되고, 심지어 이마저도 실패할 우려가 큽니다.

저출산은 필연적으로 인구의 평균 연령을 높이는 고령화 현상을 수반하게 됩니다. 그냥 지금보다 노인이 더 많아지는 수준이 아니라, 기대수명 증가와 맞물리며 사회가 전반적으로 늙어가는 변화입니다. 이에 따르는 비용도 어마어마합니다. 생산성은 악화하고 세수는 감소하는 반면, 인구 팽창기에 설계된 각종 사회보장제도는 더 이상 지속 가능하지 않습니다. 의료, 연금, 복지 지출은 급증할 수밖에 없습니다. 각종 재정 부담이 증가하면서 재정수지는 당연히 악화합니다.

전례 없는 인구 충격의 여파는 비단 경제적 측면에만 한정되는 것이 아닙니다. 일례로 국방에서도 지금과 같은 50만 대군을 유지하기가 어려워집니다. 최근 CNN은 한국군이 저출산이라는 새로운 적을 맞닥뜨렸다고 꼬집기도 했습니다.[2] 물론 현대전의 양상을 고려한다면 군대의 단순 병력 규모보다는 첨단 과학기술을 활용한 자동화 무기체계가 훨씬 중요하긴 합니다. 하지

2) CNN, "South Korea's military has a new enemy: Population math", 2023.12.29, https://edition.cnn.com/2023/12/30/asia/south-korea-birth-rate-military-strength-intl-hnk-ml/index.html

만 이 변화도 이 환자가 시간을 두고 자발적으로 계획했다기보다는 병력 자원이 빠르게 줄어들면서 다른 대안이 없어진 결과이기도 합니다.

인구구조의 변화는 각종 사회 갈등도 더 부채질하게 됩니다. 경제활동 인구가 감소하면서 부족해지는 노동력은 자동화와 무인화, 인공지능으로 대체하는 변화를 촉진하는 방향으로 작용하는데, 이는 초양극화를 가속화합니다. 한정된 자원의 분배를 둘러싼 세대 간의 갈등은 더욱 극심해질 것입니다. 머릿수가 적은 청년세대는 정치적으로도 더욱 열세에 놓일 수밖에 없고, 이는 기성세대의 단기적 이해관계와 충돌하는 중·장기적인 해결을 더욱 요원하게 만드는 결과로 이어집니다. 최근 연금 개혁과 지하철 노인 무임승차 등을 둘러싼 각종 사회적 갈등은 그 예고편에 불과할 뿐입니다.

이렇게 우려스러운 잿빛 미래는 먼 미래에 대한 예측만이 아닙니다. 몇 년 전부터 꾸준히 경고된 비극이었고, 지금은 이미 시작된 현실입니다. 인구 충격은 이미 현실화되어 이 환자를 집어삼키고 있습니다. 전국 곳곳에서 아이 울음소리가 점차 잦아들고 있습니다. 아이들이 급감하면서 학교가 폐교되고 소아과가 문을 닫습니다. 유치원이나 어린이집이 요양원으로 탈바꿈하는 사례가 드물지 않습니다.

수도권에 인구와 인프라가 집중되어 있는 대한민국의 특성상, 지방 소도시들은 이미 인구 소멸이 본격적으로 진행되고 있습니다. 봄 햇살을 받는 눈처럼 이미 소멸하기 시작한 곳들이 적지 않습니다. 폐교는 이미 옛말이 된 지 오래고, 대학 정원이 미달되는 곳도 수두룩합니다. 가장 북적여야 할 중심가조차 활기를 잃고 비어가고 있습니다. 지역 인프라가 황폐해지면서 그나마 남아 있는 사람들도 인근 대도시나 수도권으로 빠져나가는 악순환이 끊기지 않습니다. 심지어 서울 한복판에서도 이제 슬슬 시작되는 변화입니다.

이런 상황은 앞으로도 전면적으로 더욱 가속화되며 더욱 선명하게 우리 앞에 펼쳐질 것입니다. 이 환자의 활력은 떨어지며, 지금 당연하게 누리는 모든 사회 서비스는 더 이상 당연하지 않게 됩니다. 삶은 더욱 팍팍해지고, 공동체는 파편화될 것입니다. 학교 폐교는 그 시작일 뿐입니다.

한편 일각에서는 인구가 감소하는 것을 반기는 목소리도 있긴 합니다. 좁은 국토를 감안하면 인구가 줄어들 때 오히려 개개인 삶의 질이 나아지리라는 희망도 섞여 있습니다. 그래서 출산율 반등을 위해 투입될 예산을 아껴 차라리 다른 곳에 투자해야 한다는 의견도 있습니다. 적정 인구가 정확히 몇 명이어야 하는지에 대한 통일된 수치가 없기 때문에 섣불리 평가하기는 어렵지만, (특히 수도권 지역의) 인구 과밀화로 인한 여러 문제를 생각해보면 얼핏 그럴듯해 보이기도 합니다.

이러한 논리는 종종 인구 감소를 감수하는 대신 강소국 모델로 나아가자는 주장으로 이어지기도 합니다. 예를 들어 북유럽 나라들이나 아이슬란드, 뉴질랜드 등의 선진국들처럼 말이죠. 이 나라들은 경제 규모는 대한민국보다 작지만 인구도 적어서, 결과적으로 1인당 국민소득은 상당히 높습니다. 싱가포르나 홍콩 같은 도시국가 역시 마찬가지입니다.

하지만 이 나라들의 또 다른 공통점은 따로 있습니다. 이 환자만큼 안보 위협이 뚜렷하지는 않다는 점입니다. 안타깝게도, 한반도가 위치한 곳은 뉴질랜드처럼 평화로운 남태평양이 아닙니다. 주변이 온통 강대국들로 둘러싸인 동북아시아 지역입니다. 그것도 경제력과 군사력 모두 이 환자를 압도하는 세계적인 강대국들이 치열하고 첨예하게 대립하는 최전선입니다.

사실 지금 대한민국 국력이라면 지구상 다른 어디에서도 고만고만한 나라들 사이에서 방귀 좀 뀐다는 맹주 노릇을 할 수 있을지 모릅니다. 하지만 그건 애초에 단군 할아버지가 이 땅에 터를 잡은 이상 부질없는 가정일 뿐입니다. 적어도 현재, 이 지역에서만큼은 대한민국은 냉정하게 약소국의 입장입니다. 전교생 200명 중 전교 10위권일지는 모르지만, 정작 반에서는 4명 중 4등, 즉 꼴찌 수준인 셈이지요.

이는 한편으로 이 환자가 지정학적 운명 때문에라도 강소국 모델을 섣불리 채택하기 어렵다는 사실을 의미하기도 합니다. 강대국들 틈바구니에 낀 강소국은 자칫 파도에 휩쓸리기 십상입니다. 우리가 원치 않는 싸움에 휘말릴지도 모르는 일입니다. 그들을 능가하지는 못하더라도, 살아남기 위한 최소한의 체급과 규모는 필수적입니다.

백번 양보해서 인구 감소를 받아들인다고 하더라도 문제는 끝나지 않습니다. 사실 인구가 줄어드는 '방향'보다도 더욱 중요하고 심각한 대목은 '속도'입니다. 단순히 아이가 줄어드는 사실도 큰 문제이지만, 그보다도 우리가 더 주목해야 할 대목은 그 줄어드는 속도가 너무 빠르다는 사실입니다.

이 환자의 저출산·고령화 속도는 세계의 그 어떤 다른 나라보다도 압도적으로 빠르게 진행되고 있습니다. 자동차 운전에 비유해보면 급브레이크를 밟는 수준입니다. 그것도 브레이크 페달만 밟는 것이 아니라 사이드 브레이크까지 같이 당기는 수준입니다. 당연히 자동차에 상당한 무리가 갈 수밖에 없지요. 도로에 까만 스키드마크를 남길지언정 관성으로 인해 아직까지는 여전히 앞으로 미끄러져 나가고 있기 때문에 아직 실감이 나지 않을 뿐이죠. 이제 곧 관성도 다해가면 이 차는 도로 한가운데에 멈춰설 일밖에 남지 않았습니다. 타이어 타는 냄새는 조금씩 진해지고 있습니다.

출산율이 세계 최저 수준으로 떨어질 동안, 반대로 자살률은 치솟고 있습니다. 이 환자는 OECD 국가 가운데 자살률이 1위이며, 평균의 2배가 넘습니다. 2022년 스스로 목숨을 끊은 이는 1만 2,906명에 달합니다. 하루 35명꼴이며, 40분에 1명꼴로 스스로 세상을 등집니다. 독자 여러분이 이 책을 읽는 동안에도, 대한민국 어딘가에서는 누군가가 소중한 목숨을 스스로 버렸습니다.

"여러 모로 보나
대한민국은
참 특별한 환자입니다!"

COOL HEAD
AND
WARM HEART

2장 •
진찰 ,

01. '경제'라는 청진기

"결국은 이 모두가 '먹고사는' 원초적인 문제에서
파생된 후속 문제라는 뜻입니다.
한마디로 '곳간이 비어가니 인심도 줄어드는 현상'입니다."

사회 갈등, 계층 이동성의 하락, 저출산의 세 가지 증상들은 사실 하나하나 따져볼수록 정말 심각한 상태입니다. 어느 하나 만만한 것이 없으며 모두 대한민국에서 심각하고도 시급한 문제입니다. 하나하나가 이 환자의 건강을 근본적으로 위협하는 심각한 질병들이며, 방치했다가는 자칫 환자의 생명까지 위태로울지도 모르는 위기입니다. 하루 이틀 된 문제도 아니라서 그 상처도 꽤 깊습니다. 근본적인 치료가 제대로 이루어지지 않는 사이에, 기존 상처들이 다시 덧나면서 서로를 다 악화시키는 합병증 의심 사례들도 곳곳에서 발견되고 있습니다.

막상 손을 쓴다고 해도, 그럼 구체적으로 어디서부터 무엇을 어떻게 바꾸어나갈지를 생각해보면 참 요원해 보이기만 합니다. 대한민국이 과연 완치될 수 있을지 막막하게 느껴지는 것도 무리는 아닙니다. 일각에서는 병세가 이 지경에 이른 것을 두고 이 환자의 체력과 심지어 국운이 다했다고 보기도 합니다. 이제 손을 쓰기 어렵다는, 사실상 포기 선언이기도 하지요.

하지만 어쩌겠습니까, 여러모로 눈길이 가는 것을. 미우나 고우나, 어쨌든 '우리' 환자 아니겠습니까. 변변한 자원 하나 없는 작은 땅이지만, 어쨌거나 나와 내 가족과 내 친구와 내 이웃이 예전부터 살아왔고, 지금도 살고 있으며, 앞으로도 이 지구가 망하지 않는 한 계속 살아갈 터전 아니겠습니까. 세월이 지나고 강산이 변하고 세대가 바뀌고 역사가 흘러도 결코 변하지 않을 사실이지요. 그런 우리가 직접 나서지 않는다면 그 어느 누가 '우리' 환자를 챙겨주기라도 할까요. 사실 이 책은 '우리' 환자 대한민국을 우리가 어떻게든지 치료해내야 한다는 절박한 문제의식에서 출발했습니다.

그리고 결정적으로, 이 환자는 아직 희망이 있습니다. 그 희망이 때로는 너무 작아 보이기도 하지만요. 어쨌든 지금 포기하기에는 너무 이릅니다. 그리고 아깝습니다. 대한민국은 지금까지 기적과 같은 삶을 살아왔던 것처럼, 앞으로도 지금보다 더 나아질 수 있는 가능성과 잠재력과 자격이 있습니다. 그래서 이 환자가 치료만 잘 받으면 다시 나아질 수 있다는 사실을 누군가는 보여줘야 합니다. 이 환자가 최근 되뇌는 말처럼, 중요한 것은 '꺾이지 않는 마음'이라면서요. 어쩌면 우리는 이 환자를 살려낼 수 있는 마지막 골든타임에 직면해 있는지도 모릅니다.

그렇다면 본격적인 논의는 이제 다시 시작입니다. 이 환자가 앓고 있는 증상들을 치료하는 문제는 결코 만만치 않은 작업이기 때문입니다. 이 증상들의 치료법은 무엇일까요. 어디서부터 어떻게 접근해야 할까요. 아니, 그전에 이 증상들을 어떤 관점에서 바라보는 것으로 출발해야 할까요.

사실 이 증상들에 대한 나름대로의 진단과 처방이 그간 아예 없지만은 않았습니다. 치료해보겠다고 나선 전문가나 정치인들도 적지 않았지요. 하지만 이 증상들이 여전하다는 사실에서 바로 알 수 있듯이, 안타깝게도 대부분은 성공하지 못했습니다. 여러 이유가 있겠지만, 이 증상들은 진단부터 까다롭다는 점은 염두에 둘 필요가 있습니다. 산업화와 민주화 시대에 통용되었던 매뉴얼만으로는 이 증상들을 정확히 진단하기 어렵습니다. 지금 대한민국이 겪고 있는 증상들은 그 시대에는 없었던 새로운 유형들이니까요.

정확한 치료를 위해서는 우선 정확한 진단이 선행되어야만 합니다. 물론 분명히 쉽지 않은 일입니다. 이 증상들은 다양한 요인들이 오랫동안 중첩되어 누적되면서 복합적으로 얽히고설킨 결과물이기 때문입니다. 근본적인 원인을 찾는 단계부터 쉽지 않으며, 설령 찾는다고 해도 그에 따른 처방을 마련하는 일은 또 다른 차원입니다. 원인과 결과가 칼로 무 자르듯 나뉘어 떨어지지도 않는 사회 문제의 특성을 고려하면, 치료를 시작한다고 바로 효과가 나온다는 보장도 없습니다.

증상은 진단하기에 따라 처방도 천차만별로 달라질 수 있습니다. 예를 들어 남녀 갈등의 주원인을 공정하지 않은 경쟁으로 진단한다면, 그에 따른 처방은 공적 영역에서 각종 선발기준을 공정하게 세우는 데 주력해야 할 것입니다. 계층 이동성이 낮아진 현상을 개개인들의 노력이 부족한 탓으로 돌린다면 처방 자체가 불필요할지도 모릅니다. 출산율 저하의 원인을 한국인 특유의 비교 문화에서 찾는다면, 그에 대한 처방으로 새로운 이민자들을 받는 편이 빠를지도 모릅니다.

일단 이 책에서는 이러한 증상들을 따로따로 다루지는 않겠습니다. 구체적인 갈등 사건이나 사연 하나하나에 대한 논평은 이미 기존 책이나 언론기사, 인터넷 커뮤니티에도 차고 넘치니까요. 대신, 여기서는 이 증상들을 모두 관통하는 '공통' 원인을 진단하는 데 집중해보겠습니다. 개별 현상이나 문제마다 파편적으로 접근하는 수준을 넘어, 그 이면에 숨겨져 있는 근본적인 원인을 찾고자 함입니다.

진단이 나오면 처방의 방향도 정해지게 마련입니다. 만약 공통 원인을 찾아 진단하는 데 성공한다면 그에 따른 공통 처방을 내리고 치료를 진행하기도 훨씬 수월해집니다. 치료 자체도 더 근본적이고 효과적인 방향으로 유도할 수 있음은 물론, 그에 따른 시간과 비용과 노력도 상당 부분 아낄 수 있습니다. 또한 이 책에서 미처 다루지 못한 또 다른 크고 작은 증상들을 해결하는 데도 중요한 참고가 될 수 있겠지요.

사실, 앞에서 살펴본 세 가지 증상들은 별개가 아닙니다. 그리고 이 환자가 현재 이 세 가지 증상들을 동시에 겪고 있는 것도 우연의 일치가 아닙니다. 그 이유는 이 증상들이 공통 원인에서 파생되어 다양하게 발현된 결과물이기 때문입니다. 마치 고열이 나고 냄새를 맡지 못하고 가래가 나오고 목이 아픈 증상들의 기저에는 코로나라는 질병이 있는 것처럼 말입니다. 눈에 보이는 현상들은 서로 다를지언정, 그 기저에는 공통적인 원인이 자리 잡고 있습니다.

이 책에서는 그 공통 원인을 '경제'라는 관점으로 진단해보고자 합니다. 현재 대한민국이 겪고 있는 사회 갈등, 계층 이동성 하락, 저출산 등은 사실은 경제 문제라는 커다란 공통점이 있습니다. 결국은 이 모두가 '먹고사는' 원초적인 문제에서 파생된 후속 문제들이라는 뜻입니다. 현재 이 환자가 앓고 있는 증상들을 '경제'라는 청진기를 통해 다시 한번 검진해보겠습니다.

경제 문제가 환자 대한민국에 영향을 끼치는 원리는 의외로 매우 간단합니다. 모든 경제 문제의 출발점은 '희소성'입니다. 이 환자가 앓고 있는 증상들에는 '희소성'이라는 경제의 근본 원리가 가장 명확하게 반영되어 있습니다. 쉽게 말해 수요보다 공급이 부족한 상태를 나타냅니다. 즉 주어진 양에 비해 원하는 수요가 많다는 뜻이지요. GDP, 물가, 금리, 주식, 파생상품 등 어려운 '경제 용어'들 역시 결국에는 이 희소성을 완화하기 위한 수단일 뿐입니다.

희소성의 대상은 무궁무진합니다. 음식·물·옷처럼 의식주에 필요한 기본적인 재화는 당연하고, 석유·가스·금속 등의 천연자원, 집·땅·건물 등의 부동산도 희소합니다. 꼭 물질적인 차원뿐만 아니라, 기회, 사랑, 명예 등 무형의 가치들도 항상 공급보다 수요가 많다는 점에서 희소하다고 볼 수 있습니다.

기독교를 믿지 않는 분이라도 에덴동산이라는 이름은 한 번쯤은 들어보았을 것입니다. 성경에 나오는 낙원인데요, 최초의 인류인 아담과 하와를 위해 신이 창조했다는 이상향입니다. 저도 에덴동산에 가본 적은 없습니다만, 중요한 사실은 여기에서는 희소성이 없다는 점입니다. 나무마다 열매가 가득 열려 있고 온갖 산해진미를 원할 때마다 풍족하게 먹을 수 있습니다. 이 모든 자원이 그냥 공짜로 무제한으로 주어집니다. 수요는 2명뿐인 반면, 공급은 무제한이라 그야말로 희소하다는 개념조차 생겨나지 않을 겁니다. 당연히 일할 필요도 없습니다. 에덴동산에서는 경제를 알 필요조차 없습니다. 애초에 희소성이 없기 때문에 경제 개념이 통용되지도 않지요.

반대로 말하면, 희소성이 없는 상황은 에덴동산 같은 가상의 낙원에서나 가능한 이야기라는 뜻도 됩니다. 우리가 살아가는 현실은 안타깝게도 에덴동산 같은 낙원이 아닙니다. 시대와 장소에 따라서 희소성의 대상이 달라질 수는 있겠지만, 희소성이라는 성질 자체가 완전히 사라지지는 않습니다. 우리가 에덴동산이 아닌 이 세상에서 살아가는 한, 경제가 고도로 발전해서 뒤에서 다룰 '특이점'에 이르기 전까지 우리에게 주어진 자원은 항상 희소할 것입니다.

우리가 겪는 대부분의 경제 문제들은 근본적으로 이 희소성 때문에 발생합니다. 우리가 살아가면서 필요로 하는 주변의 모든 것들은 희소성의 대상이 됩니다. 음식이든 집이든 차든, 공급보다 수요가 많다 보니 무엇 하나 거저 주어지는 법이 없습니다. 결국 시장에서 가격이 형성되어 거래됩니다. 공급이 수요보다 많아 희소성이 낮은 대상(예: 햇빛, 바람, 종이, 물 등)은 가격도 없거나 매우 낮은 반면에, 수요가 공급보다 많아 희소성이 높은 대상(예: 명품, 보석, 아파트 등)은 가격도 높게 책정됩니다. 그 대상을 원한다면 상응하는 대가를 지불해야만 합니다.

'일하지 않는 자'가 '먹지도 못하는' 이유 역시 희소성 때문입니다. 그래서 이 경우에 많은 사람이 그 대가를 충당하기 위해 본인의 노동력을 판매하게 되지요. 우리가 살아가면서 겪는 온갖 희로애락들의 상당 부분이 이러한 일련의 경제 활동 과정에서 발생합니다. 사실은 많은 사회 문제들도 그렇습니다. 인간에게 주어진 삶의 상당 부분은 결국 '먹고사는' 문제에 투입되기 때문입니다.

02. 사회 갈등

"따져보면 그 내부에는 희소한 자원을 둘러싼 이해관계가 얽혀 있는, 원초적인 차원의 경제적 갈등인 경우가 많습니다."

그런 의미에서 최근 대한민국에서 관찰되는 각종 사회 갈등도 그 양상이 예전과는 사뭇 달라졌다는 사실에 주목할 필요가 있습니다. 예전에는 지역 갈등, 이념 갈등, 남북 갈등 등 주로 '정치적' 갈등 위주였다면, 최근에는 거기에 더해 남녀 갈등, 세대 갈등, 계층 갈등, 노노(勞勞), 지역 갈등 등이 수면 위로 올라오고 있습니다. 새로운 양상의 갈등도 줄을 이으면서 유형이 세분화하고 그 강도도 증폭되고 있습니다.

그런데 이 새로운 갈등들은 사실 경제적 요인에 기반한 '경제적' 갈등인 경우가 많습니다. 겉으로는 관련이 없어 보여도, 그 내막을 가만히 살펴보면 공통적인 배경이 눈에 띕니다. 따져보면 그 내부에는 희소한 자원을 둘러싼 이해관계가 얽혀 있는, 원초적인 차원의 경제적 갈등인 경우가 많습니다.

새로운 전선 1. 남녀 갈등

대한민국 사회에서 벌어지는 남녀 갈등은 알콩달콩한 사랑싸움이 결코 아닙니다. 뜨겁게 사랑하기에도 부족할 남성과 여성은 오히려 서로를 적대시하고 있습니다. 주로 신세대를 중심으로 일어나는 갈등인 만큼, 특히 온라인 공간에서 더 두드러지는 양상입니다. '남초'와 '여초'로 구별되는 주요 온라인 커뮤니티에는 지금 이 순간에도 '여혐'과 '남혐'으로 가득 찬 게시물들이 올라오고 있습니다. 댓글로는 치열하다 못해 살벌한 전쟁이 벌어지고 있습니다.

강남역 살인 사건, n번방 성 착취물 유포 사건, 리얼돌 수입 및 판매 논란, 여성가족부 폐지 공방, 최근 당근칼과 집게손 논란에 이르기까지, 남녀 갈등에 기름을 부은 사건들은 참 많습니다. 그 전선이 이제는 데이트 비용, 국제결혼, 성관계 등 은밀한 사적 영역에까지 광범위하게 확대되고 있습니다. 하지만 이 사건들은 어디까지나 갈등을 폭발시킨 일련의 계기일 뿐, 갈등의 근본적인 원인이 되지는 못합니다. 이미 있던 불씨에 기름을 부었을 뿐이고, 불 자체는 사건 자체와는 무관하게 원래부터 계속 타오르고 있었던 셈이지요.

사실 남녀 갈등의 이면을 자세히 살펴보면 대한민국의 다양한 구조적인 문제들이 농축되어 있습니다. 특히 군 복무와 출산 · 육아 등을 두고 벌어지는 날 선 공방은 단순히 상대방이 싫다는 차원의 투정이 아닙니다. 오히려 한정되어 있는 자원을 두고 벌이는 '경제적' 갈등에 가깝습니다. 남녀 갈등에는 양질의 일자리와 안정적 주거 등 사회 진출 및 정착 기회가 제약되어 있는 현실이 반영되어 있습니다. 서로 싸우는 '한남충'과 '꼴페미'들이 의식하든 못하든 마찬가지입니다.

이는 남녀 갈등이 기성세대보다 주로 신세대에서 발생하는 이유와도 무관하지 않습니다. 사실 따지고 보면 신세대는 기성세대에 비해 남존여비(男尊女卑) 문화가 훨씬 옅어진 배경에서 평등한 교육 기회 등을 누리며 성장해왔습니다. 학교도 남녀공학과 합반이 일반적인 데다, 이성 교제 및 성문화 개방 등으로 상호 교류의 기회도 과거와 비교할 수 없이 훨씬 넓어졌습니다. 그런 신세대에서 오히려 남녀 갈등이 특히 심하다는 사실은 근본적인 원인이 정작 '젠더' 이슈 바깥에 있다는 점을 시사합니다.

예전에는 성별에 따른 역할이 뚜렷하게 구분되었습니다. 조선시대부터 내려오던 뿌리 깊은 남존여비 사상은 대한민국 사회 곳곳에 깊숙하게 남아 있었습니다. 대를 이을 아들은 가족의 거의 모든 자원을 지원받았고, 딸은 교육의 기회조차 제대로 부여받지 못하던 시절이 있었습니다.

기성세대에서는 남성이 바깥일을, 여성이 집안일을 맡는 분업이 일반적이었습니다. 남편을 '바깥양반', 아내를 '집사람'이라고 부르는 관습에서도 잘 드러나지요. 직장에 다니던 여자도 결혼과 동시에 일을 그만두고 가사와 육아에 전념하는 경우가 많았습니다.

그런데 이러한 구분은 사실 가정에서 1명의 외벌이만으로도 생계를 그럭저럭 유지할 수 있었기에 가능했던 관습이기도 합니다. 일단 집값부터 지금과는 비교할 수 없을 정도로 낮았고, 꾸준한 저축만으로도 중산층으로 진입할 수 있는 기회가 지금보다 훨씬 많았습니다. 따라서 외벌이도 분명히 선택지가 될 수 있었습니다. 이에 따라 1명이 경제력을, 다른 1명은 가사와 육아를 전담하는 분업 구조가 자연스레 정착되었습니다.

물론 뿌리 깊은 남존여비 사상도 아직 남아 있던 시절이라 남녀가 실질적으로 100% 평등하지는 않았습니다만, 적어도 지금처럼 서로 반목하는 갈등은 없었습니다. 남성은 가장으로서 외벌이에 대한 고생을 인정받았고, 여성도 보호의 대상이라는 사회적 합의가 두터웠습니다. 군 복무한 남자가 가산점을 부여받고 호봉을 인정받는 혜택에 대해 여성이 반대하지 않았으며, 남성 역시 여성도 군 복무를 해야 한다고 주장하지 않았습니다.

하지만 지금은 더 이상 그렇지 않습니다. 일단 어지간한 고소득자가 아니고서야 외벌이만으로는 중산층 수준에 진입하기 쉽지 않습니다. 치솟은 집값은 가계에 가장 큰 부담이 되었고, 아이 키우는 비용도 등골을 휘게 합니다. 이제는 맞벌이가 필수가 되면서 여성도 결혼과 출산 이후 일을 그만두지 않습니다. 따라서 남성과 똑같이 고등교육까지 수료하고 취업전선에 뛰어드는 일련의 흐름이 너무나도 당연한 과정이 되었습니다. 이제는 여성도 결혼과 출산 후에도 계속 일하는 모습이 전혀 어색하지 않습니다. 세대가 내려올수록 성별에 따른 역할 구분은 점차 퇴색되는 추세입니다.

남녀 갈등의 배경은 오히려 사회적, 경제적 기회가 줄어드는 대한민국 사회의 현실에서 찾아볼 수 있습니다. 특히 신세대가 느끼는 곳간은 성별과 무관하게 많이 비어 있습니다. 경제가 성장해도 청년 일자리는 더 이상 그만큼 증가하지 않습니다. 어렵게 취직에 성공해도 장시간 노동에 시달려야 하는 반면, 정작 월급은 물가 상승을 따라가지 못합니다. 그마저도 고용이 불안정한 경우가 많습니다. 성실하게 일만 해서는 집을 장만하기가 불가능한 시대가 되었습니다. 남성은 집, 여성은 혼수라는 전통적인 결혼 공식도 이제는 부동산이 압도적으로 폭등하면서 현실적으로 불가능해졌습니다. 혼인 연령은 갈수록 늦어지고 출산율은 세계 최저치를 계속 갈아치웁니다.

그 결과 진학, 취업, 승진 등 사회생활의 주요 관문마다 경쟁자가 거의 2배 가까이 늘어났습니다. 예전에는 남성들만의 경쟁이었다면, 지금은 더 이상 아닙니다. 그런데 정작 일자리는 경쟁자만큼 늘어주지 못했습니다. 취업문은 오히려 기성세대에 비해 훨씬 좁아진 상태입니다. 모두가 원하는 양질의 정규직 일자리는 한정되어 있고, 그마저도 갈수록 줄어드는 추세입니다. 신세대의 사회 진출을 뒷받침할 양질의 일자리와 안정적인 주거는 상당히 희소합니다. 남녀 갈등의 주된 대립 구도를 이루는 신세대는 그 적은 기회를 필사적으로 잡기 위해 서로 경쟁을 피할 수 없는 처지입니다.

남성 입장에서는 이제 남녀가 똑같이 교육받고 똑같이 경쟁하는 상황에서 여성을 더 우대해줄 필요가 없다고 느낄 수 있습니다. 선천적으로 타고나는 물리력의 격차를 제외하고는 여성을 더 이상 사회적 약자로 인식하지 않습니다. 반대로 남성이 남성이라는 이유만으로 특별히 얻는 이득도 없다고 인식합니다.

게다가 여기에 남성은 군 복무까지 추가로 부담해야 합니다. 병역 의무가 없는 여자 경쟁자에 비해 시간이나 경력 면에서 손실이 불가피한데, 심지어 군복무 자체도 사회적으로 존중받는 분위기도 아닙니다. 남녀가 평등하게 같이 교육도 받고 취업도 하는 시대에는 군 복무도 같이 해야 이치에 맞지 않느냐는 문제의식도 강합니다.

여성 할당제, 적극적 개선 조치(affirmative action) 등 여성의 사회 진출을 촉진하기 위해 도입된 각종 제도들은 남성에 대한 역차별로 인식합니다. 여성과의 경쟁이 없다시피 했던 시절 혜택은 기성세대가 이미 다 누린 반면, 그 대가는 한참 뒤 자신들이 이제야 대신 치르고 있다고 느끼기 때문이지요. 이밖에도 도서관, 지하철 자리, 주차공간, 심지어는 주택까지 각종 '여성 전용' 시설들은 그 목적의 정당성을 이해할 수 없는 불합리한 장벽일 뿐입니다.

반면 여성의 생각은 이와는 조금 다릅니다. 예전보다는 많이 나아졌다고는 하지만, 여전히 취업전선에서는 남성보다 알게 모르게 불리하다고 느낍니다. 결혼 후 자연스레 일을 그만두게 되었던 어머니 세대와는 달리, 신세대 여성은 일자리와 주거의 불안정 문제를 직접 감당해야 하는 세대입니다.

어렵게 취업에 성공해도 승진 경쟁에서는 말로만 듣던 유리 천장이 여전히 있는 듯합니다. 결혼과 출산 이후 육아휴직을 쓰려면 눈치가 보이는 것이 현실이며, 사직 압박도 들어옵니다. 어린 자녀를 생각해서 취학 때까지만이라도 육아에 전념하고 싶지만, 경력이 단절되어 재취업에 애를 먹는 선배들을 보면 자신이 없습니다. 가정과 직장에 모두 최선을 다하려면 이른바 악문 '슈퍼맘(Super Mom)'이 되어야만 합니다. 학부모이기 때문에 직장에서 을이 되지만, 학부모 모임에서는 직장 때문에 또 을이 됩니다. 여성들의 권익을 신장하자는 '페미니즘(Feminism)'의 주장에는 딱히 틀린 말이 없어 보입니다.

이제 우리 사회에서 남성과 여성은 서로가 서로를 경쟁자로 인식하게 됩니다. 경쟁은 한없이 치열해지고, 여유 있는 배려를 발휘할 곳간은 그만큼 줄어듭니다. 양성이 평등하다는 명제 자체에는 군이 나서서 반대하지 않지만, 그 과정에서 나에게 조금이라도 불리하게 작용할 수 있는 요소는 용납하기 어렵게 됩니다. 그게 제도적 차별이든 관습적 양보이든 말입니다. 차라리 '쪼잔하다'는 핀잔을 듣고 말지요. '쪼잔하지' 않을 관용과 양보도 결국 곳간에서 나오는 법이니까요.

새로운 전선 2: 세대 갈등

세대 갈등도 갈등의 구도만 다를 뿐, 그 근본적인 배경은 마찬가지입니다. 사실 세대 갈등은 동서고금을 막론하고 모든 사회에 있어 왔습니다. 지금 기성세대도 한때는 신세대였던 시절이 있었고, 그때는 그들도 그 윗세대들에게 '버릇없다', '이기적이다'며 혼나곤 했습니다.《조선왕조실록》에도 "요새 선비들 버릇이 예전만 못하다"는 한탄이 수록되어 있습니다. 심지어 기원전 1700년경에 쓰였다고 추정된 수메르 점토판에도 "제발 철 좀 들라"는 책망이 기록되어 있습니다. 말 다했지요.

그래서 세대 간 갈등 자체는 별로 우려할 만한 문제는 아닙니다. 이른바 'MZ 세대'가 사회에 본격 진출하면서 나오는 '개인주의적'이라는 평가 또한 그리 특별한 일은 아닙니다. '꼰대'나 '틀딱'의 "나 때는 말이야"를 듣기 싫어하는 'MZ세대'도 언젠가는 기성세대가 될 수밖에 없습니다. 그러면 그때의 신세대에게

"2020년대에는 이랬다"라는 경험담을 설파하며 훈계하게 될지도 모릅니다. 어차피 시간은 흐르고 역사는 그렇게 반복됩니다.

물론 역동적으로 격변해온 우리 현대사를 감안하면, 각 세대별로 겪어 온 삶의 궤적이 극명하게 엇갈리는 점도 무시할 수는 없습니다. 대한민국은 일제 치하에서 태어난 80대와 문화 강국에서 자라난 10대가 공존하는 나라입니다. 한국전쟁을 겪은 70대와 남북정상회담을 지켜본 20대가 공존하는 나라입니다. 보릿고개를 아는 60대와 취업난 등 풍요 속의 빈곤을 겪은 30대가 공존하며, 군사 독재를 기억하는 50대와 민주화를 몸소 체험한 40대가 공존하는 나라입니다.

조부모 세대와 부모 세대, 자식 세대와 손주 세대가 경험한 대한민국은 어쩌면 서로 다른 나라입니다. 전혀 다른 배경에서 살아온 다른 세대를 이해하기란 그만큼 더 어렵습니다. 다른 나라 같으면 몇 세기에 걸쳐 겪어왔을 역사를 대한민국은 불과 한두 세대만에 압축적으로 끝낸 셈입니다. 당연히 그 부작용 역시 농축되어 나타나게 마련이고, 세대 간 갈등의 골 역시 그중 하나일 것입니다.

하지만 최근 이 환자가 겪는 세대 갈등은 단순히 서로에 대한 이해의 문제가 아니라는 점에서 그 심각성을 찾을 수 있습니다.

지금의 젊은 세대는 대한민국이 한창 발전하던 시절에 태어나고 자랐지만, 동시에 부모 세대보다 못 살게 된 첫 세대이기도 합니다. 별다른 준비 없이도 기회가 많이 주어졌던 기성세대와는 달리, 젊은 세대는 죽어라 노력해도 취업조차 어렵습니다. 고등교육까지 다 마쳐도 괜찮은 일자리를 얻기란 하늘의 별 따기가 되었고, 치솟은 집값은 결혼과 출산에 큰 걸림돌이 되었습니다. 내일이 오늘보다 낫다는 희망조차 희미해진 시대입니다.

이런 상황에서 세대 갈등의 본질은 '경제적' 갈등이 됩니다. 남녀 갈등이 그런 것처럼, 한정된 자원에 대한 세대 간 분배 문제입니다. 양질의 일자리와 안정된 주거라는 핵심 자원은 결국 세대 간에도 분배되어야 하기 때문입니다. 모두가 필요로 하는 경제적 자원이 넉넉하지 않기 때문에, 성별로도 대립하고 세대로도 갈라지는 것입니다.

경제 성장만큼 전체 일자리가 늘지 않는 상황에서, 신세대 입장에서는 양질의 일자리를 두고 기성세대와 제로섬(zero-sum) 경쟁을 벌인다고 느끼기 쉽습니다. 기성세대가 퇴직하지 않는 한, 자신들의 새로운 자리는 확보되기 어렵기 때문이지요. 기성세대가 고임금을 받고 자리를 유지하는 한 젊은 세대는 저임금과 취업난에 시달리게 되는 구조입니다. 호봉제와 연공서열제로 대표되는 임금 체계는 실력에 따른 보상을 중시하는 젊은 세대의 불만을 유발합니다.

'단군 이래 최대 스펙'을 보유했다는 젊은 세대가 보는 기성세대는 트렌드에 뒤처진 채 '라떼'만 반복해대는 '꼰대'이자 '틀딱'일 뿐입니다. 정작 그 시대에는 학교만 적당히 나오면 어렵지 않게 골라서 취업할 수 있었던 황금기였는데 말입니다. 월급과 저축만으로도 내 집 마련이 가능했었고, 또 더 넓은 평수로의 상향 이동도 드물지 않았던 시절이었습니다. 시대를 잘 타고나서 온갖 '꿀'은 다 빨아놓고 이제는 '철밥통'이 되어 후배들에게 길을 터주지도 않습니다.

반대로 기성세대 입장에서도 할 말은 많습니다. 그저 열심히 살아왔을 뿐인데 하루아침에 갑자기 '꼰대'이자 '틀딱'이자 '철밥통' 취급을 받는 것 같아 당황스럽습니다. 자신들도 신세대였던 시절이 있었기에 그들을 전혀 이해하지 못하는 바는 아니지만, 적어도 그때는 윗세대를 이렇게 드러내놓고 비난할 수도 없었습니다. 심지어 그때는 주 6일 근무에, 야근과 회식은 일상다반사에, 분위기도 지금과는 비교할 수 없을 정도로 보수적이고 경직되어 있었습니다. 그에 비하면 요새 신세대는 조직보다는 개인을, 일보다는 삶을, 명분보다는 실리를 중시하는 풍조가 뚜렷합니다. 물론 이런 푸념도 신세대에게는 '라떼'로 비칠까 봐 눈치가 보입니다. 위에서 치이고 아래에서 욕먹는 '낀 세대'라서 때로는 답답하고 서럽습니다.

신세대는 기성세대가 앞길을 막는다고 불평하는데, 정작 기성세대는 비켜주고 싶어도 그럴 수가 없습니다. 청년 일자리도 부족하다고 아우성인데 기성세대는 더더욱 갈 곳이 없습니다. 늘어나는 수명과 세계 최고 수준의 노인 빈곤율 등을 생각하면 노후도 막막하기만 한데, 오히려 지금 정년도 너무 이른 감이 있다고 느껴집니다.

이러한 세대 갈등은 저출산과 고령화 현상이 심화되면서 더욱 두드러지고 있습니다. 연금 개혁 등을 둘러싼 논란은 한정된 자원을 둘러싼 세대 간 이해관계가 정면으로 충돌한다는 사실을 단적으로 드러내는 사례입니다.

우리나라의 고령화 속도를 감안하면 국민연금은 앞으로 빠른 속도로 고갈될 것이라고 전망됩니다. 의료 수요에 따른 건강보험 역시 부실해질 개연성이 농후합니다. 젊은 세대는 몇십 년 뒤 연금을 받게 된다는 보장이 전혀 없는 만큼, 안 받아도 좋으니 안 냈으면 좋겠다는 생각이 강합니다. 반면 기성세대는 본인들이 젊은 시절 허리띠를 졸라매고 나라를 여기까지 성장시킨 만큼, 이제 노후 보장을 위해서라도 연금 수령액은 유지되어야 한다고 주장합니다.

연금 제도가 지속 가능하기 위해서는 결국 '더 내든지', 혹은 '덜 받아야' 합니다. 그런데 내는 사람은 더 내기 싫어하고 받는 사람은 더 받고 싶어 하는 상황이니, 연금 제도에 대한 신뢰성 문제로까지 번져가고 있습니다. 이는 세대 갈등이 발현되는 또 하나의 예시일 뿐, 그 본질은 결국 대한민국이라는 공동체의 지속 가능성과 직결되는 문제입니다.

새로운 전선 3. 노노 갈등

최근 우리 사회에서 대두되는 노노 갈등에도 주목할 필요가 있습니다. 대기업 근로자-중소기업 근로자, 정규직-비정규직, 노조원-비노조원, 구노조-신노조 간에 벌어지는 노노 갈등은 전통적인 노사 구도를 무색하게 하는 새로운 전선입니다.

예전에는 임금과 근무조건 등을 둘러싼 노사(勞使) 간의 대립이 주된 경제적 갈등이었다면, 최근에는 같은 근로자 계층 안에서도 이해관계에 따라 입장이 갈리는 경우가 많습니다. 정규직과 비정규직이 다르고, 노조원과 비노조원이 서로 갈립니다. 이 역시 양질의 일자리가 한정되어 있기에 발생하는, 당연히 '경제적' 갈등입니다.

양질의 일자리는 보통 양호한 임금, 적정한 노동 강도, 그리고 안정성까지 보장되는 직업을 가리킵니다. 일반적으로 공무원·공공부문, 금융업 종사자 및 대기업 정규직 등이 그렇게 분류됩니다. 복지 혜택도 상당히 좋은 편이고, 노조도 강해서 해고도 쉽지 않습니다. 모두가 원하는 일자리입니다.

하지만 안타깝게도 대한민국의 모든 근로자가 이런 양질의 일자리를 보장받는 것은 아닙니다. 이런 일자리는 전체 중에서 극히 일부입니다. 일단 대기업을 벗어나 사업체 규모가 작아질수록 여건은 열악해집니다. 비단 임금뿐만 아니라 근무 환경, 복지 혜택, 여가, 보육 등 모든 분야에서 격차가 벌어집니다. 사실 대기업과 중소기업 근로자 간의 이러한 이중 구조는 대한민국 경제의 고질병으로 꼽히는 문제이기도 합니다. 결국 수많은 대졸자들이 대기업 취업을 위해 취업 재수도 불사하는 반면, 중소기업들은 일할 사람이 없어 발을 동동거립니다.

한편 비정규직 일자리는 말 그대로 정규적이지 않기 때문에 안정성이 상대적으로 떨어집니다. 비정규직의 원래 취지는 한시적으로 필요한 직무에 대해 유연하고 탄력적인 대응을 가능하게 하려는 데 있습니다. 하지만 현실에서는 한시적이지 않은 직무도 비정규직으로 운영되는 경우가 빈번합니다. 정규직 채용에 따르는 제반 비용을 절감하기 위한 대체수단으로 악용되는 경우가 적지 않습니다.

대한민국 사회에서 비정규직은 단순히 정규직이 아니라는 중립적인 개념이 아닙니다. 업무가 지속적이지 않다는 뜻에만 그치지 않습니다. 비정규직은 현실적으로 정규직과 같은 일을 하는데도 대우는 크게 다른 경우가 많습니다. 상대적으로 취약한 교섭력 등으로 인해 임금, 안정성, 복지, 근로 강도와 조건 등 모든 면에서 더 열악한 처우를 강요받는 것이 현실입니다. 우리 사회에서 비정규직은 자발적인 선택의 결과물이라고 보기는 어렵습니다. 더 열악한 환경에서 더 위험한 일을 더 적은 임금으로 해야 하는 새로운 계급이 되어버렸습니다.

비정규직은 인건비를 절감하고 해고를 쉽게 하는 수단으로 악용되어온 측면이 있습니다. 업무의 연속성이 있어 정규직을 채용해야 하는 경우에도 일단 비정규직으로 시작하는 경우가 허다합니다. 법대로라면 2년 뒤에는 정규직으로 전환해야 하지만 그 직전에 해고하고 다른 비정규직 근로자로 대체하는 등 제도상의 허점도 존재합니다. 정규직 근로자도 자회사가 분리되는 과정 등에서 비정규직으로 전환되는 경우도 없지 않습니다.

비정규직은 정규직으로 나아가는 디딤돌이 아닙니다. 오히려 일종의 낙인효과로, 한번 비정규직으로 시작하면 계속 비정규직만을 전전해야 하는 걸림돌이 되어버렸습니다. 상향 이동이 어려워서 경직적인 이중 구조가 고착화되었습니다. 대기업 노조 정규직과 중소기업 비노조 비정규직은 같은 '월급쟁이'로 묶이기에는 격차가 너무나도 벌어져 있는 것이 현실입니다. 많은 취업준비생이 처음부터 양질의 정규직 일자리만을 고수하게 된 배경이기도 합니다.

그래서 노동시장에 처음 참여하는 청년층, 경력단절 후 재진입하려는 여성, 은퇴 후 재참여하려는 노년층 등 협상력이 상대적으로 특히 약한 근로자들은 비자발적으로 비정규직을 선택할 수밖에 없습니다. 업무의 숙련도나 전문성도 떨어질뿐더러, 노조의 일차적인 보호에서도 벗어나 있기 때문입니다. 사회적으로 큰 반향을 일으켰던 드라마 〈미생〉, 〈송곳〉 등에서도 잘 묘사된 민낯이기도 합니다.

이후 정치권 등을 필두로 비정규직의 정규직 전환 등을 적극 추진해왔으나, 정작 이 과정에서 정규직과 비정규직 간, 노조원과 비노조원 간에 갈등이 불거지기도 했습니다. 노사 간이 아니라 노노 간의 갈등이라니, 예상치 못한 생소한 구도입니다. 하지만 대한민국에서 일자리의 형태와 종류가 다양해짐에 따라 이러한 갈등은 앞으로도 더욱 증가할 예정입니다.

정규직 근로자 입장에서는 비정규직의 급격한 정규직화가 자신들의 직장 내 입지를 위협한다고 느낄 수 있습니다. 각종 사내 복지 등의 한정된 자원을 공유해야 하며, 승진 등의 기회를 두고도 경쟁자가 늘어나기 때문입니다. 몇 년 전 인천국제공항공사 비정규직의 정규직 전환 논란에서 볼 수 있듯이, 더러는 정규직 입사를 위해 기울여온 노력을 감안했을 때 무조건적으로 같은 보상은 오히려 공정하지 않다고 주장하기도 합니다.

반대로 비정규직 근로자 입장에서는 정규직 전환에 대한 정규직 근로자들의 반발이 야속할 수 있습니다. 비정규직의 애환은 안중에도 없고 정규직을 보호하는 데만 몰두하는 모습이 씁쓸하다고도 느낄 수 있습니다. 더군다나 기존의 노사 갈등처럼 피아(彼我) 진영의 선명한 대립 구도도 아닌, 노노 간의 갈등에 당황하기도 합니다. 피차 노동력으로 생계를 영위하는, 그래서 같은 처지이고 같은 편이라고 믿었던 동료 근로자들의 반대는 배신감을 자아내기도 합니다.

특히 비정규직은 현실적으로 노동조합에 미가입된 경우가 많아, 정규직 위주의 노조가 진행하는 노사 협상 등에서도 상대적으로 소외받는 경우가 많습니다. 고용노동부의 〈전국노동조합 조직현황〉이라는 통계에 따르면 우리나라 노동조합 조직률은 2021년 기준 15%가 채 되지 않으며, 그마저도 꾸준히 상승해서 그 정도입니다. 노동조합이 조직된 일부 정규직과 그렇지 못한 다수 비정규직 간의 이해관계가 서로 같지 않습니다. 소수의 정규직을 중심으로 조직된 기업별 노조는 조합 밖의 근로자들을 제대로 보호하지 못합니다. 노동조합이 조직된 일부 정규직은 제반 노동 조건이 보호받지만, 노조도 없는 다수 비정규직은 그렇지 못할 때가 많지요.

실제로 노동경제학에는 이미 취업에 성공한 내부자(insider)와 아직 취업하지 못한 외부자(outsider) 간에 이해관계가 다른 현상을 지적한 '내부자-외부자 이론'도 있습니다. 이 경우 기득권을 가진 내부자가 그렇지 못한 외부자보다 더 높은 협상력을 지니게 됩니다. 또한 외부자의 존재 자체가 내부자를 대체할 수 있는 가능성을 의미하는 만큼, 내부자들로 이루어진 노동조합은 잠재적인 경쟁자인 외부자에게 우호적일 이유가 딱히 없습니다. 당연히 자본과의 협상에서도 내부자들 자신의 이해관계를 우선시하게 됩니다.

이 역시 결국에는 우리 경제에 안정적인 정규직 일자리가 희소하기 때문에 벌어지는 단면입니다. 만약 양질의 일자리가 충분했다면 애초에 비정규직이 없었을 것이며, 설령 있었더라도 비정규직이 지금처럼 정규직 전환을 간절히 원하지 않아도 될 정도로 대우도 좋았을 것입니다. 또한 비정규직의 정규직 전환을 추진할 때도 기존의 정규직 근로자들이 반발할 명분과 이유는 훨씬 약했을 것입니다. 나누어 가져도 충분할 정도로 곳간이 차 있었다면 자연스럽게 인심도 발휘될 가능성이 훨씬 커지기 때문입니다. 하지만 반대로, 현실은 자신들이 힘들여서 얻은 양질의 일자리가 희소하기 때문에 그 상대적 우위를 허무하게 허물고 싶지 않을 수 있습니다.

또한 노동조합들 간에도 영향력 등을 둘러싼 경쟁과 갈등이 있을 수 있습니다. 기존의 민주노총과 한국노총 외에 최근 출범한 'MZ세대'의 노동협의체는 그 신호탄으로 볼 수 있습니다. 이 새로운 노조는 기존의 양대 노총이 근로자 처우 개선과 무관한 정치적 주장을 앞세워 일부 불법·폭력 시위를 주도하던 관행에 의문을 제기합니다. 또한 미래에 급변할 노동시장의 흐름을 연구하는 등 본연의 역할에 충실하겠다는 입장입니다. 이는 앞서 살펴보았던 세대 갈등과도 맞물리면서 노동운동에도 새로운 지각 변화를 예고하고 있습니다.

'공정'이 만능일까

이러한 갈등들은 사실 결코 개개인의 노력이 부족한 탓만이 아닙니다. 마찬가지로 개개인의 심성이 악해서 일어나는 결과도 아닙니다. 우리 사회 곳곳의 복잡한 이해관계들이 치열한 갈등으로 발현되어 곳곳에서 분출되고 있는, 하나같이 무거운 경제 이슈들입니다.

개별 사안마다 구체적인 양상은 조금씩 다를 수 있어도, 그 근본적인 원인을 찬찬히 살펴보면 고용 없는 성장(jobless growth), 성장과 분배 간의 괴리, 노동과 자본 간의 분배(distribution between factors of production) 등 대한민국 경제가 마주한 구조적인 문제들을 고스란히 반영하고 있다는 공통점이 있습니다. 성장과 분배 등 경제 전 부문에서 획기적인 개선이 이루어지지 않는 한, 앞으로도 유사한 갈등들이 이어지지 않으리라는 보장이 없습니다.

사실은 우리 사회에서 화두로 떠오른 '공정' 담론 역시 마찬가지입니다. 양질의 일자리 등 희소한 자원을 둘러싼 경쟁이 워낙 치열하다 보니, 그 기회를 분배하는 과정은 모두가 예민해질 수밖에 없습니다. 경쟁의 결과에 어차피 모두가 만족할 수는 없는 이상, 과정이나마 그나마 승복할 만한 기준에 따라 이루어졌는지의 여부가 차선의 관심사가 되었습니다. 입시, 채용 등 경쟁이 치열한 분야일수록 공정성 논란이 뜨거운 현상은 우연이 아닙니다. '공정' 담론은 대중의 곳간이 비어가면 갈수록 일말의 예외도 허용하지 않는 기계적인 적용을 강요받고 있습니다.

반대로, 예전 세대에서 '공정' 담론이 상대적으로 덜했던 이유 역시 마찬가지입니다. 당시 기성세대가 지금 신세대와 달리 유달리 '불공정'을 좋아했기 때문일까요? 물론 예전의 우리 사회는 시대적 특성상 지금보다 상대적으로 '덜 공정'했던 시절이 분명히 있었습니다. 하지만 그 대신 다른 기회도 많았고 경쟁도 이만큼 치열하지는 않았기 때문에, 공정성 논란이 지금만큼 부각하지는 않았던 것입니다. '불공정'한 현실 앞에서 소주 한잔하며 욕하고 털어버릴지언정, '그렇게 넘어갈 인심'을 발휘할 다른 곳간은 역설적으로 남아 있었던 셈입니다.

물론 유교 문화권에 오래 속해 있었던 한국 사회의 특성상, 조화를 중시하고 집단주의적 성향이 강했던 문화적 배경도 분명

무시할 수만은 없습니다. 하지만 소극적인 대처만으로는 새롭게 부상하는 이러한 갈등 유형들을 더 이상 해결할 수 없습니다.

　세대 갈등은 장유유서만으로 윽박질러서 해결될 일이 아니며, 남녀 갈등 역시 양성평등 원칙만을 기계적으로 되뇌어서는 나아지지 않습니다. 계층 갈등은 구태의연했던 사농공상 인식이 자본주의 시대에 들어와 어떻게 무너지는지 여실히 보여줍니다. '좋은 게 좋은 것'이라는 인식만으로는 갈등 해결이 더 이상 가능하지 않고 또 바람직하지도 않은 시대입니다. 그 양상은 기존의 전형적인 정치적 갈등들과는 사뭇 다르며, 파급 효과 또한 전 사회 구성원에게 광범위하게 미친다는 특징이 있습니다.

　대한민국에서 갈등과 혐오가 점점 더 극심해지는 현상은 어쩌면 삶이 팍팍하다고 느끼는 사람들이 그만큼 많다는 현실이 투영되었는지도 모릅니다. 사실은 모두가 같은 사회구조의 영향에서 자유롭지 않은 입장이지만, 각자도생의 압박에 내몰린 개개인들은 일단 당장 내 눈앞의 경쟁자들부터 적대시하기 쉽습니다. 단기간에 뚜렷한 대안이 보이지 않는 현실 속에서 갈등은 증폭될 수밖에 없습니다. 당장의 경제적 여유가 줄어드는 현실 앞에서 대화와 타협, 협상과 양보는 말 그대로 사치가 되었습니다.

갈등을 부추기는 이분법적인 흑백 논리 역시 비어가는 곳간의 영향을 받기는 마찬가지입니다.

사실 우리가 살아가면서 겪는 다양한 사회 문제들은 참으로 복잡 다양하기 마련입니다. '외팔이'들의 주장과는 달리, 한쪽만이 일방적으로 옳은 경우는 생각보다 많지 않습니다. 일도양단에 흑과 백으로 딱 나누어 떨어지지 않는 사안들이 대부분입니다. 흑인지 백인지보다 더 중요한 문제는 사안에 따라 흑과 백의 장점을 극대화할 수 있는 '흑묘백묘(黑猫白猫)[3]'의 지혜입니다. 가치 판단은 시각에 따라, 입장에 따라, 배경에 따라, 맥락에 따라, 가치관에 따라, 이해관계에 따라 얼마든지 달라질 수 있습니다. 그리고 그 가치 판단 또한 시대와 장소의 영향에서 결코 자유로울 수 없습니다.

그런데 이성을 발휘해서 이 모든 가능성을 논리적으로 분석하고 합리적으로 결정하는 과정은 사실은 매우 번거롭고 복잡한 일입니다. 애초에 이성은 배우고 익히고 발휘하는 데부터 큰 인내심과 포용력이 요구되는 덕목이지요. 또 그렇게 일부러 노력한다고 해서 항상 맞다는 보장도 없습니다. 기존에 몰랐던 정보가 또 있는지, 변동사항이나 특이점이 있는지도 이따금 챙겨

---

3) 1970년대 후반 중국 지도자 덩샤오핑(鄧小平, 1904~1997)은 "쥐를 잡을 수만 있다면 흰 고양이든 검은 고양이든 상관없다"며 교조주의적 이념보다는 실용적인 정책의 중요성을 강조했습니다. 이에 따라 추진한 개혁 개방정책은 이후 중국이 본격적으로 성장할 수 있었던 밑거름으로 평가받고 있습니다.

봐야 합니다. 게다가 이제는 사회가 복잡해지면서 판단해야 할 정보도 그만큼 다양해지고 어려워졌습니다.

복잡한 사회 문제에 대한 균형 잡힌 판단은 그만큼 에너지가 많이 소모되는 일입니다. 시간도 오래 걸리지요. 사실 상당히 귀찮고 피곤할지도 모릅니다. 시간과 정성을 들여 그 과정을 일부러 감당할 수 있는 경제적, 심리적인 여유가 있어야만 가능한 일입니다. 곳간이 비어가다 보면 본능을 억지로 참아가면서까지 냉철한 이성을 일부러 발휘할 여유가 나지 않습니다.

그에 비해 이분법적인 흑백 논리는 사실 매우 간편합니다. 여러 가능성에 대한 논리적 판단과 합리적 의사결정을 위한 시간과 노력을 요구하지도 않습니다. '내용'을 일일이 듣고 복잡하게 생각하지 않아도, 그 내용을 말하는 '사람'이 '우리 편'인지 '상대편'인지만 따져보면 일차적인 판별이 바로 가능합니다. '사람'은 그 번거롭고 복잡한 '내용'을 모두 생략하고 단번에 결론으로 건너뛸 수 있는 편의를 제공해줍니다. 복잡한 사회 현상을 피아 위주로 빠르게 판별해버릴 수 있습니다.

어떤 의제를 제시하는 사람이 '사람'이 '우리 편'이라면 아마 그 내용 또한 '선'하고 '정의'로울 것입니다. '아군'이 나서주었으니까 나에게도 '좋을' 가능성이 크며, 따라서 나도 적극적으로 엄호해주어야 합니다. 혹시라도 오인하고 공격했다면 신속히 '사격 중지, 아군이다!'를 외쳐야 합니다.

반대로, 말하는 '사람'이 '상대편'이라면 일단 경계부터 해야 합니다. 잘은 모르지만 아마 '악'할뿐더러 '불의'에 가득 찬 내용일 테니까요. '적군'이므로 '좌표'를 찍고 '화력 지원'에 나서야 합니다. 혹시라도 우리 안에서 '내부 총질'하는 '프락치'는 철저히 '색출'해내야 합니다.

사회 구성원들의 곳간이 비어갈수록 '메시지'보다는 '메신저'로 판별하는 경우가 늘어날 수밖에 없는 이유입니다. 대한민국에서 '민주민족정의자주평화통일노동평등인권퀴어비건여성페미청년좌파캣맘촉법진보자치화해개혁운동연대' vs '태극기-성조기-이스라엘기-일장기' 조합의 수수께끼 같은 대립 구도는 이렇게 탄생합니다.

사실 이런 이분법적인 흑백 논리는 급박할수록, 즉 여유가 없을수록 빛을 발합니다. 대표적인 상황이 바로 자연 야생입니다. 동물들은 매 순간이 삶과 죽음의 갈림길입니다. 예를 들어 전방에서 움직이는 생명체를 발견했을 때, 신중한 고찰보다는 즉각적인 반응을 요구받습니다. 찰나의 망설임이 삶과 죽음을 바로 가르기 때문입니다. 그것이 무슨 종인지, 어디서 왔는지, 나에게

왜 다가오는지 등을 일일이 따져볼 사치스러운 여유는 결코 허락되지 않습니다. 이미 잡아먹혀 있을 수도 있기 때문이지요.

전방에서 움직임이 포착되는 순간, 내가 잡아먹을 수 있는 먹잇감인가, 아니면 나를 잡아먹을 천적인가를 순간적으로 판단해야 합니다. 전자면 몸을 숨기고 기회를 엿봐야 하고, 후자면 반대로 부리나케 도망가야 합니다. 혹시 모를 다른 가능성까지 일일이 고려하는 것은 매우 안일한 결정입니다. 대응할 시간만을 늦춰서 위험천만한 결과를 낳을 수도 있기 때문입니다. 자칫 실수로 적을 못 알아봤다가는 언제 잡아먹힐지도 모르는 일입니다.

설령 그 움직이는 물체가 먹잇감도 천적도 아닌 무생물이라고 해도 마찬가지입니다. 하다못해 떨어지는 나뭇가지라 하더라도 빠르게 반응해야 피할 수라도 있지요. 따라서 제3의 가능성은 그냥 배제한 상황에서, 일단은 적 아니면 친구로만 빠르게 거르는 편이 가장 안전한 선택입니다.

이 반응이 빠르면 빠를수록 생존에 유리할 수밖에 없습니다. 생존 확률을 높이려면 정확성보다는 신속성을 우선시해야 합니다. 이분법적인 흑백 논리는 비록 정확도는 100%가 아닐지언정 신속한 대응을 가능하게 한다는 점에서 바로 이 전략에 특화된 방법입니다. 최선은 아니지만, 적어도 최악은 면할 수 있기 때문입니다. 반응이 느린 종들은 이미 진작 포식자에게 잡아먹혀 멸종되었을 것입니다. 반대로 살아남은 종들 또한 이분법 논리가 DNA에 생존 본능으로 새겨져 있을 것입니다.

자연에서 이분법적인 흑백 논리가 필요했던 이유는 한 치 앞이 불확실한 극한 상황에서 한시도 긴장의 끈을 놓을 수 없었기 때문입니다. 그에 비해 지금 대한민국은 원시적인 자연 야생과는 비교할 수 없을 정도로 문명화되어 있습니다. 아무리 환자라고 하더라도요. 하지만 이 원리만큼은 똑같습니다. 복잡한 사회 문제 앞에서 이성을 발휘해서 균형 잡힌 판단을 내리기란 여전히 어려운 일입니다.

그런 점에서 최근 대한민국에서 이분법적 구도의 갈등이 고착화하는 추세는 사실 매우 우려스러운 현상입니다. 그만큼 대한민국에서 살아가는 사회 구성원들이 느끼는 긴장과 스트레스의 정도가 자연에서처럼 상당히 높다는 뜻이기 때문입니다. 이는 냉혹한 야생 환경에 처한 동물들이 먹잇감과 천적을 지체 없이 구별하고 반사적으로 대응하는 본능과 크게 다를 바가 없습니다. 즉 이 환자가 겪는 극심한 갈등들은 어쩌면 대한민국에서 살아가는 사람들이 점차 여유가 줄어들고 있음을 보여주는 한 단면일지도 모릅니다.

03. 계층 이동성 하락

"용이 사는 하늘과 가재, 붕어, 개구리가 살아가는 개천은
말 그대로 하늘과 땅 차이로 벌어졌습니다."

계층 이동성이 하락하는 증상 역시 그 본질은 경제 문제입니다. 경제적으로는 낙수효과가 약화되고, 양극화가 심해지면서 중산층이 몰락하며, 부가 대물림되고, 자본 대비 노동의 가치가 크게 하락하는 현상과 밀접하게 연관되어 있습니다.

사실 이 환자가 처음부터 이렇지는 않았습니다. 물론 어느 시대에나 분배 문제는 항상 있게 마련이지만, 그래도 예전에는 이정도까지는 아니었습니다. 대한민국이 1960년대부터 본격적으로 경제 개발을 시작한 이후 외환위기 직전인 1990년대 초중반

까지 경제 성장과 분배가 어느 정도는 같이 원활하게 돌아가는 흐름을 보였습니다. 성장과 함께, 분배지표도 상당히 안정된 모습을 보였습니다. 때로는 개선되고 호전되기도 했습니다. 당시 대한민국은 성장과 분배 두 마리 토끼를 다 잡은 몇 안 되는 개발도상국이었습니다.

그때는 낙수효과가 상당히 원활하게 작동했습니다. 용이 살아가는 하늘뿐만 아니라, 가재, 붕어, 개구리가 살아가는 개천에도 종종 충분한 비가 내렸습니다. 먹이는 풍부하고 나름대로의 생태계가 갖춰진 시절이었습니다. 모두가 하늘의 용은 아니었지만, 반대로 기를 쓰고 용이 되지 않아도 나름대로 잘살 수 있었습니다. 개천도 충분히 살 만한 곳이었으니까요.

무엇보다도 개천에서 하늘로 오르는 기회의 사다리도 지금보다 많았고 또 튼튼했습니다. 개천에서 만족하며 지내던 가재, 붕어, 개구리도 본인의 의지만 있으면 용으로 거듭나기 위해 도전해볼 수 있었던 시절이었습니다.

아무 자본 없이 출발해도 열심히 노력하면 중산층으로 편입될 기회가 열려 있었습니다. 내가 고생한 만큼 나와 내 새끼가 더 안정된 삶을 누릴 수 있다는 믿음은 실제 보상으로도 이어졌습니다. '중산층이 될 수 있다'는 희망은 이 환자 내부에서 널리 통용되던 일종의 '사회계약'이었습니다. 그렇게 대한민국 사회에 두텁게 형성된 중산층은 정치적으로는 민주주의, 문화적으로는 대중문화를 탄생시키기도 했습니다. 고등교육에 대한 수요도 대폭 늘어났습니다. 비단 경제 분야를 넘어 우리 사회의 중심을 잡는 중추가 탄생한 셈이지요.

하지만 오히려 선진국으로 진입했다는 최근 들어서 상황은 많이 달라졌습니다. 이제 낙수효과는 멈췄습니다. 개천에 비는 거의 내리지 않습니다. 가뭄이 지속하면서 개천은 물이 말라 군데군데 바닥을 드러냈습니다. 당연히 생태계는 황폐해졌습니다. 저 높은 하늘에서 고고하게 살아가는 잘난 용이 아니면, 개천에서 그저 평범한 가재, 붕어, 개구리로 살아가기에는 환경이 상당히 척박해졌습니다. 가재, 붕어, 개구리는 용이 되어볼 원대한 도전은커녕, 하루하루 먹고살기에 급급해졌습니다. 그저 '평범하게'만 살고 싶어도 '평범하지 않게' 노력해서 생존 경쟁을 통과해야 합니다.

결국 용이 사는 하늘과 가재, 붕어, 개구리가 살아가는 개천은 말 그대로 하늘과 땅 차이로 벌어졌습니다. 이러한 양극화 현상은 시간이 지날수록 해결될 기미가 보이기는커녕, 안타깝지만 소득, 재산, 부동산, 일자리, 기업 등 갈수록 많은 지표에서 오히려 더 두드러지고 있습니다. 물론 그사이에 복지도 함께 강화되었지만, 그럼에도 불구하고 대세를 되돌리기에는 역부족입니다. 양극화는 경제적 관점에서 내수를 위축시키고 성장동력을 해칠 뿐만 아니라, 정치적 불안과 각종 사회 갈등을 유발하기까지 합니다.

경제적·사회적 격차는 계속 확대되며, 코로나 같은 위기 상황을 맞을 때마다 눈에 띄게 더 벌어집니다. 가진 자와 못 가진 자, 부유층과 서민층, 대기업과 중소기업, 정규직과 비정규직, 유주택자와 무주택자, 그리고 유주택자 중에서도 다주택자와 1주택자 간의 격차는 시간이 갈수록 계속 벌어집니다. 그 차이는 단순히 계좌에 찍힌 숫자를 넘어, 살아가는 방식 전반을 규정하는 바로미터가 되었습니다. 양극화 문제는 대한민국에서 진부할 정도로 고질적인 문제가 되었습니다.

시장 원리가 강조되면서 시장을 움직이는 힘, 즉 돈만이 유일한 기준이 되는 현상이 뚜렷해지고 있습니다. 황금만능주의 풍조는 시간이 갈수록 강해집니다. 사실 시장은 가치가 아니라 철저히 힘, 즉 돈에 의해 작동합니다. 더 많은 돈은 더 큰 힘을 의미하는데, 시장은 그 돈이 어떻게 형성되었는지 묻지 않습니다. 근로소득인지 불로소득인지, 벌어들인 출처가 주식인지 부동산인지 코인인지 아니면 로또 당첨금인지, 떳떳한 돈인지 범죄 수익인지, 절세인지 탈세인지 등은 시장의 관심사항이 아닙니다. 자연이 힘의 강약에 의해서만 움직이는 것처럼, 시장은 그 돈의 크기에 의해서만 작동합니다.

그렇게 획일화된 힘 앞에서 이 환자를 움직이는 다른 가치들은 무기력해지기 일쑤입니다. 사랑, 우정, 낭만, 꿈, 소망, 열정, 배려, 양심, 명예, 인내, 단결, 상식, 정의, 신뢰, 연대, 정직, 도덕성, 책임감, 성실성, 노력, 패기, 투혼, 투지, 보람, 헌신, 이타주의, 유대감, 사명감, 자부심, 애국심, 공동체의식, 공감, 소통, 온기, 존중, 희망, 낙관, 기대, 안정감, 관용, 교감 등 우리 삶을 풍요롭게 만들어주는 여러 가치들은 사람을 바꿀 수는 있을지언정, 시장을 움직이기에는 너무나도 무력합니다. 따라서 시장 원리가 강화되면 될수록 점점 천덕꾸러기 신세가 되어 관심에서 멀어질 수밖에 없습니다. 순진한 '바보' 취급이나 당하지 않으면 다행이지요. 약육강식의 논리가 설득력을 얻어가면서 믿을 수 있는 건 뭐니 뭐니 해도 결국 돈뿐이라는 인식이 팽배해 있습니다.

소득을 기준으로 계층이 나뉘고, 재산을 기준으로 계급이 나뉩니다. 무슨 차를 타는지에 따라 길 위의 대접이 달라지고, 부모의 노후 준비 여부에 따라 결혼정보회사에서 매기는 등급이 갈립니다. 집이 무슨 동 어느 아파트인지, 자가인지 전세인지 월세인지에 따라 아이들이 어울리는 무리가 달라집니다. 가난은 부끄러운 것이 아니라 불편한 것일 뿐이라지만, 현실은 그렇게 녹록지 않습니다. 불편함은 당연하고, 부끄러운 수준을 넘어 때로는 비참하기까지 합니다. 영화 〈베테랑〉에서 서도철 형사(황정민 분)는 "우리가 돈이 없지 가오가 없냐"고 일갈하지만, 현실에서 돈 없는 가오는 무기력하기 일쑤입니다.

먹는 것, 입는 것, 타는 것, 사는 곳, 일하는 곳이 계층에 따라 전부 극적으로 달라지면서, 각 경제적 계층은 갈수록 별다른 교류 없이 점점 이질화되어가고 있습니다. 이제는 언어와 피부색 정도만 같게 남아 있을 뿐, 서로 섞이지도 않고 섞일 생각도 딱히 없습니다. 광복 이후 가장 뜨거웠다던, 온 국민이 똘똘 뭉쳤던 2002년 월드컵의 기억은 이제 어색하고 무안할 정도로 차갑게 식어버렸습니다.

그 월드컵보다도 더 오래된 영화 〈친구〉에는 "느그 아부지 뭐 하시노"라는 유명한 대사가 나옵니다. 담임선생님(김광규 분)이 학생들의 낮은 성적을 혼내면서 부모님의 고생을 환기시키려는 장면입니다. 그러나 "아부지가 뭐 하시는지"는 비단 영화뿐만 아니라 이 환자가 현실에서 더 많이 듣는 질문입니다.

수저론으로 대표되는 부와 지위의 대물림은 개개인의 의지와 노력보다는 이제 부모의 재력이 훨씬 더 중요하다는 사실을 의미합니다. 내가 무슨 꿈을 갖고 어떤 재능을 살리기 위해 얼마나 노력하느냐보다, 어느 가정에서 얼마나 좋은 수저를 물고 태어나느냐가 더 중요해졌습니다. 웬만한 수저를 물고 태어나지 않은 한, 노력으로 삶을 바꿀 여지가 예전보다 많이 줄어들었습니다. 태어날 때 부여받는 핸디캡을 극복하기가 점점 어려워지고 있습니다.

이 '부모 찬스'는 결코 아무에게나 허락되는 기회가 아닙니다. 잘난 부모를 두는 출발은 노력에 의해 달성될 수 있는 성질이 아니기 때문입니다. 전적으로 '운'에 의해 결정됩니다. 대한민국에서도 '왕의 DNA'와 '서민의 DNA'가 태어날 때부터 나뉘고 있습니다.

부모의 경제력과 지위와 계층이 대물림되는 경향성이 점점 뚜렷해지고 있습니다. 계층 이동의 사다리가 많이 좁아지면서 격차가 더 고착화되어가고 있습니다. 정규 교육 이후 직장을 잡고 결혼을 하고, 전·월세로 시작했지만 목돈을 모아 집을 사고차를 사고 아이를 키우고, 또 시간이 지남에 따라 직장에서 승진하고 아이가 커감에 따라 더 넓은 집과 차로 옮겨가는, 한국 중산층이 성장해왔던 전형적인 과정은 더 이상 전형적이지 않습니다. 부모님 세대만 해도 노력 여하에 따라 웬만큼 가능해 보였던 이러한 삶은 이제는 드라마 〈응답하라〉 시리즈에서나 볼법한 과거가 되었습니다.

이제는 자신이 열심히 일해서 버는 근로소득보다 부모에게 물려받은 불로소득이 훨씬 더 중요한 시대입니다. 노동보다는 자본으로 벌어들인 (상속) 자산이 점점 더 중요해지고 있습니다. 태생상 복제가 불가능한 노동과 달리, 자본은 마치 세포가 분열하듯이 얼마든지 확대 재생산될 수 있습니다. 또한 스스로 집중되는 경향도 있습니다. 쉬운 말로 '돈이 돈을 버는' 구조입니다. 결과적으로 자본이 있는 사람과 없는 사람의 격차는 시간이 흐름에 따라 더 벌어집니다.

노동은 더 이상 '신성'하지 않습니다. 아무리 열심히 일해도 따라잡을 수 없는, 아니 그럴 엄두조차 내지 못하는 부의 대물림 앞에서 노동의 가치는 점점 설 자리를 잃어가고 있습니다. 집값이 한 번에 수억 원씩 뛰는 시대인데 최저임금이 몇백 원 오른들 과연 무슨 의미가 있을까요. 하루하루 스트레스를 받아가며 묵

묵히 일해서 받는 급여는 이제 우스워 보입니다. 땀은 배신하지 않을지언정, 바로 그 우직함 때문에 이제는 바보 취급을 받는 지경이 되었습니다. 이는 개개인의 '노오력'이 부족하기 때문이 아니라, 누구라도 그렇게 될 수밖에 없는 경제 구조적인 문제입니다.

몇 년 전《아프니까 청춘이다》라는 책이 사회적으로 큰 화제가 된 적도 있었습니다. 처음에는 이 시대의 지치고 힘든 청춘들에게 멘토가 전하는 위로의 메시지로 각광받기도 했습니다. 하지만 이후에는 기류가 좀 바뀌었죠. 사회의 구조적 문제점을 개인적인 '성장통'으로 취급하고, 정확한 해결책 대신 '힐링'이라는 미봉책으로 포장된 어설픈 위로라는 비판이 쏟아졌습니다. 특히 저자가 정작 진정한 '성장통'과는 다소 거리가 있어 보이는, 비교적 탄탄대로를 걸어온 이력까지 알려지면서 메시지의 설득력이 떨어진다는 지적도 있었습니다.

많은 비판을 받기는 했지만, 사실 저자는 단순히 진심 어린 마음을 담아 우리 사회의 청춘들을 따뜻하게 위로해주고 싶었을 뿐일지도 모릅니다. 성취와 후회를 모두 맛본 인생의 선배가 진정성 있게 전한 조언이었는데, 같은 책을 두고 평가가 그렇게 달라진 이유는 무엇일까요.

문제의 핵심은 오늘날 젊은이들을 괴롭히는 '아픔'이 '힐링'으로 치유될 성질이 전혀 아니라는 사실에 있습니다. 만약 그 아픔이 일시적인 '성장통'이라면, 그래서 책 제목 "아프니까 청춘이다"는 위로가 정말 설득력을 가지려면 청춘을 벗어나 더 나이가 들어서는 그 성장통이 사라져야 합니다.

저자가 청춘이었던 시대에는 정말 그랬을지도 모릅니다. 그래서 청춘을 벗어난 지금, 젊은 시절에 아팠던 추억을 돌이켜보면서 "그땐 그랬지" 하며 웃음 지었는지도 모르겠습니다. 그래서 인생의 후배들에게도 자신의 경험을 공유해주고 싶었는지도 모릅니다.

하지만 오늘날 청춘들이 겪는 아픔은 시간이 지나고 나이가 들어도 결코 사라지지 않습니다. 오히려 고착화하고, 심지어 대물림됩니다. 오늘날의 젊은이들은 청춘 시절 이후에도 아픔에서 벗어날 자신이 없습니다. 그 아픔은 '청춘의 성장통'이 아니라, 모두의 곳간이 비어감에 따라 나타나는 구조적인 '만성질환'이기 때문입니다. 마냥 참고 견디기에는 버틸 체력이 더 이상 여유롭지 않습니다. 예전에는 '하면 되는' 시대였지만, 지금은 '해도 안 되는' 시대입니다.

그 빈자리를 파고든 새로운 동아줄이 바로 몇 년 전 우리 사회를 강타했던 '코인' 열풍이었습니다. 사실 가상화폐니, 암호화폐니, 블록체인이니 하는 개념은 투자하는 사람들도 사실 잘 모르는 경우가 대부분이었습니다. 다만 코인은 어차피 노력으로 오를 수 있는 기회의 사다리가 부족한 시대에서, 차라리 희박한 운에라도 맡겨보자는 심리가 쏠린 결과물입니다.

비록 현실에서는 패자일지라도, 타이밍만 잘 맞추면 누구나 한방에 신세를 역전할 수 있는 마지막 만루홈런 같은 희망이 되어주었던 것입니다. 황폐해진 개천에서 절망하던 평범한 가재, 붕어, 개구리들은 "인생은 한강물 아니면 한강뷰", "자살하면 그만이야"를 되새기며 "가즈아!"를 외쳤습니다. 일확천금을 노린 한탕주의 광풍은 이렇게 불타올랐습니다.

하지만 코인 투자에 모두가 성공하지는 못했다는 사실을 우리는 이미 잘 알고 있습니다. 코인 자체에 내재된 가치가 없는 이상, 이 열풍은 냉정히 봤을 때 결국 제로섬(zero-sum) 구조입니다. 흙수저 수백, 수천 명이 흙수저 한 사람에게 몰아주는 방식 그 이상도 그 이하도 아니었습니다. 한 마리의 가재, 붕어, 개구리가 '인생 역전'을 이룬 뒤에는 사실 10마리, 100마리, 1000마리의 가재, 붕어, 개구리들의 '인생 여전'이 숨겨져 있던 셈입니다. 그리고 개천이 복원되지 않는 한, 이 같은 폭탄 돌리기성 투기 광풍은 이름만 바꿔서 얼마든지 다시 반복될 것입니다.

04. 저출산

"자연에 빗대어 비유해보자면,
지방에는 먹이가 없고 서울에는 둥지가 없는 셈입니다."

대한민국의 저출산은 종합선물세트 같은 증상입니다. 각종 사회 갈등과 계층 이동성 하락에도 영향을 미쳤던 모든 원인이 한꺼번에 표출된 상징적인 현상이기 때문입니다. 모든 국민에게 고루 영향을 미치는 앞의 두 증상과 달리, 저출산은 그 효과가 젊은 세대에 집중되어 나타납니다. 그만큼 증상의 부위가 특정된 것처럼 보이며, 그 정도 또한 심각할 수밖에 없지요. 그 핵심적인 본질은 이번에도 역시 경제 문제입니다.

물론 아이에 대한 헌신 대신 본인의 행복을 우선시하는 가치관이 확산되었다는 점 역시 부인할 수는 없습니다. 시대에 따라 문화와 트렌드와 가치관이 바뀌는 현상은 당연한 변화입니다. 아이를 낳지 않겠다는 가치관 역시 개인의 선택이고, 마땅히 존중받아야 합니다. 가수 김연자의 인기곡 '아모르 파티(Amor Fati)'에는 "연애는 필수, 결혼은 선택"이라는 가사가 있습니다. 결혼은 더 이상 인생의 필수 관문이 아니라 "가슴이 뛰는 대로 가면 되는" 선택이 되었습니다.

하지만 지금의 인구위기는 아이를 원하는 사람조차도 출산을 망설이게 만드는 척박한 경제적 환경이 누적된 결과물입니다. 그리고 아이를 낳지 않겠다는 가치관 자체도 출산과 육아에 따르는 대가가 너무 크기 때문에 가속화된 측면도 있습니다. 그리고 실제로 우리 사회에는 그런 경우가 꽤 많을지도 모릅니다.

한 설문조사[4]에 따르면 결혼·출산 적령기(25~45세) 남녀 중 70%가 넘는 응답자가 이상적인 자녀 수를 '2명 이상'으로 꼽습니다. 무자녀는 10%도 채 되지 않습니다. 상당수가 아이를, 그것도 다자녀를 희망한다는 뜻입니다.

반면 실제 자녀 계획은 크게 달라집니다. 이번에는 반대로 70%가 넘는 응답자가 '1명 이하'를 꼽았고, 그중에서도 3분의

---

4) 한국경제신문이 여론조사 업체 입소스에 의뢰해 25~45세 남녀 800명의 '결혼·출산 인식'을 2주간 (2023년 3월 30일~4월 12일) 온라인으로 설문조사한 결과입니다 (출처: 한국경제, 〈25~45세 절반 "아이 안 낳겠다"〉, 2023.04.17, https://plus.hankyung.com/apps/newsinside.view?aid=2023041611311&category =NEWSPAPER&isSocialNetworkingService=yes).

2 이상이 출산 의향이 없다고 답했습니다. 자녀 계획에 대한 이상과 현실 사이에서 이렇게 극심한 괴리가 발생한 이유는 무엇일까요. 출산을 기피하는 이유(복수 응답)로는 '육아에 구속되기 싫어서(52.8%)', '경제적으로 여유롭지 못해서(52.3%)', '자녀가 힘든 삶을 살게 하고 싶지 않아서(49.0%)'가 비슷한 비중을 차지했습니다. 상당수가 경제적 이유입니다. 낳기 싫은 것이 아니라 키울 엄두가 나지 않는 것입니다.

구체적으로는 양질의 일자리와 안정적인 주거가 부족하기 때문입니다. 그나마 일자리가 몰려 있는 수도권은 수십 년을 벌어도 집값을 감당하기 어렵습니다. 반대로, 그나마 집값이 상대적으로 안정적인 지방에는 양질의 일자리가 부족해서 젊은이들이 끊임없이 유출되고 있습니다. 자연에 빗대어 비유해 보자면, 지방에는 먹이가 없고 서울에는 둥지가 없는 셈입니다. 실제로도 여러 실증연구는 집값 등 주거비용 상승이 혼인율과 출산율을 유의미하게 하락시킨다고 지적합니다. 혼인율 자체도 떨어지지만 혼인 연령도 갈수록 올라만 갑니다. 공무원·공공연구기관 종사자들이 몰려 사는 세종시가 몇 년째 전국 시·도에서 출산율 1위를 기록하는 현상은 결코 우연이 아닙니다.

일자리와 보금자리를 어찌어찌해서 확보해서 결혼까지 골인해도, 출산과 육아는 또 다른 차원의 문제입니다. 장시간 근로문화는 일과 가정의 양립을 무너뜨리고 택일을 강요합니다. 혼자 벌면 생계가 힘들고, 둘이 벌면 육아가 힘듭니다. 결혼 이후에도 출산을 마냥 우선순위에 두기가 쉽지 않습니다. 막상 큰맘먹고 아이를 낳아도 보육시설이 턱없이 부족해서 양가 부모님께 교대로 손을 벌리게 되는 것이 현실입니다. 운 좋게 대기 순번이 돌아와도 퇴근이 하원 시간보다 늦는 경우가 많아 눈치를봐야 합니다. 도우미 '이모님'을 쓰려고 해도 비용이 상당히 부담스러우며, 극히 일부이지만 학대 사고의 여파 또한 불안하기만 합니다.

유치원생부터 고등학생까지 끝이 보이지 않게 들어갈 사교육비는 양질의 일자리를 가진 중산층 가구에서도 블랙홀이 되어버리는 수준입니다. 아이를 낳아도 하나에 만족해야 할 뿐, 둘째셋째는 자연스레 감히 엄두도 내지 못하고 포기하게 되는 것이지요.

이렇게 고생해서 20년 넘게 키운 아이가 그래서 미래의 주역으로서 잘 살아갈 수 있겠느냐는 또 다른 차원의 문제입니다. 현재 청년세대가 미래 우리 사회를 바라보는 관점과 직결되는 대목이기 때문입니다.

우리나라의 기록적인 저출산은 아이가 앞으로 살아갈 미래에 대한 '희망'이 없다고 느끼는 사람들, 특히 청년층이 그만큼 많다는 사실을 의미하기도 합니다. 기회의 사다리가 끊겨가면서 나의 2세만큼은 나보다 더 나은 삶을 영위할 수 있다는 희망이 점점 옅어지고 있습니다. 나의 2세에게 물려줄 수 있는 상속이 황폐해진 개천뿐이라는 자각이 들면 미래를 비관할 수밖에 없습니다. 심지어는 나와 아이 모두에게 죄책감을 느끼는 경우도 적지 않습니다. 나의 고달픈 삶을 다음 세대에도 되풀이하면서 '부모 잘못 만난 죄'를 주고 싶은 부모는 아무도 없으니까요.

모든 생명은 유전자를 남기고 싶은 본능이 있습니다. 그 무엇보다도 절대적이고 원초적인, 거부할 수 없는 기본적인 욕망입니다. 성적으로 개방적인 분위기를 일컬어 흔히 '동물의 왕국'에 비유하듯이, 왠지 동물의 짝짓기는 발정 본능에만 이끌릴 것 같습니다. 하지만 생존 스트레스가 심각할 때에는 동물들조차 그 본능을 억제합니다.

칼훈(J. Calhoun, 1917~1995)이라는 미국의 생태학자가 쥐들을 대상으로 진행한 유명한 실험이 있습니다. 쥐들이 제한된 공간에서 어떤 행태를 보이는지 약 5년에 걸쳐 분석한 관찰실험입니다. 초반에는 왕성한 번식력을 자랑하며 개체 수가 급증했습니다. 2마리에서 시작해서 1년도 채 되지 않아 600마리를 넘길 정도였으니까요. 하지만 그즈음부터 증가율이 눈에 띄게 떨어지더니, 약 1년 반이 지나자 오히려 감소하기 시작했습니다.

쥐들의 저출산을 불러온 요소는 바로 스트레스였습니다. 밀집된 환경에서 생존 경쟁이 치열해지자 쥐들의 스트레스는 극에 달했습니다. 서로 간에 공격성이 증폭되었고, 이미 낳은 새끼들도 방치하기 일쑤였습니다. 왕성한 번식력을 자랑하는 쥐들도 극한의 상황에서는 그 기본적인 욕구마저 발현하지 않았습니다.

비단 실험뿐만이 아닙니다. 야생에서도 많은 동물이 생존이 불안한 상황에서는 새끼를 함부로 낳지 않습니다. 또한 이미 낳은 새끼들도 정상적으로 키우기 어렵다는 판단이 서면 어미가 직접 죽이기도 하며, 특히 먹이가 부족한 상황에서는 잡아먹기까지 하는 동족 포식 현상마저 관찰됩니다. 개체 수가 줄어들면 생존 경쟁도 덜 치열해지고, 그러면 번식 본능도 다시 살아나면서 중장기적으로 개체 수는 반등합니다. 결과적으로 자연은 그렇게 환경에 맞는 적정한 개체 수를 유지합니다.

심지어 사람은 새끼를 낳고 키우는 데 다른 동물보다 훨씬 많은 정성과 노력이 필요합니다. 태어나자마자 곧 달릴 수도 있는 웬만한 야생동물들과 달리, 사람은 혼자서는 아무것도 할 수 없는 상태로 태어납니다. 상대적으로 수명이 긴 만큼 성체로 독립하기까지도 오래 걸립니다. 탄생 직후부터 약 20년은 부모의 보호가 필요합니다. 따라서 인간은 출산을 결정하는 과정에서 그 이후 장기적인 환경까지 모두 고려할 수밖에 없습니다. 아이를 낳는 결정은 '낳는' 행위 그 자체보다는 그 이후 '키우는' 과정에 훨씬 더 큰 영향을 받습니다.

그런 점에서 대한민국의 심각한 저출산 증상은 아이를 낳아 키울 만한 여건이 아니라고 판단하는 사람들이 그만큼 많다는 사실을 의미합니다. 이런 무거운 현실 앞에서는 유전자를 남기고 싶은 원초적인 본능조차도 '욕심'이 되어버립니다. 본능을 발현하는 기쁨에 비해 이를 위해 부담해야 하는 현실적인 대가가 너무나도 버겁기 때문입니다. 그 대가를 감당할 수 없을 바에야 아예 본능을 억제하고 거세하기를 선택하는 청년층이 늘어가고 있습니다. 가난의 대물림을 끊고 싶은 그들은 가난을 못 끊으니 대라도 끊겠다는 심정입니다.

저출산은 비관적인 미래에 대한 청년세대의 본능적인 거부이자, 상황을 이렇게까지 방치한 사회 구조에 대한 개인적 차원의 소리 없는 항거일지도 모릅니다. "노예가 할 수 있는 최고의 복수는 나 다음 노예를 생산하지 않는 것"이라는 조소에는 독기마저 서려 있습니다. 우리도 깨닫지 못하는 사이에 대한민국 사회는 이미 최고 성능의 피임약이 되어버렸습니다.

이러한 현실에서 '당신이 애를 낳지 않기 때문에 우리나라가 망할 것'이라는 비판은 설득력이 크게 떨어집니다. 젊은 세대의 유행어를 빌리자면 '1도 타격이 없습니다.' 일단 내가 먹고사는 문제가 불확실한데, 나라의 미래 같은 거창한 담론은 걱정할 여유조차 허락되지 않습니다. 피부에 전혀 와닿지 않는 뜬구름일 뿐이지요.

이제 우리 사회에서 결혼과 출산은 어쩌면 그 사실 자체만으로도 사회적·경제적 지위를 나타내는 지표가 될지도 모릅니다. 짝을 짓고 유전자를 남기는 본능은 한국 사회에서는 가진 자에게만 허락되는 축복으로 전락해버렸습니다. 내 한 몸 건사하기도 쉽지 않은 불안정한 상황에서, 결혼은 고급재, 출산은 사치재로 간주되고 있습니다. 인륜지대사가 중산층 이상의 전유물이 되는 것이지요. 영어 유치원은 할아버지가 보내준다는 말도 나도는 현실에서, 그런 아버지를 두지 못한 자녀는 자신의 자녀를 만드는 데에도 소극적일 수밖에 없습니다.

낮은 출산율처럼, 높은 자살률도 경제적 동기가 상당 부분을 차지합니다. 생활고를 비관한 일가족의 동반 자살 사건이 이미 낯설지 않습니다. 여러 조사에 따르더라도 최하위 계층에 오래 머물수록, 그리고 소득 수준이 악화할수록 자살률은 더 올라간다는 분석이 많습니다. 실제로도 IMF 외환위기, 글로벌 금융위기 등을 거칠 때마다 자살률이 높게는 수십 퍼센트씩 뛰어오르기도 합니다.

가장 높은 자살률과 가장 낮은 출산율은 한국 사회의 민낯을 압축적으로 요약해서 고스란히 보여주는 성적표입니다. 전자는 현재가 힘들다는 신음이고, 가장 낮은 출산율은 미래에도 희망이 안 보인다는 절망입니다. 전자는 심지어 전쟁으로 인한 외상 후 스트레스 장애(PTSD, Post-Traumatic Stress Disorder)에 시달리는 미군보다도 높으며, 후자는 전쟁처럼 사회적으로 극심한 소요와 혼란을 겪지 않으면 보통 나오지 않는 수치입니다. 둘 다 모두 역사를 통틀어서도 그리 흔하지 않은 이례적인 상황입니다. 세계 10위권 경제 대국이라는 화려한 간판의 이면에는 정작 대한민국에서 살아남기가 전쟁 같다고 느끼는 사람들이 그만큼 많다는 뜻입니다.

표 1. 〈시사저널〉이 만난 2030의 저출산 관련 '말말말'

24세 취업 준비생 유 씨	"안 낳아서 망하는 게 아니라, 망할 세상이니까 안 낳아."
23세 대학생 홍 씨	"'헬조선'에서 겪는 고통 자식에게 대물림하기 싫어."
28세 직장인 조 씨	"힘든 세상에 태어나게 하는 것도 부모로서 죄 짓는 것"
26세 직장인 공 씨	"국가 입장에선 저출산 문제지만 나 개인에겐 문제 아니야."
25세 취업 준비생 이 씨	"태어날 내 아이는 나보다 힘들게 노인을 부양해야 하니 못 낳아."
25세 직장인 강 씨	"여유가 없어 출산은커녕 연애 생각도 못 해."
25세 대학원생 문 씨	"어차피 일자리 부족한데 인구 줄면 좋은 거 아닌가."
25세 취업 준비생 김 씨	"애 안 낳으면 결국 우리가 부담된다는 것 알지만 못 낳아."
21세 대학생 조 씨	"아이 낳는 고통 싫어, 남편하고만 오붓하게 살 것"
26세 직장인 왕 씨	"가끔 이대로 계속 저출산하다가 인류 멸망했으면 좋겠다고 생각해."
31세 직장인 진 씨	"스펙 좋은 아가씨들은 '엄마' 타이틀 달고 희생하기 싫어해."
34세 직장인 김 씨	"저출산은 자연스러운 현상, 이민 정책 바꿀 것 고려해야."
33세 직장인 박 씨	"소득은 그대로인데 아이 키우는 비용이 너무 커 더 못 낳아."
36세 직장인 한 씨	"내 아이가 행복하게 자랄 수 있는 환경 아니라 망설여져."
32세 직장인 박 씨	"애가 가져다주는 즐거움보다 부부가 둘이서 지내는 즐거움이 더 커."
31세 주부 이 씨	"남편이 돈을 버니까 그냥 애 낳은 것, 특별한 이유 없어."

출처: 시사저널, "2030의 못다한 '저출산' 이야기…'아이보다 내 삶이 중요'", 2018.03.14(https://www.sisajournal.com/news/articleView.html?idxno=174305)를 참고하여 재구성

COOL HEAD
AND
WARM HEART

3장 •
진단 ;

01. 원인

"사회 갈등은 현재 같이 살아가는 동세대에 대한 인심이,
계층 이동성 하락은 다른 세대 간의 인심이,
저출산은 미래 세대를 대한민국에 새롭게 초대할 인심이 줄어드는 현실을
단적으로 보여줍니다."

인심은 곳간에서 나온다

　결국 대한민국이 현재 앓고 있는 증상들은 그 기저에 모두 경제 문제가 자리 잡고 있습니다. 더 정확히 말하면, 이 증상들은 결국 대한민국에서 필요한 각종 경제적 자원들이 희소한 현실과 밀접하게 연관되어 있습니다. 희소한 자원들을 둘러싼 경제 문제에서 파생된 연장선입니다. 이를 둘러싼 사회 구성원들 간의 경쟁과 갈등이 격화되면서 증상이 더 악화했다는 공통적인 특징도 있지요. 한마디로 '곳간이 비어가니 인심도 줄어드는 현

상'입니다.

'곳간에서 인심 난다.' 우리는 이 속담을 모르지 않습니다. 특별히 배워서 안다기보다는 인생을 살다 보면 여러 경험을 통해서 자연스럽게 느끼게 되기도 하지요. 일단 자기 곳간이 차 있어야, 주변에 인심을 베푸는 등 다른 가치를 추구할 여유도 비로소 발휘할 수 있다는 뜻입니다. 곳간이 비어 있으면 인심을 베풀고 싶어도 그러기 어렵다는 뜻입니다.

대한민국이 현재 겪고 있는 증상들도 이 원리에 정확히 부합합니다. 쉽게 말해, 경제적 자원이 나오는 곳간이 줄어들자 사회 구성원 개개인들의 인심도 줄어든 셈입니다. 사회 갈등은 현재 같이 살아가는 동세대에 대한 인심이, 계층 이동성 하락은 다른 세대 간의 인심이, 저출산은 미래 세대를 대한민국에 새롭게 초대할 인심이 줄어드는 현실을 단적으로 보여줍니다.

물론 그렇다고 해서 이 증상들에 다른 원인이 없다는 뜻이 아닙니다. 이 증상들은 대한민국의 다양한 사회 문제들이 서로 복잡하게 얽히고설켜 있는 결과물입니다. 정치적, 사회적, 문화적 요인들도 당연히 크고 작은 영향을 미쳤을 것입니다. 구체적인 사안마다 특수한 배경은 얼마든지 더 있을 수 있지요. 관점과 상황에 따라서는 그 요인들이 더 중요하다는 진단이 도출될 수도 있습니다.

하지만 그 어떤 경우에도 한 가지 확실한 사실은 '경제'라는 공통 원인이 해결되지 않는 한 이 증상들을 완전하게 치료하기는 어렵다는 점입니다. 본격적인 처방을 내리기에 앞서 보다 확실한 진단을 위해 이 근거를 조금 더 자세히 살펴보겠습니다. 개인적 차원과 국가적 차원 모두에서요.

욕구의 단계

매슬로(A. Maslow, 1908~1970)라는 미국의 유명한 심리학자가 제시한 욕구단계설(Hierarchy of Needs)이 있습니다. 개인이 느끼는 다양한 욕구들은 다음 피라미드 그림과 같이 일정한 계층별로 분류될 수 있다는 이론입니다.

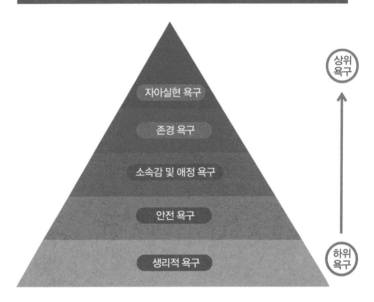

그림 4. 매슬로 욕구계층 이론

상위 욕구

자아실현 욕구

존경 욕구

소속감 및 애정 욕구

안전 욕구

생리적 욕구

하위 욕구

1단계는 생리적 욕구(Physiological Needs)로 식욕, 수면욕, 성욕 등 육체적인 필요와 기본적인 의식주에 대한 욕구입니다. 인간도 결국 생명을 지닌 동물인 만큼, 생존해 나가기 위한 가장 원초적인 단계라고 볼 수 있습니다.

2단계는 안전 욕구(Safety Needs)입니다. 말 그대로 위험에서 벗어나 안전하게 보호받고 싶은 욕구입니다. 비단 물리적이고 생리적인 위험뿐만 아니라, 경제적인 불확실성에서 벗어나 안정적인 생계를 영위하고 싶은 욕구도 포함될 수 있습니다.

3단계는 소속감 및 애정의 욕구(Belonging & Love Needs)입니다. 사회적 욕구라고도 하는데, 가족, 친구, 학교, 직장 등 여러 집단에 소속되어 다른 사람들과 사회적 관계를 맺고 싶어 하는 욕구를 가리킵니다. 사회적 존재로서 혼자서는 살아갈 수 없는 인간의 정체성이 반영된 개념입니다.

4단계는 존경 욕구(Esteem Needs)입니다. 단순한 소속감을 넘어 이제 명예나 권력을 추구하고 싶어 하는 상태입니다. 내적으로는 자율감과 자존감을 느끼고 싶고, 외적으로는 일정한 지위를 확보하고 다른 구성원들에게도 인정받고 싶은 욕구입니다.

5단계는 자아실현 욕구(Self-Actualization Needs)입니다. 이제 자신의 잠재력과 재능을 최대한으로 발휘하여 꿈을 이루고자 하는 욕구입니다. 사람들이 일반적으로 꿈꾸는 인생의 궁극적인 목표라고도 볼 수 있습니다.

이 5단계의 욕구들은 단순히 내용별로만 분류된 것이 아닙니다. 아래쪽에 있을수록 더 원초적이며, 위쪽에 있을수록 더 고차원적인 욕구입니다. 욕구들은 그 중요도와 우선순위에 따라 피라미드처럼 계층을 형성하고 있습니다. 여기서 중요한 점은 하위 욕구가 먼저 충족되어야만 비로소 상위 욕구를 추구하게 된다는 사실입니다.

예를 들어 1단계인 생리적 욕구가 충족되지 않은 상황에서는 3단계인 소속감 및 애정의 욕구를 추구할 여유가 없습니다. 당장 배가 고파 죽겠는데 다른 사람들과의 관계가 눈에 들어오지는 않겠지요. 일단 굶주린 배를 채우고 나서야 사회성도 생각해볼 수 있습니다. 마찬가지로 2단계인 안전 욕구가 충족되지 않았다면 5단계인 자아실현 욕구는 그림의 떡입니다. 생계가 불안한 상황에서는 인생 전체를 아우르는 큰 계획보다는 당장 수중의 현금이 훨씬 소중하게 느껴질 수밖에 없습니다.

상위 단계 욕구들은 하위 단계 욕구들을 우선적으로 해결한 이후에야 본격적으로 추구할 수 있습니다. 하위 단계의 욕구들은 그 자체로 중요할 뿐만 아니라, 더 나아가 상위 단계의 욕구들을 추구할 수 있는 여력을 만들어주기도 합니다. 비록 '원초적'이고 '동물적'으로 보일지언정, 상위 단계의 더 '고상하고' '우아한' 욕구들까지 추구하려면 반드시 먼저 거쳐야 하는 관문입니다.

그런데 사실 이 하위 단계, 즉 1단계 생리적 욕구와 2단계 안전 욕구는 경제력과 아주 밀접한 관련이 있습니다. 먹고 마시고

입고 자고, 안정적인 생계를 영위하며 안전한 집에서 거주하고 싶은 욕구를 충족해주는 영역은 결국 경제의 역할입니다. 말 그대로 '먹고사는' 문제이지요.

즉 경제력은 하위 단계에서 우리의 '원초적인' 욕구들을 충족해줄 뿐만 아니라, 상위 단계의 더 높은 '고상한' 가치들을 추구할 수 있는 원동력이 됩니다. 우스갯소리로 '먹고사니즘'이라고도 부르는 이 이념은 다른 그 어떠한 고차원적인 가치와 이념보다도 선행합니다. '먹고사는' 문제는 비단 말 그대로 먹고사는 차원에 국한되는 문제가 아니며, 그 이외의 모든 영역에 영향을 미치는 근본적인 문제입니다.

인간은 고등 동물이지만, 그 전에 동물입니다. 물리적인 한계를 뛰어넘을 수는 없습니다. 돼지만큼은 아니지만 일단 먹어야 살 수 있습니다. 우리가 아무리 바쁜 일을 하다가도 끼니때만큼은 "다 먹고 살자고 하는 일인데" 하며 식사를 하는 관습 또한 같은 원리입니다. 우리가 먹고사는 것이 목적이고 일을 하는 것은 그 수단이니, 적어도 식사시간만큼은 그 목적에 충실하자는 뜻이겠지요. 반대로, 어떤 대상이 의미 없다는 뉘앙스를 담고 있는 "밥 먹여주냐"는 핀잔 역시 사실은 매우 근본적인 질문이기도 합니다.

19세기 영국의 철학자 존 스튜어트 밀(John Stuart Mill, 1806~1873)은 "만족한 돼지보다는 불만족한 인간이 되는 것이 낫다. 만족한 바보보다는 불만족한 소크라테스가 되는 것이 낫다(It is better to be a human being dissatisfied than a pig satisfied; better to be Socrates dissatisfied than a fool satisfied)"라는 말을 남긴 적이 있습니다. 흔히 "배부른 돼지보다는 배고픈 소크라테스가 낫다"고 의역되어 쓰이기도 합니다. 당면한 현실에 만족해서 안주하지 말고 자아실현을 위해 진취적으로 도전하라는 의미로 널리 권고되곤 합니다.

그러나 엄밀히 말하면, 사실 이 격언은 현실에서 성립하기 어려운 잘못된 비교입니다. 배부른 돼지는 축산농가에만 가도 수두룩하지만, 배고픈 소크라테스는 찾아보기 쉽지 않습니다. 배가 고픈 상태에서는 애초에 소크라테스가 될 수 없기 때문입니다. 물론 개인에 따라서는 남다른 의지로 가능할지도 모르겠지만, 말 그대로 예외적인 경우입니다.

사실 소크라테스는 배고픈 적이 없었습니다. 소크라테스가 되기 위해서는 우선 배가 불러야 합니다. 일단 먼저 배가 불러야만 소크라테스가 될지 말지의 선택도 가능해지는 법입니다. 당장 먹고사는 데 지장이 있다면, "세상은 어떻게 생겼나", "나는 누구인가"와 같은 선문답에 호응해줄 여유도 없습니다. 배고픈 상태에서는 철학이든 예술이든 그 아무리 거창한 자아실현이든 '그림의 떡'일 뿐입니다. 소크라테스도 사람인 이상, 그 '그림의 떡'을 추구하기 위해서는 먼저 '현실의 떡'부터 먹어야 합니다.

국가의 기원

이 원리는 비단 개인적인 차원에만 국한되지 않습니다. 사회적으로도, 그리고 국가적으로도 마찬가지입니다. 먹고사는 문제가 우선적으로 해결되어야만, 즉 '배가 부르고 등이 따뜻해야만' 다른 정치, 사회, 문화를 발전시킬 동력을 얻을 수 있습니다. 사회적으로 하위 단계의 욕구가 충족되지 않은 상태에서는 상위 단계의 고차원적인 가치들을 추구하기가 쉽지 않습니다.

사실 '국가'라는 공동체 자체도 애초에 생산력이 어느 정도 뒷받침될 때 비로소 탄생합니다. 통치 조직을 운영하고, 조세 제도를 확립하고, 군대를 유지하는 등 국가의 기본적인 기능들을 유지하기 위해서는 상당한 경제력이 소요됩니다. 그저 심심풀이로 맨땅에 깃발만 꽂는다고 되는 일이 아닙니다. 21세기를 살아가는 환자 대한민국과는 비교할 수 없이 원시적이었던, 인류 역사의 처음으로 한번 가보겠습니다.

국사를 배울 때마다 맨 처음에 등장하는 구석기 시대를 떠올려보겠습니다. 그때는 주로 동물을 사냥하거나(수렵), 떨어진 열매를 주워서(채집) 먹을 수밖에 없었습니다. 이 시기 인류에게 추위와 굶주림은 일상이었고, 야생동물을 사냥하다가 죽거나 다치는 경우도 허다했습니다. 인류는 생존을 위해서라도 자연스럽게 부족 단위로 무리를 지어서 생활하게 되었습니다.

방금 잡은 사냥감을 두고 A, B 두 부족 간에 시비가 붙어 싸움이 일어났다고 가정해봅시다. 치열한 싸움 끝에 A 부족이 이겼고, B 부족은 A 부족에게 포로로 잡혔습니다. 이 상황에서 만약 독자 여러분이 A 부족장이라면 눈앞의 B 부족원들을 어떻게 처리하셨겠습니까? 후환을 없애기 위해 순순히 풀어주지는 않는다고 가정합니다.

❶ 죽인다.
❷ 살려주되, 노예로 삼는다.

아마 ❶보다는 ❷를 선택하는 경우가 많을 겁니다. 죽일 바에야 그냥 노예로 삼는 편이 훨씬 실용적일 테니까요.

그런데 그 당시 현실에서는 전혀 그렇지 않았습니다. 아니, ❷는 아예 불가능한 선택지였습니다. 당시 경제의 생산력이 너무 낮았기 때문입니다.

B 부족원들을 노예로 삼는다는 결정의 경제적 의미는 그들의 노동력을 착취해서 A 부족원들이 소비하겠다는 뜻입니다. 즉 B 부족원들의 노동 중 그들의 생존을 위해 필요한 소비량(편의상 '필요소비량'으로 부르겠습니다) 이외의 잉여분(편의상 '잉여소비량'으로 부르겠습니다)은 A 부족원들이 대신 누리겠다는 의도이죠. 쉽게 말해 B 부족원들에게 일을 시켜서 딱 목숨을 부지할 정도만 남겨두고 나머지는 다 뺏어버린다는 뜻입니다.

그런데 이 시기에는 생산력이 너무나도 낮았기 때문에, B 부족원들에게 일을 시키면 딱 B 부족원 자신의 목숨을 부지할 정도, 혹은 그 이하만 생산되었습니다. A 부족원들이 뺏고 싶어도 뺏을 것 자체가 없습니다. 그렇다고 생존을 위해 필요한 소비량(필요소비량)까지 뺏어 버리면 B 부족원들은 굶어 죽어버립니다. 계속 노예로 두고 써먹을 수가 없지요. 즉 A 부족원들은 이들을 노예로 삼아보았자 아무런 이득을 누릴 수 없었던 것입니다! 오히려 일을 시키기 위해 부상이라도 치료해주려면 A 부족원들의 몫까지 내어주어야 할 판이죠. 그래서 A 부족장은 원하든 원하지 않든, 그들을 죽일 수밖에 없었습니다.

이 시대에는 노예를 부리고 싶어도 방법이 없기 때문에 역설적으로 평등이 '강제'로 유지됩니다. 이 규칙은 승자인 A 부족장에게도 예외 없이 적용됩니다. 자기가 부족장이라고 해서 부족 안에서 조금이라도 더 누리려고 했다가는, 역시 같은 원리로 다른 부족원이 필요소비량을 빼앗겨 굶어 죽게 됩니다. 그렇게 부족의 세력이 줄어들면 결국 본인도 무사하지 못하죠.

결국 생산력이 너무 낮았던 이 시대에는 모두가 공동으로 일하고 공동으로 분배하는 방식 말고는 생존할 수 없었습니다. 다른 대안을 선택할 수 있는 여지 자체가 없었습니다. 이 경제체제를 원시 공산주의라고 부릅니다. 우리가 흔히 알고 있는 20세기 이후 공산주의와는 이름만 같을 뿐 근본 방식은 상당히 다르지요. 인류 역사는 이런 상태로 꽤 한참을 지속해옵니다.

그러다가 언젠가부터 부족 이상의 공동체가 등장합니다. '부족 연합체'이기도 하고, 더 발전하면 '국가'라고도 볼 수 있는 집단도 등장합니다. 국사 교과서에서도 맨 앞 석기시대 단원을 넘어가면 다음으로 한반도 최초의 국가인 '고조선'이 등장합니다. 이때 사회는 지배계층과 피지배계층으로 나누어진다고 교과서는 서술하고 있습니다. 인류 역사에서 '신분제'가 처음으로 등장하는 시기입니다.

그렇다면 '모두가 강제로 평등할 수밖에 없는' 원시 공산주의에서 과연 무슨 일이 있었길래 인류 사회가 '신분제'라는 거대한 변화를 맞게 되었을까요? 그 답은 그 이전까지 신분제가 등장하지 못했던 이유에서 힌트를 얻을 수 있습니다.

이는 생산력이 증대되면서, 즉 당시 인류 사회의 경제가 성장하면서 생겨난 현상입니다. 지금과는 비교가 되지 않는 속도일지라도, 당시에도 생산력은 조금씩 나아지고 있었습니다. 인간은 시간이 흐름에 따라 거친 환경에 적응해 나가면서 생존력을 조금씩이나마 키워나갔을 것입니다. 사냥과 채집을 거듭하면서 나름대로 노하우도 생겨났을 것입니다. 그리고 어느덧 한 곳에 정착하는 농경 생활도 시작하면서 식량의 선택지도 더 넓어졌을 것입니다.

인류 사회의 생산력이 그렇게 조금씩 발전하다가 어느 수준에 이르렀을 때, 아주 중대한 변화가 등장합니다. 생산력이 어느 순간 생존을 위한 필요한 소비량(=필요소비량)을 넘어서게 됩니다. 즉 이제는 남는 몫(=잉여소비량)이 발생하게 됩니다.

이 잉여소비량은 필요소비량과는 달리 꼭 그 사람만 소비할 수 있다는 법이 없습니다. 좋게 말하면 양도할 수 있고, 나쁘게 말하면 착취할 수 있습니다. 이제 B 부족원들의 생산량은 그들의 목숨을 유지하고도 남는 수준이 되었습니다. 그 남는 잉여분은 이제 A 부족원들이 빼앗아서 누릴 수 있습니다. 이제 A 부족장 입장에서는 당연히 B 부족원들을 바로 죽이는 대신, 그냥 계속 살려두고 노예로 삼을 유인이 충분해졌습니다. 원래는 모두가 평등한 원시 공산사회였지만, 이제는 그 잉여생산물을 소비하는 계층과 그렇지 못한 계층으로 분화되기 시작하는 것입니다.

A 부족은 B 부족원들을 노예로 부리는 덕분에 이전보다 더욱 풍족한 생활을 누리게 되었습니다. 부족원들의 영양 상태가 좋아지면서 힘도 세졌습니다. 인구도 늘었습니다.

이제는 다른 C 부족을 정복하는 것도 그리 어렵지 않게 되었습니다. 이미 노예로 삼고 있는 B 부족원들도 동원할 수 있기 때문입니다. 처음에 B 부족과 싸울 때는 고만고만한 수준에서 간

신히 이겼지만, 이제는 세력이 한층 강해졌기 때문에 C 부족은 훨씬 쉽게 굴복시킵니다. 포로로 잡은 C 부족원들은 어떻게 할까요? 당연히 죽이지 않습니다. B 부족처럼 노예로 삼으면 됩니다. 이제 C 부족원들의 잉여생산량도 거저 얻게 된 A 부족은 나날이 부유하고 강해집니다.

원래 고만고만한 상태에서 출발한 A, B, C 부족은 이제 위상이 서로 달라졌습니다. 잉여생산물을 생산하지만 A 부족에게 뺏기는 B · C 부족은 이제 피지배계급이 되고, B · C 부족이 생산한 잉여생산물을 소비하는 A 부족은 이제 지배계급이 됩니다. 필요소비량은 거의 변하지 않는 데 반해, 잉여소비량은 생산력이 발전할수록 늘어나게 됩니다. 이를 고스란히 독점하는 A 부족의 상대적 위신은 날이 갈수록 높아지게 됩니다.

그렇다면 B 부족과 C 부족은 어떻게 되었을까요? 지배계급을 빛내주는 잉여생산물을 생산해주는 공로와 지분을 인정받게 될까요? 그래서 A 부족장과 같이 위신이 올라가게 될까요? 위신은 상대적입니다. 같이 올라갈 수는 없습니다. 축구경기에서 양팀의 점유율이 동시에 상승할 수는 없는 법입니다. 하나가 올라가면 다른 하나는 떨어질 수밖에 없는 제로섬 관계입니다. 지배계급의 위신이 올라가면 갈수록 피지배계급과의 격차는 그만큼 벌어지게 됩니다. B·C 부족의 위상은 이제 상대적으로 더 하락하게 됩니다.

이제는 말 안 듣고 거역하는 노예는 한 명쯤 죽여도 됩니다. 예전에는 한명 한명의 노동력이 아쉬웠지만, 이제는 한 명쯤 없어도 그럭저럭 돌아가기에 충분합니다. 피지배계급은 이제 노동을 통해 잉여소비량을 뺏기는 위상을 넘어, 생사여탈권까지 지배계급에 넘겨줄 정도로 위상이 낮아졌습니다.

A 부족은 이렇게 주변 부족들을 차례로 정복해 나갑니다. 뺏어낸 잉여소비량도 따라서 계속 쌓여갑니다. 어느 순간, A 부족장은 자신이 직접 일하지 않아도 된다는 사실을 발견합니다. 이제는 노예들에게 일을 시켜 얻는 산출량만으로도 자신이 충분히 먹고살 수 있기 때문입니다. A 부족장은 더 이상 힘들게 직접 사냥하거나 채집하거나 농사를 짓지 않습니다. 대신 자신의 힘과 권위를 자랑할 수 있는 방법을 고민하며 남는 시간을 보냅니다.

A 부족장은 이제 여러 장신구로 치장해보면서 다른 노예들과는 다르게 보이려고 노력합니다. 부족원들 간에 갈등이 생기면 중재도 하고, 범죄가 발생했을 때는 재판도 열어서 처벌도 합니다. 또 이 시대에는 정치와 종교가 서로 분리되지 않았는데, 안전한 사냥과 더 많은 수확을 기원하는 제사를 지낼 때도 본인이

직접 주관하면서 하늘과 통하는 존재라는 위엄을 뽐냅니다.

세력이 커진 A 부족은 이제 제법 '나라' 꼴을 갖추어가게 되고, A 부족장은 그렇게 '왕'의 자리에 오릅니다. 그리고 그렇게 한번 새롭게 등장하게 된 신분 질서는 쉽게 없어지지 않습니다. 권력은 왕이 죽더라도 세습되면서 대를 이어 유지됩니다.

이제 인류 사회는 역사적인 변화를 맞게 됩니다. 비로소 선사(先史)시대를 마무리하고, 본격적인 역사를 시작합니다. 지리와 기후 등 세부적인 여건에 따라서 시간 차는 있지만, 이 원리는 동서양 문명권을 통틀어서 모두 유사합니다.

우리가 주목해야 할 부분은 이 거대한 사회적 변화를 촉발한 근본적인 요인은 다름 아닌 '경제'라는 점입니다. 이 모든 변화는 잉여소비량이 생길 만큼 생산력이 발전했기 때문에 비로소 시작되었습니다. 그리고 잉여소비량은 다른 사람이 대신 소비할 수 있었기 때문에 좋게 말하면 양도, 나쁘게 말하면 착취가 가능했던 것입니다. 이는 곧 일하는 계급과 누리는 계급으로 나누어지는 신분제로 이어졌습니다. 정치나 사회 제도로 분류되는 신분제와 국가의 출현 자체도 사실은 경제의 발전 정도에 따라 좌우되는 결과물입니다. 경제력의 변화가 정치 체제와 사회 구조에도 큰 영향을 미치며 변화를 이끌어내게 된 것입니다.

사실 경제 구조는 눈에 잘 띄지 않는 경우가 많습니다. 마치 바다에 떠 있는 배에서는 물속 해류 대신 수면의 파도만 보이는 것처럼 말입니다. 그래서 보통은 그 거대한 경제 구조를 일단 주어진 기본 조건으로 간주하기 쉽습니다.

하지만 수면 아래에서는 오대양을 넘나드는 거대한 해류가 쉬지 않고 흐르고 있습니다. 배에서는 파도의 세기와 방향도 물론 중요하지만, 더 크게는 해류의 흐름도 정확히 파악하고 있어야 합니다. 그래야 올바른 목적지를 향해 훨씬 효율적으로 나아갈 수 있으니까요. 수면의 파도만 계속 좇다가는 이 배의 장기적인 방향성을 자칫 놓치게 될 수 있습니다.

경제는 경제와는 다소 거리가 있어 보이는 분야들에도 직·간접적으로 광범위한 영향을 미치는 선결 조건입니다. 경제적인 변화가 선행되어야 다른 분야들의 변화도 비로소 따라올 수 있기 때문입니다. 그래서 경제는 적지 않은 사회 문제들을 해결하는 출발점이기도 합니다.

그래서 이 책은 눈에 보이지 않는, 하지만 더 중요한 해류에 집중해보고자 합니다. 환자 대한민국에 대한 진단과 처방은 바로 이 지점에서부터 출발합니다.

'동물의 공화국'이 없는 이유

'먹고사는 문제'가 가장 중요하다는 원리는 비단 선사시대에만 통용되는 원초적인 이야기가 아닙니다. 21세기 현대 대한민국에서도 마찬가지입니다. 대한민국의 '먹고사는 문제'는 선사시대와는 이미 비교할 수 없을 정도의 경지에 올라 있음에도 그렇습니다.

대한민국이 좌우명(헌법 제1조 제1항: 대한민국은 민주공화국이다)으로 삼고 있는 '민주공화국'이라는 정체성을 볼까요. 우리는 지금 민주주의를 공기처럼 당연하게 여기기 쉽지만, 한때는 결코 그렇지 않았던 어두운 시절도 있었습니다. 이 환자에게서 민주주의를 기대할 바에야 쓰레기통에서 장미가 피기를 바라겠다는 조롱까지 들을 정도였지요. 하지만 대한민국은 결국 아름다운 장미를 끝끝내 피워냈습니다. 제도적 민주화를 상당 부분 달성했다고 평가받는 1987년 체제가 출범한 지도 어느덧 한 세대가 넘었고, 이제 대한민국에서 민주주의는 당연하게 느껴질 정도로 자리를 잡아가고 있습니다.

그런데 사실 이 장미가 만개하기까지, 우리는 장미보다도 붉은 피를 너무나도 많이 흘려야만 했습니다. 민주주의는 피를 먹고 자란다는 쓸쓸한 교훈이 이 환자에게도 예외가 아니었던 셈이죠. 사실 대한민국만 그런 것은 아닙니다. 민주주의 역사가 훨씬 오래된 서구 선진국들도 처음에는 다 마찬가지였고, 21세기 들어 아랍, 홍콩, 미얀마, 칠레 등 세계 각지에서 일어난 민주화 운동도 각기 크고 작은 희생이 뒤따랐습니다. 오히려 그렇게 대가를 치르고도 아직 목적을 달성하지 못한 사례가 훨씬 많지요. 우리가 직접 겪어왔듯이, 민주주의는 결코 공짜가 아니기 때문입니다.

사실 민주주의는 매우 값비싼 제도입니다. 때로는 상당히 비효율적이기도 하지요. 사실 효율성만 따지면 1명이 독자적으로 모든 것을 결정하는 방법만한 대안이 없습니다. 시간도 단축되고 비용도 절약되지요. 하지만 민주주의란 정확히 그 정반대의 길을 제도화해둔 결과물입니다. 설령 막대한 시간과 비용을 들여가는 한이 있더라도 말입니다. 효율성을 추구하는 과정에서 자칫 도외시될 수 있는 개개인의 자유와 권리를 놓치지 않겠다는 의지의 표현이기도 하지요. 채택된 이유가 적어도 효율성은 아닙니다.

공동체의 의사결정을 위해 대표(대통령)를 정기적으로 선출하고, 그 임기 동안 인력과 조직과 예산과 권력을 보장하고, 한편으로는 그 권력을 견제하기 위해 다른 대표(국회의원)들을 별도로 정기적으로 선출하고, 또 인력과 조직과 예산과 권력을 보장하는 등의 제도는 상당한 비용을 필요로 합니다. 같은 원리로 또 이를 보조하거나 견제하기 위한 제반 제도들도 무수히 많습니다. 나라 전체 차원뿐만 아니라 각 지방(지방자치단체장/지방의회)마다도 또 별개이지요. 그것도 지방자치단체의 크기에 따라 광역과 기초로 또 나누어서 말입니다. 이 임기도 제각각이라서 선거가 없는 해가 드물 정도입니다.

무엇보다도 민주주의는 국민이 주권자라는 대원칙에 기반을 두고 있는 만큼, 궁극적으로는 주권자인 국민의 관심과 참여가 전제되어 있습니다. 그런데 그러려면 국민이 정치에 관심을 갖고 참여하며, 때로는 권력에 맞서 행동에 나설 수 있을 만한 여력이 있어야 합니다. 매슬로 모형에 비추어보면 최소 3, 4, 5단계의 욕구들이죠. 1, 2단계가 갖춰지지 않고는 섣불리 달성할 수 없는 수준입니다.

민주주의라는 장미는 배부른 상태에서 봐야 그 아름다움을 오롯이 느낄 수 있습니다. 배가 고파서 향을 맡을 힘도 없는 사람에게는 아무리 화려한 장미라도 꽃이 아닌 음식으로 보이는 법입니다. 배추 시래기로라도 일단 배를 채워둬야 비로소 장미를 제대로 감상하고 향을 맡고 그 아름다움을 노래할 수 있습니다.

그런 탓에 민주주의는 사실 인류 역사 전체를 통틀어서 극히 최근에서야, 그것도 일부 나라에만 등장한 예외적인 제도입니다. 보다 정확하게는 개별 개체의 자유롭고 평등한 권리를 보장할 의지와 능력이 되고, 그에 따른 각종 시간과 비용을 감당할 수 있는 나라에서만 비로소 가능한 제도입니다.

그리고 그 동력은 여유 있는 곳간, 즉 경제력입니다. 이 요건이 충족되지 않으면 민주주의는 애초에 불가능할뿐더러, 설령 채택한다고 해도 결코 지속 가능하지 않습니다. 실제로 민주주의 역사가 훨씬 오래된 서구 선진국들도 부를 축적한 부르주아 계층이 본격적으로 등장하면서부터 전근대 왕정에 균열이 가기 시작했으며, 반대로 가난한 개발도상국에서 유독 민주주의만 먼저 발전한 사례도 찾아보기 어렵습니다.

대한민국 역시 마찬가지입니다. 이 환자가 지금과 같은 민주주의를 처음부터 누릴 수 있던 것은 아니었습니다. 경제 성장으로 자리 잡은 중산층이 사회의 중심축으로서 자리 잡은 이후에야 그 대중적인 지지에 힘입어 탄력을 받을 수 있었습니다. 이 환자의 일대기를 보면 먼저 경제 개발에 박차를 가했고, 그다음에 민주주의를 달성했으며, 그 이후 현재는 문화 강국으로도 거듭나게 되었습니다.

이 순서는 우연의 일치나 선택의 대상이 아닙니다. 그럴 수밖에 없는 필연의 결과물입니다. 당시 지도자가 누구였는지, 당시 정부가 어떤 정책을 추진했는지 등의 요소는 미시적인 영향을 끼칠 수는 있지만, 이 순서를 뒤집을 만한 변수는 되지 못합니다. '민주공화국'의 가치들이 실현되기 위해서는 이를 대중적으로 뒷받침할 수 있는 두터운 중산층이 먼저 형성되어 있어야 하기 때문입니다. 당장 배를 곯고 있는 상황에서는 그런 고차원적인 가치들은 논할 힘조차 없게 마련입니다. 그 단계에서는 생존이 곧 정의입니다.

이 원리는 '동물의 왕국'이라는 또 다른 나라에서 한층 더 극명하게 대비되어 드러납니다. 그중에서도 개미 왕국과 꿀벌 왕국은 각각 여왕개미와 여왕벌을 필두로 군집 생활을 하는 나름대로의 나라입니다. 대한민국처럼 구성원이 사람이 아니어서 우리의 관심 대상이 아닐 뿐이지요.

사실 개미 왕국과 꿀벌 왕국 입장에서 민주주의는 불필요한 수준을 넘어 오히려 매우 위험한 체제입니다. 인위적이고, 번거롭고, 직관적이지 않으며, 그래서 때로는 비효율적이기도 하니깐요. 소수의 강자가 아닌 다수의 약자가 집단의 주인이 된다? 그리고 그 약자들이 대표를 직접 선출한다? 그것도 강자와 동등한 입장에서? 이 지구상 어느 자연, 어느 야생, 어느 환경에서 이런 원리가 감히 통할까요.

개별 개체에게 집단의 운명을 나누어서 맡기다가는 자칫 집단 전체가 치명적인 결과를 맞을 수 있습니다. 개미 수만 마리가 개미굴 재건축 안건을 토론과 투표를 통해 결정한다면, 얼마나 많은 더듬이 인사가 오가야 하며, 얼마나 많은 페로몬이 분비되어야 할까요. 또 그 시간에 먹이는 누가 구해오며, 개미 알은 누가 돌볼까요. 우리가 민주주의를 위해 이미 많은 예산과 인력과 자원을 투입하듯이, 개미에게도 이 가상의 작업은 막대한 체력과 시간과 역량이 소모되는 과정입니다. 어쩌면 투표 직후 집단 전체가 전멸해 버릴지도 모르는 일입니다.

집단의 생존 확률을 조금이라도 높이기 위해서는 각 개체에게 무조건적인 복종과 희생만을 요구해야만 합니다. 개체는 자유와 권리를 지닌 능동적인 주체가 아니라 집단 전체를 위한 수단으로서만 머물러야 합니다. 그리고 그 통제권은 피라미드 상의 꼭대기가 독점하며, 복잡한 선거 따위 거칠 필요 없이 대를 이어 그냥 세습하는 편이 훨씬 효율적입니다. 현실은 그렇게 해도 당장 내일의 생존도 보장되지 않습니다. 치열한 야생 속에서 살아가야만 하는 개미 사회와 벌 사회의 냉엄한 현실이지요.

즉 개미 '왕국'과 벌 '왕국'은 말단 일개미와 일벌에게까지 주권을 부여하는 민주주의를 채택하기에는 여력이 턱없이 부족합니다. 민주주의를 하고 싶어도 못하는 셈입니다. 만약에 개미가 체력이 월등하게 좋아져서 토론과 투표에도 끄떡없는 상태가 되거나, 진딧물을 완벽하게 노예화해서 먹이, 개미 알, 전투 등의 임무에서 완벽하게 손을 뗄 수 있다면 이야기가 또 달라질지도 모릅니다. 그러나 적어도 그전까지 개미는 민주주의라는 상위 가치를 감당할 능력이 없습니다. 개미뿐만 아니라 벌도 그렇고 다른 동물들도 마찬가지지요. 자연 야생에 동물의 '왕국'은 있어도 동물의 '공화국'은 없는 이유입니다.

대한민국은 동물의 나라도 아니고 왕국도 아닙니다. 사람들이 모여 세운 민주공화국입니다. 우리가 개미나 꿀벌과는 달리 민주주의를 향유하는 '민주공화국'의 주권자일 수 있는 배경에는, 정작 민주주의와는 전혀 무관해 보이는 경제력의 변화가 크게 자리잡고 있었습니다. 말도 많고 탈도 많지만, 대한민국이 지금 이 상태까지나마 올 수 있었던 배경에는 그렇게 지극히도 가난했던 과거를 딛고 일어난 눈부신 경제 성장이 있었던 셈입니다. 이제는 한 차원 더 높은 가치들을 추구할 만한, 즉 인심을 낼 수 있는 곳간이 채워져 있기 때문에 비로소 가능해진 일이었습니다.

02. 유사 사례

"인류 역사는 곳간이 줄어들었을 때 인심도 필연적으로
야박해진다는 사실을 잘 보여줍니다. 우리보다 곳간이 큰 것처럼 보이는
선진국들도 이 법칙에서 예외일 수 없습니다."

독일: 고양이를 무는 쥐

다만 앞에서 살펴본 바와 같이, 지금껏 이 환자의 곳간에서 나
왔던 인심이 조금씩 줄어들고 있습니다. 줄어든 인심은 여러 측
면에서 사회공동체의 지속 가능성을 위협하는 심각한 위기로
이어지고 있습니다.

그런데 이러한 증상을 앓는 환자는 비단 대한민국뿐만이 아
닙니다. 사실 이러한 증상은 최근 들어 전 세계에서 보편적으로
두드러지는 현상입니다. 즉 대한민국이 현재 겪고 있는 문제는

비단 대한민국만의 문제가 아니라는 뜻입니다. 이 정보는 환자 대한민국을 치료하는 데도 매우 의미 있는 참고가 될 수 있습니다. 과연 전 세계적으로 무슨 일이 벌어지고 있는 걸까요.

인류 역사는 곳간이 줄어들었을 때 인심도 필연적으로 야박해진다는 사실을 잘 보여줍니다. 우리보다 곳간이 큰 것처럼 보이는 선진국들도 이 법칙에서 예외일 수 없습니다.

제1차 세계대전에서 패배한 '소시지네', 즉 독일 앞에는 배상금 청구서가 기다리고 있었습니다. 총액 1,320억 골드마르크, 계산 방법에 따라 달라지지만 약 300조 원 상당으로 당시 독일 GNP의 약 4년분에 해당하는 엄청난 규모였습니다. 실은 승전국도 그 액수를 전부 받아내기를 기대하지는 않았습니다. 그보다는 독일에게 막대한 경제적 부담을 지움으로써 다시는 일어서지 못하게 하는 동시에, 독일 국민들에게 수치심과 무력감을 안겨주려는 정치적 목적의 다목적 포석 성격이 더 강했습니다.

독일 국민들은 금, 식량, 원자재는 물론, 가축류와 집안의 가구들까지 탈탈 털어야 했습니다. 그럼에도 불구하고 배상금은 다 갚을 길이 없었고, 이제 독일이 할 수 있는 일은 천문학적인 양의 화폐를 '찍어내는' 작업뿐이었습니다.

그 결과는 참혹했습니다. 화폐 가치가 떨어지면서 명목 물가가 오르는 '인플레이션(inflation)', 그것도 그 정도가 매우 심한 이른바 '하이퍼 인플레이션(hyper inflation)'이 찾아왔습니다. 마르크화는 전쟁 전보다 가치가 1조 분의 1로 폭락했습니다. 쉽게 말해, 대형마트에서 장을 볼 때 카트에 100원짜리 동전 대신 100조 원을 꽂아야 한다는 뜻입니다. 실제로 당시 독일에서는 100조 마르크화 지폐, 1조 마르크화 동전까지 발행되었습니다.

말 그대로 천문학적인, 즉 우주 공간에서나 쓰는 단위가 현실이 되어 버렸을 때의 충격은 어마어마했습니다. 그 자체만으로도 일상 경제 활동에 큰 걸림돌이 되었을 뿐만 아니라, 그 속도 또한 예측할 수 없이 빨라서 사회적으로도 매우 혼란스러울 수밖에 없었습니다. 이 사례는 지금도 경제사의 중요한 교훈으로 남아있습니다. 이 트라우마 때문에 독일은 100년이 지난 지금도 통화정책을 보수적으로 운용할 정도이니, 당시의 혼란이 얼마나 극심했는지는 이루 말할 수 없습니다.

이때 아돌프 히틀러(Adolf Hitler, 1889~1945)라는 인물이 혜성처럼 등장합니다. 지금은 홀로코스트(Holocaust) 등 각종 전쟁 범죄를 일으킨 악인으로 평가받지만, 사실 그 당시 히틀러는 독일 국민들의 압도적인 지지를 받았습니다. 당시 패배주의에 젖어 있던 대중은 게르만 민족의 우월성을 주장하는 그의 극우 노선에 열광했습니다. 처음에는 아웃사이더로 출발했지만 뛰어난 선동능력으로 흉흉한 민심을 휘어잡았고, 결국 나치 독일의 총통 자리에까지 오르게 됩니다.

히틀러는 전쟁 배상금을 갚지 않을 뿐만 아니라 빼앗긴 땅도 다시 찾아오겠다고 선언했습니다. 더 나아가 우월한 게르만 민족의 위대한 나라를 재건하겠다며 화려한 미래를 약속하고 나섰습니다. 하지만 히틀러 주장대로 독일이 배상금을 갚지 않고 땅마저 되찾기 위해서는 다시 무력을 쓰는 방법밖에 없었지요. 결국 독일은 재무장에 박차를 가했고, 이때부터 역사는 돌이킬 수 없는 길을 가고야 말았습니다.

역사에 가정은 없습니다. 하지만 교훈은 얻을 수 있습니다. 그리고 얻어야 합니다. 아웃사이더였던 히틀러를 총통 자리에 앉혀서 결국 전쟁까지 일으킨 요인은 무엇일까요. 여러 차원의 분석이 가능하겠지만, 근본적으로는 독일인들의 곳간이 비어 있었다는 점을 간과해서는 안 됩니다.

막다른 곳에 몰린 쥐는 고양이도 문다고 했습니다. 어차피 죽게 되었으니 다른 선택지가 없지요. 순순히 먹이가 될 바에야,

이판사판 제대로 덤벼보기라도 하면 적어도 후회는 남지 않을 겁니다. 오히려 고양이가 놀라서 도망가 버릴지도 모르니까요. 막대한 전쟁 배상금과 이로 인한 살인적인 인플레이션이 독일을 막다른 곳에 몰아놓은 셈입니다.

전쟁 배상금이 그렇게 무지막지하지 않았더라면, 그래서 독일 화폐가 휴지 조각이 되지 않았더라면, 그래서 독일인들의 삶이 그렇게 비참하지 않았더라면, 그래서 독일 사회가 평화·공존·인권 등 매슬로 상위 단계의 가치들도 신경 쓸 인심이 남아 있었더라면, 역사는 달라졌을지도 모릅니다. 하지만 곳간이 비어 있었던 독일 국민들은 그럴 여유도 잃어가고 말았습니다.

인류 역사상 가장 많은 사상자를 냈던 제2차 세계대전은 이번에도 독일의 패전으로 끝났습니다. 피해 규모는 제1차 세계대전보다 훨씬 컸지만, 반대로 배상 규모는 훨씬 줄어들었습니다. 이에 더해 미국은 마셜 플랜(Marshall Plan)이라는 유럽 복구 및 재건 지원정책을 시행하는데, 이 대상에 패전국인 독일도 포함됩니다. 쥐를 너무 세게 압박하면 오히려 물릴 수도 있다는 사실을 깨달았기 때문입니다. 이후 독일은 폐허를 딛고 일어나 라인강의 기적이라고 불리는 경제 성장을 달성했습니다. 지금은 과거사를 철저히 반성하고 민주주의, 평화, 인권 등의 고차원적인 가치들을 선도하는, 우리가 익히 알고 있는 유럽의 모범 국가로 거듭난 상태입니다.

영국: 연환계와 브렉시트(BREXIT)

곳간의 중요성은 꼭 전쟁 같은 극단적인 경우에만 적용되는 예외적인 사례가 아닙니다. 구체적인 양상은 상황마다 얼마든지 달라질 수 있지만, 그 근본 원리는 시공을 초월하여 적용됩니다. 지금 21세기도 마찬가지입니다. 독일의 빈 곳간이 전쟁을 촉발한 지 약 80년 후, 최근의 유럽을 다시 한번 살펴보겠습니다.

현재 유럽은 세계대전 당시와는 비교할 수 없을 정도로 달라져 있습니다. 국가별·민족별로 갈갈이 나뉘어서 싸우던 과거를 뒤로 한 채, 유럽연합(EU, European Union)이라는 거대한 공동체 안에서 평화와 공존을 천명하고 있지요. EU는 유럽 대륙의 정치·경제적 통합을 지향하는 공동체입니다. 세계대전을 겪으면서 평화의 중요성을 뼈저리게 실감함과 동시에, 또 다른 한편으로는 세계의 패권을 이제 '독수리네', 즉 미국에 내주었다는 현실적인 위기의식의 발로이기도 합니다. 그래서 미국의 개별 주들이 모여 '미합중국(United States of America)'을 이루는 것처럼, 유럽 각 국가들도 마치 '유럽합중국'처럼 뭉치도록 했습니다. 갈등과 반목의 역사를 뒤로 한 채 이제는 화합하며 단일 대오를 이루자는 취지이지요.

EU는 노동, 자본, 서비스 등의 자유로운 역내 이동을 촉진하기 위해 국경과 시장을 상호 개방한다는 점에서 세계화의 상징이기도 합니다. 경제적으로는 자본주의, 정치적으로는 민주주의라는 양대 축을 중심으로 뭉치면서 서방 세계의 중요한 한 축을 담당해왔습니다.

상징적으로나 실질적으로나 국제무대에서 존재감이 매우 큰 이 EU에서 영국이 최근 탈퇴했습니다. EU는 물론 전 세계가 놀랄 수밖에 없는 상징적인 사건입니다. 사실 제2차 세계대전 직후 유럽 통합의 개념을 처음으로 제시한 사람이 다름 아닌 영국의 윈스턴 처칠(Winston Churchill, 1874~1965)이었고, 또 영국은 실제로 EU의 전신인 EEC(European Economic Community, 유럽경제공동체)의 주요 회원국이기도 했습니다. 유럽의 통합을 주도했던 나라가 이제는 앞장서서 발을 빼게 된 이유는 무엇일까요.

혹시 《삼국지연의(三國志演義)》를 읽어보셨나요. 《삼국지》로 더 잘 알려진 이 고전소설은 중국 후한 말기 시대 수많은 영웅호걸의 문무와 지략, 배신과 협력, 못다 이룬 꿈들을 풀어낸 한 편의 대하 드라마입니다. 그중에서도 백미로 꼽히는 장면은 조조군과 손권·유비 연합군이 천하의 주도권을 놓고 장강 유역에서 정면으로 맞붙은 적벽대전입니다.

병력은 조조군이 압도적이었으나 변수가 하나 있었습니다. 조조군은 상당수가 북방 기마병 출신이었고, 그래서 육지와는 달리 강이나 바다 등 수상전에는 약하다는 점이었습니다. 군사들의 뱃멀미 때문에 골머리를 앓던 조조에게 유비 측 첩자인 방통이 이렇게 제안합니다. 배들을 서로 쇠사슬로 연결하고 그 위에 넓은 판을 깔아두면 흔들림이 훨씬 덜해서 사람은 물론 말도 자유롭게 이동할 수 있다고요. 그 유명한 연환계(連環計)입니다. 실제로 배들을 서로 묶어보니 흔들림이 훨씬 덜해서 뱃멀미가 확연히 줄었고, 실제로 조조군은 이렇게 전투에 나서게 됩니다.

그 결과는 어땠을까요? 손권·유비 연합군은 조조군 함대에 불을 지르는 화공(火攻) 작전을 구사합니다. 조조군은 넓게 연결된 함대 위에서 육지에서처럼 익숙하게 싸울 것을 기대했지만, 한번 불이 붙자 서로 연결되어 있어서 오히려 도망가지도 못하고 묶여서 같이 타버릴 수밖에 없었습니다.《삼국지》의 하이라이트 적벽대전은 이렇게 조조군의 허무한 참패로 끝납니다. 그 것도 수십만 대군을 거의 다 잃고 조조는 목숨까지 구걸해야 했던 완벽한 대참패였습니다.

조조군은 무엇이 문제였을까요. 사실 배들을 묶는 연환계 자체는 잘못된 전략이라고 보기 어렵습니다. 원래 물에 닿는 표면적이 넓을수록 흔들림이 적고 안정적이긴 합니다. 실제로 해수욕장에서 튜브만 끼고 있으면 몸이 파도 그대로 출렁이는 반면, 넓은 해군 함정 위에서는 족구도 할 수 있으니깐요.

그래서 조조군 입장에서도 당장 큰 배를 만들 수 없다면 작은 배들을 이어서 크게 만들 만도 합니다. 작은 배들이 개별적으로 이겨내기 어려운 공통의 리스크를 집단적으로 대응할 수 있기 때문입니다. '뭉치면 살고 흩어지면 죽는다'라는 속담을 정확하게 활용한 사례이지요. 실제로 이 제안을 채택한 결과, 군사들의 뱃멀미가 눈에 띄게 줄고 병력과 물자의 이동이 훨씬 원활해지는 등 가시적인 효과를 거두기도 했습니다. 사실 방통의 계략이 아니라 조조군의 자체 아이디어라는 학설도 있을 정도로 그 원리를 활용한 취지 자체는 긍정적이었습니다.

다만 위기 상황에서는 이야기가 달라집니다. 옆 배에서 불이나도 도망가지 못합니다. 병력과 물자가 빠르게 이동할 수 있다

는 장점은 불도 그만큼 빠르게 옮겨붙는다는 최악의 단점으로
바뀌어버렸습니다. 무서운 화마가 곧 우리 배를 덮치리라는 점
이 뻔히 보이는데도 속수무책인 조조군 함장들의 심정은 어떠
했을까요. 아마 쇠사슬부터 끊어내고 일단 자기 배와 병사들이
라도 살리고 싶었을 것입니다. 지금은 '뭉치면 죽고 흩어져야 사
는' 비상상황이니까요.

  역사는 시간과 공간을 초월하여 반복됩니다. 적벽대전으로부
터 약 2000년이 흐른 후, 연환계는 유럽대륙에서 EU라는 이름
으로 다시 되살아났습니다. 그리고 이번에는 규모(GDP)나 병력
(인구) 면에서 매우 큰 영국이라는 배가 쇠사슬을 끊고 각자도생
하기로 결정합니다.

  단순한 변심도 아니고, 다른 나라와 갈등을 빚었기 때문도 아
닙니다. 영국이 EU를 탈퇴한 진짜 이유는 EU라는 이상적인 대
의명분을 한가롭게 따라갈 여유가 더 이상 없었기 때문입니다.
즉 평화, 난민 보호, 공동의 번영 같은 고상한 가치들을 계속 추
구하기에는 곳간에 더 이상 여유가 없었기 때문입니다.

  EU 회원국들은 매년 GDP의 일정 비율을 분담금으로 납부합
니다. EU는 이 예산을 주로 가난한 회원국들을 보조하는 용도

로 투입합니다. 공동체가 지속 가능하게 유지되기 위해서는 회원국들 간에도 어느 정도 균형이 맞아야 하기 때문입니다.

문제는 영국이 보조를 받는 입장이 아니라 주는 입장, 그것도 상당히 많이 부담해야 하는 위치에 있다는 점입니다. 영국이 그렇게 공들여서 EU라는 연환계를 계속 유지해보았자, 이로 인한 이득은 주로 '작은 배'들에게 돌아가게 됩니다. '작은 배'들이야 연환계가 사라지면 파도에 다시 고스란히 노출되어 큰 충격을 받게 되지만, 사실 영국은 굳이 연환계가 아니었어도 이미 독자적으로 생존할 수 있는 '큰 배'입니다.

영국 입장에서는 자기 돈을 계속 들여가면서 '작은 배'들을 도와줘야 하는 상황이 썩 달갑지 않았습니다. 오히려 재정지출을 비롯하여 주요 경제정책에서 EU 기준을 맞춰야 하는 등 각종 의무만 더해졌습니다. 이런 공통 규제는 특히 외부 환경이 격변하는 위기 상황에서 자율적이고 신속한 대처를 어렵게 합니다. 연환계를 채택한 조조군이 화공에서 속수무책이었던 원리와 같습니다. 평시에는 안정성에 가려 보이지 않던 연환계의 비용이 위기 시에 더 부담스럽게 다가왔던 셈입니다.

영국이라는 '큰 배'에 타고 있던 국민들도 그렇게 느끼기는 마찬가지입니다. 영국은 EU 탈퇴, 이른바 브렉시트(Brexit)를 두고

2016년 6월 국민투표를 진행했습니다. 예상 밖으로 찬성과 반대 여론이 박빙 양상을 보였고, 결국 '설마'가 사람을 잡았던 것이죠. 근소한 차이이지만 영국 국민은 결국 유럽연합 탈퇴를 선택했습니다.

21세기 초반 전 세계 정치·경제 지형에 막대한 영향을 불러온 이 투표는 사실 다분히 계층적 성격을 띠고 있었습니다. 영국 〈가디언(The Guardian)〉지의 분석에 따르면, 교육 수준과 임금이 낮은 지역일수록 EU 탈퇴에 찬성한 비율이 높았습니다.[5] 경제적으로 여유롭지 않은 계층일수록 EU에 반감을 갖고 있었다는 해석이 가능합니다.

사실 엄밀히 따져보면 EU가 이들의 경제난을 직접 촉발한 원인은 아닙니다. 다만 이들 계층은 2000년대 이후 글로벌 금융위기의 여파 및 경기침체 등으로 특히 더 큰 타격을 입었습니다. 생활고가 지속하고 미래에 대한 불확실성도 커져만 가는 상황에서는 세계화니, 유럽 공동체니, 자유로운 이민이니 하는 고차원적 가치를 지지할 만한 여유를 낼 수 없었던 것뿐입니다.

오히려 동유럽 등지에서 계속 넘어오는 이민자들은 자신들의 일자리를 위협했습니다. 설령 일자리를 지켰더라도, 이민자들이 저임금과 장시간 노동을 감수함에 따라 다른 일자리의 질도

5) The Guardian, "The areas and demographics where the Brexit vote was won", 2016.06.24, https://www.theguardian.com/news/datablog/2016/jun/24/the-areas-and-demographics-where-the-brexit-vote-was-won

덩달아 하향 평준화되는 악영향에서는 자유로울 수 없었습니다. 여기에 더해 늘어난 종교갈등과 테러 위협 등은 반(反)난민 정서를 더욱 부추겼습니다. 즉 서민 입장에서는 이민자들 때문에 자신들의 삶이 위협받는다고 느낄 만한 동기가 충분했고, 그것을 가능케 한 EU 체제 역시 결코 곱게 보일 수 없었던 것입니다.

유럽 공동체라는 연환계가 겉으로는 아무리 거창하고 훌륭해 보여도, 그 가치는 결국 공짜가 아닙니다. 영국은 그동안 그 비용으로써 일자리 위협, 치안 악화, 분담금 재정 부담, 정책 자율성 훼손 등의 대가를 치르고 있었던 셈입니다.

그나마 탄탄한 경제력 덕분에 버텨올 수 있었지만, 글로벌 금융위기 등 경제위기가 닥치면 성장이 정체되는 반면 재정수요는 급증합니다. 특히 서민층을 중심으로 일자리의 양과 질이 모두 악화하는 등 그 파급 효과가 피부로 와닿게 되면 화공이 더 이상 남의 일이 아니게 됩니다. 세계대전을 두 번씩이나 겪은 후 이제는 유럽 대륙이 평화롭게 같이 번영하자는 거창한 대의명분도 결국은 우선순위에서 밀리게 되었습니다. 아무리 한때 해가 지지 않았던 대영제국일지라도, 줄어든 곳간 앞에서는 방법이 없습니다.

미국: MAGA, Make America Great Again

줄어든 곳간 앞에서 인심이 줄어든 나라는 영국뿐만이 아닙니다. 영국보다 훨씬 부유하고 강한, 세계 최강대국 미국도 예외는 아닙니다.

미국 역사상 가장 괴짜 대통령이었다는 평가를 듣는 도널드 트럼프(Donald J. Trump, 1946~). 2016년 트럼프의 당선이 의미하는 바는 단순히 미국 제45대 대통령 역임에서 그치지 않습니다. 가히 '트럼프 현상'이라고 부를 수 있는 이 사건은 미국 사회의 분위기가 원초적인 방향으로 선회하고 있음을 상징합니다. 나아가 국제사회에서 미국이 차지하는 비중까지 감안해본다면 그 의미는 더욱 커집니다. 제2차 세계대전 이후 70여 년간 형성되어 온 세계 정치·경제·군사 패러다임이 서서히, 그러나 확실히 변화하고 있음을 알려주는 신호탄이기 때문입니다.

트럼프는 대선에 출마하기 전에도 이미 부동산 재벌, TV 쇼 진행자 등으로 대중에 알려져 있던 인물이었습니다. 그러나 미국 최초의 흑인 대통령인 오바마(Barack H. Obama, 1961~)의 후임으로 그를 예상한 사람은 애초에 그리 많지 않았습니다. 연방상·하원의원이나 주지사, 행정부 장관 등 미국 정치인들의 전형적인 경력이 전무하기도 했거니와 무엇보다도 '아웃사이더' 이미지가 강했기 때문입니다. 트럼프는 일반적인 진보·보수 등 기존 정치 구도와 문법을 뛰어넘는 돌출 언행으로 양당과 주류 언론 모두를 당황하게 하는 일이 빈번했습니다. 실제로 당적도 민주당과 공화당을 여러 번 오가기도 했습니다. 본인 스스로도 인정한 '예측 불가능(unpredictable)'한 성향이야말로 그의 트레이드 마크였습니다.

반면 당시 경쟁 후보는 단순히 '예측 가능'한 수준을 넘어서, 미국 정계의 주류 엘리트였습니다. 영부인 출신에 상원의원과 국무장관 등을 역임한 힐러리(Hillary R. Clinton, 1947~)라는 거목이었죠. 남편인 클린턴 전 대통령에 이어 최초로 부부 대통령이 탄생할지 세계의 이목이 집중되었습니다.

하지만 미국인들의 선택은 이 전형적인 '모범생'이 아니었습니다. 대신 정치 경력이 훨씬 짧은 이단아를 세계 권력 1인자의 자리에 앉히기에 이릅니다. "미국을 다시 위대하게(Make America Great Again)"라는 단순하지만 명확한 선거 슬로건에 열광하면서 말입니다.

하지만 이 슬로건에는 사실 미국이 "더 이상 위대하지 않다"라는 불안감과 위기의식이 깔려 있기도 합니다. 변함없이 계속 위대하다면 굳이 이런 말을 할 필요도 없기 때문이지요.

물론 제2차 세계대전 이후 현재까지, 미국은 여전히 세계에서 가장 강하고 부유한 나라입니다. 정치·경제·군사·외교를 넘어, 과학과 학문, 문화와 스포츠에 이르기까지, 거의 모든 분야에서 가장 압도적인 영향력을 지닌 나라입니다. 미국이 채택한 자본주의 경제체제와 민주주의 정치 이념은 곧 글로벌 스탠더드(global standard)가 되었고, 미국의 군사력은 세계의 경찰로 기능했으며, 미국의 언어는 전 세계가 따라 배우는 공용어가 되었습니다. 특히 소련이라는 라이벌이 무너진 이후에는 명실상부하게 유일한 초강대국으로 남았습니다. 최근 급성장한 중국 역시 미국의 적수는 되지 못합니다.

하지만 미국인들이 주관적으로 느끼는 미국은 예전과는 조금 달라졌을지도 모르겠습니다. 사실 트럼프 현상의 이면에는 미국 사회에 구조적으로 누적된 문제점들이 깊이 자리잡고 있습니다.

20세기 미국을 상징하는 단어 중 하나는 '아메리칸 드림(American Dream)'입니다. 말 그대로 누구나 열심히 노력하면 성공할 수 있는 기회의 땅이라는 뜻입니다. 종교 박해를 피해 유럽에서 넘어온 이민자들이 세운 나라답게, 미국에는 시작은 미약해도 미래는 창대하리라(개신교 성경 욥기 8장 7절)는 희망이 있었습니다. 일한 만큼 성장의 과실을 같이 분배받을 수 있었고, 노력한 만큼 계층 이동의 가능성이 충분히 열려 있었습니다. 덕분에 미국은 전 세계 이민자들이 아메리칸 드림을 꿈꾸며 몰려드는 나라가 되었고, 다양한 인종과 종교와 문화가 한데 어우러져 USA라는 정체성으로 재탄생하는 멜팅 팟(melting pot, 용광로)이 되었습니다. 그리고 이런 역동성이야말로 미국을 '위대하게' 만든 원동력이기도 합니다.

하지만 1980년대 이후 신자유주의 정책이 추진되고 세계화가 가속화되면서 상황이 조금씩 달라지기 시작했습니다. 세계화는 세계적인 수준에서 부국과 빈국 간의 불평등은 완화하는 반면, 국가 내부적으로는 산업과 계층별로 불평등은 심화시키는 특징을 지닙니다. 이른바 주력 분야와 그렇지 않은 분야로 '명(明)'과 '암(暗)'이 나뉘기 때문입니다. 심지어 세계 최강대국인 미국도 모든 분야를 다 잘하지는 못합니다.

미국 경제를 이끌던 제조업이 독일, 일본 등 해외 경쟁국들에 조금씩 고전하기 시작했습니다. 가격 경쟁력 위주로 승부했던 한국, 중국 등의 개발도상국들도 점점 기술력을 갖추면서 미국 시장을 빠르게 잠식했습니다. 그나마 남아 있던 제조업 공장들은 더 낮은 임금과 더 쉬운 해고 조건을 좇아 중국과 동남아 등 해외로 눈에 띄게 빠져나갔습니다.

미국 제조업의 아성에도 조금씩 금이 가기 시작하면서 중산층도 조금씩 흔들리게 되었습니다. 양질의 일자리(decent job)는 구하기가 어려워졌고, 임금 수준도 생산성에 비해 정체되는 답보 상태가 이어졌습니다. 경제는 계속 성장했지만 그 성과를 체감하지 못하는 사람들이 점점 늘어났습니다. 대신 신자유주의 조류를 타고 핵심 산업으로 부상한 금융업은 그 특성상 제조업만큼 중산층의 고용을 책임질 수도 없었습니다. 복지는 상대적으로 미약한 가운데, 고용 유연화는 가속화되었습니다.

게다가 2000년대 후반 서브프라임 모기지(subprime mortgage) 사태와 글로벌 금융위기까지 이어지면서 상황은 더욱 악화되었습니다. 월스트리트의 대형 금융기관들은 정부로부터 막대한 규모의 구제금융을 지원받은 반면, 중산층과 서민층은 일자리를 잃고 집을 압류당하는 등 후폭풍에서 제대로 보호받지 못했습니다. 또한 경기를 부양하기 위한 양적완화(Quantitative Easing) 정책으로 천문학적인 돈이 풀리면서 물가 상승의 충격에도 고스란히 노출되었습니다. 트럼프가 당선되기 5년 전인 2011년 가을, 뉴욕을 중심으로 일어났던 '월가 점령(Occupy Wall Street)' 시위는 이미 이러한 상대적 박탈감을 반영한 경고등이었습니다.

이러한 과정에서 특히 중산층 이하 저학력·저소득 백인 근로자 계층이 직격탄을 맞았습니다. 원래 이들은 정체성 면에서 미국 사회의 근간을 이루는 상징적인 계층임과 동시에, 경제적으로도 소비, 저축, 납세 등 모든 부문에서 허리 역할을 하는 평범한 중산층이었습니다. 과거에는 복지가 부실해도 중산층의 자생력이 탄탄해서 별문제가 되지 않았지만, 신자유주의와 기술 발달 등으로 인해 그 입지 자체가 줄어들면서 상황은 달라졌습니다. 이제는 한번 빈곤층으로 미끄러지면 다시 중산층으로 올라오기가 쉽지 않습니다. 역동적인 계층 이동 자체가 점차 어려워져 버렸습니다. 불평등한 구대륙에서 벗어나 신대륙에서 평등한 나라를 꿈꾸었던 개척자 정신은 이미 옅어졌습니다.

게다가 이제는 넘쳐나는 이민자들로 인해 전통적인 백인 계층이 점점 더 소외감을 느끼게 되었습니다. 초기 이민자들은 백인들이 꺼리던 온갖 허드렛일 위주로 도맡았지만, 시간이 갈수록 상황은 달라졌습니다. 그들의 2세, 3세, 4세 등 세대가 내려오면서 예전보다 미국 사회에 더 동화되었고, 더 우수한 교육을 받았으며, 그래서 이제는 백인들과 대등한 조건에서 경쟁할 역량을 갖추게 되었습니다. 특히 한국계를 비롯한 아시아계의 활약이 사회 곳곳에서 두드러지기도 했습니다.

결국 백인 근로자 계층은 자신들이 더 이상 미국 사회의 주류가 아니라는 위기의식이 강할 수밖에 없습니다. 오히려 이른바 '뒤처진 사람들(those left behind)'로 전락했다는 불안감과 상실감이 커지게 됩니다. 한때 자동차와 철강 산업 등으로 유명했던 오대호(Great Lakes) 인근 지역은 지역사회의 활력이 쇠락하며 '러스트 벨트(Rust Belt, 녹슨 띠)'라는 오명을 얻기도 했습니다. 미국 제조업과 백인 중산층 종사자들의 몰락을 단적으로 상징하지요.

트럼프는 바로 이런 점들을 정확하게 파고들었습니다. 타국과의 무역이 미국에 불리하다며 일자리를 다시 되찾아오겠다고 공언했고, 마찬가지 논리로 미국인의 일자리를 빼앗는 이민자들을 공격했습니다. 민주당의 텃밭으로 분류되던 이 지역들에서 공화당 트럼프 후보에게 몰표가 쏟아진 현상은 이번이었을지언정 결코 우연이 아니었습니다. 미국인 중심의 강한 미국을 재건한다는 구호는 그들에게 과거의 향수뿐만 아니라 현재의 생계가 달린 문제였기 때문입니다. 민주주의 수호자를 자처하던 미국에서 정치 지형이 급변하게 된 배경은 이러한 경제적인 맥락을 빼놓고는 설명하기 어렵습니다.

"못 살겠다, 갈아보자"

사실 영국인들이 브렉시트에 찬성하고 미국인들이 트럼프를 지지한 배경에는 물론 다양한 이유가 있을 겁니다. 어차피 정치가 거기서 거기일 바에는 일단 말이라도 속시원하게 뱉으면서 내 처지를 대변해주는 세력에게 한 표 주고 말겠다는 자포자기적 심정도 읽힙니다. 적어도 좋은 말만 일방적으로 강요해왔던 기존 질서는 더 이상 따르지 않겠다는 의사 표명은 명확하게 드러난 셈입니다.

다만 그렇다고 실제로 문제가 해결되느냐는 어디까지나 또다른 차원의 이야기입니다. 트럼프를 뽑은 미국인들도 그가 모든 문제를 한 번에 해결할 수 있다고는 기대하지는 않았을 것이며, 브렉시트 역시 영국인들이 예상 비용과 편익을 일일이 따져서 계산한 합리적인 결과물은 아닙니다. 참고로 브렉시트 투표 결과가 발표된 직후 영국 구글에서 가장 많이 검색된 질문은 "EU를 떠난다는 것은 무슨 의미인가요(What does it mean to leave the EU)?"였습니다. 그리고 두 번째는 "EU가 뭔가요(What is the

EU)?"였습니다.

정작 자신이 무슨 결정을 내리고 있는지조차 제대로 알지 못하는 상태에서 투표에 나선 유권자가 적지 않았다는 뜻입니다. 이제 와서 이런 질문을 검색하기에는 너무 늦은 것 아니냐는 한탄이 쏟아졌지만, 이미 개표를 마친 투표 결과는 돌이킬 수 없었습니다. 자국의 운명을 좌우하고, 나아가 세계의 미래에도 큰 파급효과를 끼칠 세기의 중대사는 이렇게 다소 허무하게 결정되었습니다. "못 살겠다, 갈아보자"라는 분노는 그렇게 컸습니다.

사실 대의민주주의의 모든 투표가 그러하듯, 정치 집단에 의해 과장되고 악용된 측면도 부인할 수 없습니다. 특히 위기 상황에서 적을 외부로 돌리고, 대신 내부를 단결시키는 정치 공학은 역사가 매우 오래된 전략이지요. '적의 적은 친구'라는 말처럼, 같은 적을 공유하는 우리는 그때만큼은 친구가 됩니다. 이때 실제로 그 적이 존재하는지, 우리에게 정말 적대적인지, 그리고 우리에게 실질적으로 피해를 끼치는지, 그래서 지금 이 분노가 정당한지 등의 문제는 그리 중요하지 않습니다. 내부에서 끓어오르는 불만의 화살을 돌림으로써 '화풀이'할 수 있는 대상이면 충분합니다.

바로 이런 점에서 이민자, 난민, 장애인, 외국인, 성소수자 등 사회적 약자들은 아주 좋은 후보가 됩니다. 가장 직관적이면서도 만만한 상대이니까요. 공격을 받아도 반격하기 어려우니까요. 혐오하면 참아야 하고 쫓아내면 떠나야 하는 처지이니까요. 즉 약자를 철저히 타자화해서 '화풀이' 대상으로 삼게 됩니다. 최근 미국 전역에서 아시아계 등을 대상으로 한 혐오 범죄(hate crime)가 늘어나는 현상은 결코 우연이 아닙니다. 예전에는 백인 우월주의로 무장한 KKK(Ku Klux Klan)이 악명을 떨쳤다면, 최근에는 극우주의에 심취한 RWDS(Right Wing Death Squad)라는 단체가 사회적 물의를 일으키고 있습니다. '화난 미국인(angry Americans)'들이 점점 늘어나고 있습니다.

사실 극단주의를 표방하는 정치 이념은 시대와 나라를 불문하고 항상 있어 왔습니다. 다만 과거에는 광범위한 지지는 얻지 못했다면, 최근에는 대중의 누적된 불만을 발판 삼아 조금씩 주류로 편입되고 있습니다. 결과적으로, 정치, 사회, 문화에서 양극화를 초래하는 가장 큰 동력은 바로 경제적 양극화입니다. 포퓰리즘과 극단주의, 그리고 반(反)지성주의가 계속 득세하는 배경에는 이런 복잡한 사정이 숨어 있습니다.

지금 우리는 세계 여러 나라에서 극단주의가 동시다발적으로 득세하는 상황을 실시간으로 목격하고 있습니다. 세계 민주주의와 자본주의의 1번지를 '자처하던' 영국과 미국뿐만이 아닙니다. 다른 나라들도 마찬가지입니다.

　제2차 세계대전에 대한 책임으로 민족주의에 대한 경계심이 강한 독일과 이탈리아에서도 극우 정당이 슬슬 다시 전면에 등장하는 추세입니다. 브렉시트 이후 EU의 유일한 핵보유국인 프랑스도 2022년 대선에서 극우 성향의 후보가 결선 투표에 진출해서 무려 40% 넘는 지지를 얻었습니다. 평화로운 복지국가로 알려진 스웨덴도 이민자들이 일으키는 마약과 총기 살인 등의 사회문제가 대두되면서 정치 지형이 극우화되어 가고 있습니다. 일본도 이른바 '잃어버린 30년'이라고 불리는 장기 경기침체 이후 우경화 기류가 더욱 짙어졌습니다. 과거 침략과 식민지배의 과오를 자꾸 합리화하는 배경에는 당시의 위상에 대한 향수가 남아 있기 때문입니다.

　그나마 선진국들이 이러할진대, 개발도상국들의 사정도 불을 보듯 뻔합니다. 필리핀은 범죄자에 대한 초법적 즉결처형권을 경찰에게 부여했고, 인도주의에 반하는 무분별한 살인을 우려한 국제형사재판소(ICC)에서 탈퇴하기도 했습니다. 브라질, 튀르키예 등 주요 개발도상국에서 포퓰리즘을 앞세운 정권이 들어서기도 했습니다. 한 분석에 따르면 G20 중 포퓰리즘 세력이 집권한 나라들의 GDP 비중이 2007년 4%에서 2018년 41%로 급증한 것으로 집계되기도 했습니다.[6] 세계 어디에서든지 자국 우선주의를 주창하는 극단주의 세력이 조금씩 득세하는 추세입니다.

다른 나라 사람들의 선택에 우리가 일일이 왈가왈부할 수는 없지만, '이례적인' 투표 결과들이 최근 세계 곳곳에서 이어지는 배경은 분명히 생각해볼 필요가 있습니다. 국가마다 구체적인 양상은 다르지만, 크게 보면 그 기저에는 불안함, 소외감, 허탈함, 좌절감 등의 감정이 공통적으로 깔려 있습니다. 사회적으로 소외된 취약계층이 그만큼 많기 때문입니다. 경제 성장의 과실을 누리지 못하는 낙오계층이 그만큼 많다는 뜻이고, 일자리를 잃고 생활고에 시달리는 빈곤계층이 그만큼 많다는 사실을 의미합니다.

비슷한 맥락에서, 이른바 과도한 PC주의(Political Correctness, '정치적 올바름'으로써 모든 소수자나 사회적 약자에 대한 차별, 폭력, 모욕, 편견 등을 지양하자는 사회적 운동)에 대한 광범위한 반감도 결국 마찬가지입니다. 당장 내 눈앞의 삶이 불안하고 위태로운데, 타인에 대한 무슨 감수성이니 연대니 협력이니 하는 허울뿐인 구호가 과연 무슨 소용일까요. 그런 고담준론은 곳간이 이미 차 있는 사람들이 자기만족을 위해 소비하는 뜬구름 잡는 이야기일

---

6) 출처: Tom Orlik & Justin Jimenez, 〈Strong-Arm Governments Are Taking Over the Global Economy〉, Bloomberg, 2018.08.10., https://www.bloomberg.com/news/features/2018-08-10/populists-oversee-the-biggest-slice-of-g20-gdp-whither-growth

뿐입니다.

결국은 경제난, 그리고 불평등입니다. 비용이 많이 드는 가치들을 감당할 곳간이 비어가고 있습니다. 곳간이 줄어들고 삶이 팍팍해질수록 인심 또한 줄어듭니다. 외국에 대해, 이민자에 대해, 사회적 약자에 대해 베풀 수 있는 여유가 점차 사라져가고 있습니다.

여러 나라에서 유사한 증상이 나타나는 가장 근본적인 원인은 인심을 유지할 수 있는 곳간이 비어가기 때문입니다. 어느 나라든 어느 사회든 어느 정치 체제든, 곳간이 비어가면 고상한 가치들은 뒷전으로 밀리기 쉽습니다. 과거에는 나치 독일이 그랬고, 지금은 영국과 미국이 그렇습니다. 브렉시트와 트럼프 당선은 지금 21세기 세계가 곳간이 비어간다는 사실을 단적으로 보여주는 사례입니다.

경찰과 경비

당시 미국 대선을 2개월여 앞둔 2016년 9월, 트럼프의 지지세가 심상치 않자 당시 오바마 전 대통령의 부인인 미셸 오바마는 민주당 전당대회에서 이런 연설을 합니다. "When they go low, we go high." 우리말로 옮기면 "상대방(당시 트럼프 공화당 후보)이 저급하게 가도 우리는 품위 있게 가자" 정도가 될 텐데, 아직까지도 회자될 정도로 임팩트 있었던 메시지입니다.

미셸이 말한 'high(높은, 고귀한)'는 미국이 전통적으로 수호해오던 가치들을 지칭합니다. 반대로 'low(낮은, 저열한)'는 트럼프가 추진하는 그 반대, 즉 원초적인 흐름을 가리키겠지요. 매슬로 욕구계층 이론을 빌리더라도 낮은(low) 층위가 원초적인 욕구에 가깝고, 높아질수록(high) 고상한 욕구에 가깝습니다.

물이든 사람의 욕구이든, 높아지려면 힘이 필요합니다. 물은 중력을 이길 펌프의 힘이 필요하고 사람은 인심을 발휘할 곳간이 필요합니다. 그렇지 않으면 물이든 욕구든 낮은 위치로 떨어지게 되어있습니다. 유권자들이 그해 대선에서 결국 'low'를 선택한 것은 'high'를 선택할 여력이 없었다는 뜻입니다. 인종 차별의 뿌리 깊은 장벽을 깨고 자국 역사상 최초의 흑인 대통령을 탄생시켰던 미국은 몇 년 뒤 정반대 의미의 파격을 선택했습니다. 매슬로 하위 단계의 원초 욕구들부터 최우선으로 채우겠다는 뜻입니다.

그 과정에서 미국의 리더십, 동맹에 대한 우대, 민주주의 확산과 수호, 자유무역 및 호혜주의, 인종 간 평등, 이민 문호 개방 등 미국의 주류 정계가 중시해왔던 이른바 '전통적' 가치들은 더 이상 미국의 우선순위에서 밀리게 되었습니다. 그런 '뜬구름'은 곳간이 줄어가는 상황에서 보장받기 어렵습니다. 안 그래도 부족한 곳간을 더 축내기만 하는 거추장스러운 애물단지에 불과하니까요. 자국민이 눈앞에 당면한 당장의 '먹고사는' 문제 앞에서 세계 공동체의 '추상적'인 이익은 점점 설 자리를 잃어갑니다.

물론 동서고금을 막론하고 모든 나라는 자국의 이익을 최우선으로 챙기게 마련입니다. 사실 너무도 당연한 이치이지요. 그러나 과거의 미국은 적어도 이렇게 노골적이지는 않았습니다. 미국 대통령은 세계의 지도자였고, 미국은 자타가 공인하는 세계 최강대국으로서 국제사회를 주도하는 리더십을 분명히 신경 썼습니다.

경제력·군사력 등 압도적인 하드 파워(hard power)를 세계 곳곳에 투사하며 자국 국익을 관철하는 한편으로, 적어도 겉으로는 지구의 공동 이익을 표방했습니다. 동맹과 우방국들을 살뜰히 챙겨주는 '큰형님' 노릇을 착실히 맡아오며 존재감을 발휘했습니다. 설령 그 과정에서 달러가 지출되고 미군이 희생되는 한이 있어도, 오히려 장기적으로는 '미국적인' 가치가 세계에 전파됨으로써 자국의 국익에도 부합한다고 믿었습니다. 그런 가치들이야말로 지구상에서 오직 미국만이 감당할 수 있는 자랑스러운 정체성으로 여겼습니다.

사실 그동안 미국이 추구하던 그 질서 위에서 가장 큰 혜택을 본 나라 중 하나가 바로 이 환자, 대한민국입니다. 한반도는 타고난 위치 때문에 본의 아니게 냉전의 최전선이 되었습니다. 남한은 미국이 결코 신경 쓰지 않을 수 없었던 자유 진영의 쇼케이스였지요. 동북아시아의 이 작은 나라는 강대국들 틈바구니에서도 한미 동맹 덕분에 결코 호락호락한 상대가 아니었습니다. 땅은 좁고 자원은 없지만, 세계 최대 규모의 미국 시장을 디딤돌 삼아 한강의 기적을 이루어냈습니다. 한때는 미국의 원조가 끊기면 생계마저 곤란했던 시절도 있었지만, 이제는 자력으로 전투기를 띄워 날리고 인공위성을 쏘아 올리고 있습니다.

반면 트럼프는 미국 우선주의(America First) 기조를 거리낌 없이 드러내며, 이러한 관례에서 180도 급선회했습니다. 그는 다른 나라들이 미국 주도의 안보 질서에 무임승차해왔다고 주장하며, 해외 주둔 미군을 철수할 수도 있다는 여지를 내비치기도 했습니다. NATO(North Atlantic Treaty Organization, 북대서양 조약기구)는 물론이고 우리나라도 예외가 아니었습니다. 실제로 트럼프 행정부는 주한미군에 대한 방위비 분담금을 대폭 인상해줄 것을 요구하기도 했습니다.

비유하자면 큰형님이 그동안 아우들에게 통 크게 베풀었던 경조사비부터 갑자기 줄여 버리고, 오히려 이전의 경조사비조차 과도했다며 회수하려 하는 상황입니다. 예전 같으면 흔한 외교적 수사에 가려졌을 법한 본심도 굳이 숨기지 않았습니다. 보란 듯이 힘을 드러내고 자국만의 이익을 노골적으로 관철하려고 했습니다. 미국의 리더십을 인정받는 대신 영향력을 공유해주는, 명분과 실리의 암묵적인 교환은 깨졌습니다. 미국식 가치를 전파하고 수호하기 위한 시혜적 동맹은 옛말이 되었습니다.

"나는 세계의 대통령이 아니고 미국의 대통령이다(I am not supposed to be the President of the world; I am supposed to be the President of the United States of America)." 트럼프의 철학을 잘 보여주는 발언입니다. 그것도 동맹국들이 정당한 대가 없이 미국을 이용해왔다며 비판하면서 한 발언입니다. 이제 미국은 막대한 비용을 들여가며 괜히 세계의 경찰 노릇을 자처하지 않겠다고 선을 그은 셈입니다. 대신 그냥 자기 곳간부터 지키는 경비 역할에만 충실하겠다는 선언이기도 하지요.

물론 미국의 이렇게 급격한 입장 변화는 트럼프라는 개인의 특이한 성향도 분명히 감안해야 합니다. 바로 그다음 선거만 하더라도 "America is Back(미국이 돌아왔다)"이라고 선언한 바이든(Joseph R. Biden, 1942~) 행정부로 정권이 교체되었지요. 하지만 바이든 행정부도 인플레이션 감축법(IRA, Inflation Reduction Act)을 추진하는 등 자국우선주의 기조에서 크게 벗어나지 않는 양상입니다. 이러한 흐름은 앞으로도 누가 대통령이 되든지, 공화당이든 민주당이든 정권을 가리지 않고 당분간 계속 이어질 전망입니다. 그리고 그 초점은 사실 중국에 맞춰져 있습니다.

호랑이 새끼를 키운 미국

미국 역사상 처음으로 본토가 공격당했던 9·11 테러 이후, 2000년대 미국의 대외 정책은 테러와의 전쟁(War on Terror)을 수행하느라 중동 지역에 집중되어 있었습니다. 알카에다(al-Qaeda)의 수장 오사마 빈라덴(Osama Bin Laden, 1957~2011)을 찾으러 아프가니스탄에 들어갔고, 사담 후세인(Saddam Hussein, 1937~2006)이 대량 살상무기를 숨기고 있다는 명분으로 이라크를 침공했습니다. 하지만 중동에 묶여 있는 시간이 예상 밖으로 길어지면서 다른 경쟁자에 대한 견제에는 상대적으로 소홀하게 되었습니다. 결과적으로 이 시간은 중국이 고양이 티를 벗고 호랑이 새끼로 자라날 수 있는 결정적인 여유가 되었습니다.

사실 중국은 미국이 그동안 주도해온 국제 질서 속에서 성장해온 나라 중 하나입니다. 세계 최다 인구를 보유하던 중국은 '세계의 공장'이라는 별명답게 자유무역 공급망의 허브가 되어주었습니다. 중국의 저임금 노동력은 세계 물가를 안정적으로 유지할 수 있었던 핵심 비결이었고, 거대한 시장은 모두에게 매력적인 노다지였습니다.

그 결과, 지난 수십 년 동안 인류는 역사상 유례없는 경제적 번영을 누렸습니다. 국가별로 비교우위에 따른 분업이 촉진되었고, 각국의 상품, 자본, 에너지, 기술 등은 자유무역으로 원활하게 교환되었습니다. 한 국가를 넘어 전 지구적 차원의 공급망이 정교하게 짜여 작동했습니다. 호주의 철광석이 중국에서 가공되어 한국에서 자동차로 조립되고, 다시 유럽으로 수출되어 중동의 기름으로 굴러갔습니다. 지구촌은 말 그대로 하나의 마을처럼 운명공동체가 되었습니다. 경제력이 충족되면서 인심에서 나오는 가치들도 눈에 띄게 진전되었습니다. 제2차 세계대전 이후로 이례적으로 꽤 오랫동안 큰 전쟁도 없었지요. 미국에 의한 세계 평화(Pax Americana)는 굳건하게만 보였습니다.

하지만 미국의 위상이 조금씩 떨어지면서 상황은 미묘하게 달라지기 시작합니다. 타의 추종을 불허하던 경제력과 군사력은 이제 조금씩 추격을 허용하고 있습니다. 미국 패권을 상징하고 또 강화했던 페트로 달러(petro dollar)도 그 위상이 옛날 같지 않습니다. 미군은 여전히 세계 최강이지만, 그렇다고 예전처럼 압도적인 무적은 아닙니다. 그리고 중국은 그 힘의 공백을 조금씩 파고들고 있습니다.

2013년 초 취임한 중국 시진핑(習近平, 1953~) 주석은 '중화민족의 위대한 부흥(中华民族伟大复兴)'이라는 중국몽(中国梦)을 실현하겠다고 선언했습니다. 그리고 그 수단으로써 유라시아 대륙 곳곳을 뻗어나가는 육상과 해상 실크로드인 '일대일로(一带一路)'를 추진했습니다. 동남아시아 여러 나라의 반발에도 불구하고 남중국해에 인공섬을 만들어 군사기지를 건설했습니다.

또한 이제는 중국이 미국과 대등한 위치에서 어깨를 나란히 하겠다는 '신형대국관계(新型大国关系)'를 요구하기도 했습니다. "태평양은 미·중 두 대국을 모두 수용할 수 있을만큼 충분히 넓다"는 중국의 주장은 미국을 겨냥한 사실상의 도발입니다. 태평양과 대서양을 모두 지배하며 세계 패권을 차지한 미국에게 서쪽 태평양, 즉 지역 패권을 내놓고 더 이상 간섭하지 말라는 요구이기 때문이지요. 중국은 건국 100주년을 맞는 2049년에는 모든 면에서 미국을 뛰어넘는 '사회주의 현대화 강국(社会主义现代化强

国)'으로 거듭나겠다는 목표를 공공연하게 표방하고 있습니다.

이 중국몽이 실현될 수 있을지는 아무도 장담할 수 없습니다. 대내적으로 양극화는 심각한 데다 인구는 고령화되고 있고, 대외적으로는 미국과 서방 세계의 압박과 견제가 심해지는 상황인 만큼 회의적인 시각도 많습니다. 일각에서는 중국이 전통적인 도광양회(韜光养晦) 외교 전략을 너무 일찍 포기했다는 지적도 나옵니다. 미국과 지금 당장 맞서기에는 현실적으로 무리인데, 주변국들과 마찰을 불사하는 전랑외교(战狼外交)로 이미 적을 너무 많이 만들어놓았습니다. 코로나19 등을 계기로 전 세계적으로 반중 정서가 만연한 추세도 상당한 부담입니다.

어쨌든 미국은 자신의 아성에 도전장을 내민 상대를 확인했습니다. 21세기 들어 처음이고, 제2차 세계대전 이후를 통틀어봐도 두 번째입니다. 이제 미국은 중국이 글로벌 공급망을 언제든지 무기화할 수 있다는 점을 경계합니다. 그래서 우선 중국에 대한 의존도를 줄이는 디커플링(decoupling)에 주력하고 있습니다. 자신과 가까운 동맹과 우방들만 참여하는 자족적인 공급망을 따로 꾸리고자 합니다. 중국의 반도체 굴기에 맞서 한국, 일본, 대만 등 우방국들과 함께 결성한 칩4(CHIP4) 동맹이 대표적인 예입니다. 밀접한 교류와 공조가 중요한 첨단기술 분야에서부터 중국을 의도적으로 배제하겠다는 뜻입니다. 미국은 이미 안보상으로 민감한 반도체, 우주·항공, IT, 인공지능 등 주요 첨단 분야에서는 중국인 유학생들조차 경계하고 있습니다. 미국은 이제 이 새로운 라이벌을 대놓고 견제합니다. 소련 이후 새로운 냉전도 감수할 각오입니다.

미·중 갈등은 단기간에 끝나지 않을 것입니다. 불확실성이 일시적인 예외 상태가 아니라 구조적인 상수가 될 듯합니다. 이 갈등의 본질은 다름 아닌 패권 전쟁이기 때문입니다. 무역 갈등도, 관세 보복도, 기술 경쟁도 그저 수단일 뿐입니다. 문제는 그 상대들이 대한민국의 1, 2위 교역국이라는 점이지요. 패권 전쟁이 본격화될수록, 그리고 장기화될수록 이 환자는 양쪽으로부터 선택을 강요받을지도 모릅니다.

먹고사는 문제와 죽고 사는 문제

미국의 국제정치학자 피터 자이한(Peter Zeihan, 1973~)은 《붕괴하는 세계와 인구학(The End of the World Is Just the Beginning)》이라는 저서에서 "값싸고 질 좋고 빠른 세계가 비싸고 질 낮고 느린 세계로 빠르게 전환하고 있다(Instead of cheap and better and faster, we're rapidly transitioning into a world that's pricier and worse and slower)"라고 평가합니다. 여러 나라가 서로 긴밀히 의존하던 글로벌 가치 사슬(global value chain), 즉 국제 분업 체계가 헝클어짐에 따라, 과거와 같은 효율성은 이제 찾아보기 어렵다는 지적입니다. 세계 경제의 저성장 추세가 굳어지면서 자본주의 체제의 본질적인 위기라는 비판도 끊임없이 제기됩니다.

경제뿐만이 아닙니다. 국제사회가 점차 파편화되어 가면서 지구촌 곳곳의 지정학적 관계가 요동치고 있습니다. 이제 세계는 거친 힘겨루기를 마다하지 않는 원초적인 시대로 돌입하고 있습니다. 가치보다는 힘에 의한 해결을 모색하는 경우가 점차 늘어나고 있습니다. 이제는 다들 힘을 더 이상 숨길 생각도 없어 보입니다. 제2차 세계대전 이후 이미 최대 난민을 발생시킨 우크라이나 전쟁은 어쩌면 그 본격적인 서막을 알리는 신호탄일지도 모릅니다.

경제가 '먹고사는 문제'라면, 안보는 '죽고 사는 문제'입니다. 각각 매슬로우 1단계의 생리적 욕구(Physiological Needs)와 2단계의 안전 욕구(Safety Needs)입니다. 하위 단계의 원초적인 이 욕구들은 모두 생존을 위해 필수적인 영역입니다.

다만 예전에는 '안보를 위한 경제(economy for security)' 쪽에 더 가까웠다면, 요즘은 '경제를 위한 안보(security for economy)'로 무게중심이 다소 옮겨가고 있다고 볼 수 있겠습니다.[7] 공급망은 빠르게 재편되고, 식량과 자원과 에너지는 무기화되고 있습니다. 모두가 같이 번영하자는 자유무역은 어느새 뒷전이 되었고, 대신 각국이 각자도생하려는 보호무역주의가 갈수록 노골화되고 있습니다. 동맹이나 우방끼리만 따로 교류하는 신고립주의도 곳곳에서 감지됩니다. 어찌 되었든, '먹고사는 문제'와 '죽고 사는 문제'가 점점 더 중요해지고 있습니다. 다시 말해 세계가 점점 더 원초적인 상태로 회귀하고 있다는 뜻입니다.

미국이 구축해온 질서에서 미국부터 앞장서 발을 빼는 역설적인 상황. 가장 부강한 나라도 줄어든 곳간 앞에서는 고차원적인 가치들을 언제든지 포기할 수 있다는 사실을 세계는 이미 확인했습니다. 그리고 그 자체만으로도 지구촌은 이미 전례 없는 변화를 예고하고 있습니다. 아니, 국제사회는 이제 더 이상 사이좋은 지구촌 마을이 아닙니다. 평화와 공존, 자유와 번영 등 제2차 세계대전 이후 약 70년 동안 같이 추구해오던 가치들은 허울뿐인 옛말이 되어 버렸습니다.

---

7) 한국일보, "경제안보는 미중 패권전쟁 논리… 실리 극대화 노력해야" 中 이효영 국립외교원 부교수·국제학 박사 인터뷰 발췌, 2022.07.07., https://www.hankookilbo.com/News/Read/A2022070716030000189

20세기에 가장 큰 혜택을 본 대한민국에게 달라진 21세기는 새로운 도전입니다. 이 환자 본인의 뜻과 무관하게 운명을 좌우할 수도 있기 때문입니다. 하루하루 일상에서 의식하지 못할 뿐, 이 환자가 처해 있는 대외 환경은 생각보다 엄혹합니다.

사실 대한민국은 대외 여건에 매우 민감할 수밖에 없는 조건을 가지고 있습니다. 일단 위치부터 하필이면 세계적인 강대국들이 맞부딪히는 한가운데라서 항상 신경을 곤두세울 수밖에 없습니다. 게다가 분단이라는 특수한 상황도 항상 염두에 두어야 합니다. 땅은 좁은데 대부분이 산지이며, 그마저도 반으로 갈라져 있습니다. 공룡 발자국은 더러 나오는데 석유 자원은 또 없습니다. 그래서 부지런히 수출하지 않으면 지금 경제 규모를 절대로 유지할 수 없고, 반대로 에너지와 식량 등 생존에 필수적인 물자는 거의 수입에 의존해야 합니다. 실물과 금융 모두 대외 의존도가 높아서 지구 반대편의 전쟁도 이 환자의 지갑 사정에는 직격탄이 됩니다.

그런데 이제는 그중에서도 대한민국이 가장 많이 의존하는 두 나라가 패권 전쟁에 돌입하려 합니다. 고차원적인 관용과 공존 대신, 원초적인 힘의 질서를 통해 상대를 굴복시키고자 합니다. 다시 냉전(冷戰, Cold War)의 그림자가 드리워지는 가운데, 심지어 대만이나 한반도 등에서 열전(熱戰, Hot War)의 가능성도 설득력 있게 제기되고 있습니다. 지난 세기에 꼭 그랬던 것처럼, 21세기에도 동아시아는 해양 세력과 대륙 세력이 맞부딪히는 최전선입니다.

21세기에 정말 다시 전쟁이 일어날까요. 사실 지금이 21세기라고 특별히 달라야 할 이유는 전혀 없습니다. 우리는 이해할 수 없는 일을 접할 때 종종 "어떻게 21세기에 버젓이 이런 일이 일어날 수 있냐"며 분개하곤 합니다. 여기에는 '21세기에는 이런 일이 일어나서는 안 된다'는 역사적 당위 의식이 전제되어 있습니다. 과거에는 그랬을지도 모르지만, 적어도 '내가 살고 있는 현대에는 이럴 수 없다,' 조금 더 정확하게는 '이래서는 안 된다'는 뜻이지요. 단지 '나'라는 존재가 살아가고 있어서 '나'에게만 특별한 시대라고 느껴질 뿐입니다.

그런데 이런 인식은 과거에도 마찬가지였습니다. 예를 들어 가장 가까운 20세기에 살던 사람들도 "어떻게 20세기에 이런 일이 일어날 수 있냐"며 똑같이 분개하지 않았을까요? 우리는 20세기를 흑백사진으로 인식하기 쉽지만, 그 사람들에게는 그 당시가 생생한 컬러 버전의 최첨단 현대였습니다. 사실 20세기도 인류 역사에서 남을 만한 역동적인 시기였습니다. 참혹한 전쟁과 이후 눈부신 발전이 공존했던 시대였지요. 오죽하면 인류가 개척할 수 있는 최종 시대에 도달했다며 '역사의 종언(The End of History)[8]이라는 다소 건방진(?) 선언까지 나왔을까요. 그런데도 21세기의 우리에게는 이미 드라마 〈응답하라〉 시리즈를 만들어서 복고를 추억하는 대상이 되어버렸습니다.

중요한 사실은 우리가 지금 살고 있는 21세기도 언젠가는 반드시 그렇게 된다는 점입니다. 우리가 지금 살고 있다는 이유만으로 현대를 절대화해서는 안 됩니다. 21세기에 이런 어처구니없는 일이 버젓이 일어나는 이유는 '아직 21세기밖에 안 되었기' 때문입니다. 아직 21세기라서 그런 이해할 수 없는 일들도 얼마든지 일어날 수 있는 겁니다.

어쩌면 다음 22세기는 지금보다 여러 면에서 더 나아진 시대일 겁니다. 22세기를 살아가는 우리의 먼 후손들은 21세기를 살았던 우리를 역사 교과서에서 접하고 "그때는 어떻게 그런 삶을 살 수 있었지?" 하고 혀를 찰지도 모릅니다. 그리고는 다시 23세기 후손들에게 똑같은 취급을 받을 겁니다. 만약 그때까지 인류 사회가 남아 있다면 말이죠.

이런 생각에 이르게 되면 지금 우리가 살아가는 이 시대를 조금 더 거시적인 관점에서 바라볼 수 있게 됩니다. '현대'도 결국 언젠가는 과거가 된다는, 지극히 당연한 사실을 다시 한번 새삼

---

8) 일본계 미국인 정치경제학자 프랜시스 후쿠야마(Francis Fukuyama, 1952~)의 주장으로, 20세기 후반 민주주의와 자본주의가 최종적으로 승리함에 따라 인류가 고안해낸 사회제도가 이제 다다를 수 있는 마지막 단계까지 마침내 도달했다는 선언입니다.

깨닫게 됩니다. 일상에 매몰되어 의식하기 쉽지 않을지언정, 우리가 살아가고 있는 지금 이 시대도 분명히 역사의 한 부분에 불과합니다. 과거에도 우리처럼 세상을 살아간 선조들이 있었고, 미래에도 우리처럼 세상을 살아갈 후손들이 있습니다. 물론 삶의 구체적인 양상은 시대상에 따라 달라지겠지만, 그들도 우리처럼 삶의 희로애락을 똑같이 느꼈을 테고, 또 느끼며 살아갈 것입니다.

그래서 다른 한편으로 생각하면, 이런 위기는 새삼 새로운 종류가 아닐지도 아닙니다. 사실 지난 반만년 동안 이 나라가 언제 환경이 유리해서 여기까지 살아남았겠습니까. 대한민국은 스스로의 위치에 대한 냉정하고 현실적인 분석을 바탕으로 운명을 개척해나가야 합니다. 세계사의 흐름을 읽으면서 위기를 기회로 바꾸어 나가야 합니다. 그건 전적으로 21세기를 살아가는 우리의 몫입니다. 오늘날 우리가 과거의 선조들을 기리는 것처럼, 미래를 살아갈 후손들은 다시 오늘의 우리를 통해 역사의 교훈을 얻을 테니까요.

대한민국은 다시 원초적으로 바뀌어 가는 새로운 시대를 헤쳐나갈 만한 준비가 과연 얼마나 되어 있을까요. 앞으로 언제든지 또 등장할 수 있는 제2, 제3의 트럼프들이 우리에게 던지는 무거운 질문입니다.

03. 발병 경로

"고열이 나고 냄새를 못맡고 가래가 나오고 목이 아픈 증상 하나하나에
파편적으로 대응하는 것이 아니라, 그 기저에 있는 코로나라는 질병을 찾아서
종합 치료제를 처방해보겠다는 뜻입니다."

앞에서 살펴본 바와 같이, 인심은 곳간에서 나옵니다. 사회공
동체를 덜 원초적으로 유지하는 과정은 안타깝게도 결코 공짜
가 아닙니다. 심리적이든 물리적이든, 막대한 노력과 비용이 들
어가는 작업입니다. 최근 대한민국을 비롯한 전 세계가 유사한
사회적 문제를 겪고 있는 공통적인 원인은 결국 곳간이 점차 비
어가기 때문입니다. 그래서 이 환자를 치료하기 위해서는 무엇
보다도 곳간을 다시 채울 수 있는 경제 문제에서부터 다시 출발
해야 합니다.

거듭 강조하지만, 이 증상들을 초래한 원인에 경제적인 요인

만 있다는 뜻이 결코 아닙니다. 현재 대한민국이 앓고 있는 증상들은 다양한 사회 문제들이 서로 복잡하게 얽히고설켜 있는 결과물입니다. 그리고 그 배경에는 정치적·사회적·문화적 요인들도 결코 무시할 수는 없을 것입니다.

다만 이 책에서 그 정치적·사회적·문화적 원인들을 직접적으로 다루지 않는 이유는 그 각각의 개별 요인들을 아우를 수 있는 더 근본적인 진단과 처방법이 있기 때문입니다. 고열이 나고 냄새를 못 맡고 가래가 나오고 목이 아픈 증상 하나하나에 파편적으로 대응하는 것이 아니라, 그 기저에 있는 코로나라는 질병을 찾아서 종합 치료제를 처방해보겠다는 뜻입니다. 더 나아가, 설령 코로나바이러스에 다시 노출되더라도 쉽게 아프지 않도록 면역력을 키워두자는 제안이기도 합니다.

이때의 처방법은 규칙적인 운동이 될 수도 있고, 균형 잡힌 식사가 될 수도 있으며, 손을 잘 씻는 습관이 될 수도 있습니다. 고열이 나는데 규칙적으로 운동하라는 처방은 단편적으로는 이상해 보일 수 있지만, 그 배경을 알고 나면 가장 효과적인 처방이될 수도 있습니다. 시간이 걸릴 수는 있을지언정, 가장 근본적인 방법이기도 하지요. 해열제만 주구장창 먹는다고 꼭 능사는 아니니까요.

사실 경제는 일단 '어렵다'는 선입견이 진입장벽으로 작용한다는 점도 부인하기 어렵습니다. 그래서 '어려운' 경제는 전문가들에게 맡겨두고, 그 외에 '덜 어려운' 정치·사회·문화적인 영역 위주로 모색해보자는 유혹에 빠지기 쉽습니다. 의도했든 그렇지 않든, 본격적인 치료에 돌입하기도 전에 진단 단계에서부터 미리 한계를 정해 버리는 셈이죠.

하지만 경제는 기본 개념만 이해하면 그렇게 어려운 분야가 아닙니다. 꼭 전문가들에게만 위임해야 할 정도로 거리감을 느껴야 할 대상도 아닙니다. 사실 경제 문제라고 해서 꼭 GDP, 물가, 금리, 주식, 파생상품 등 어려운 '경제 용어'들로만 쓰인 진단서와 처방전이 필요한 것은 아닙니다. 복잡한 표나 그래프, 기호나 수식이 꼭 필요하지도 않습니다. 이러한 경제 용어와 표, 그래프와 기호, 수식이 궁극적으로 전달하려는 근본적인 경제 원리는 사실 훨씬 더 쉬운 말로 얼마든지 풀어낼 수 있습니다. 환자 대한민국의 증상을 걱정하는 보편적인 상식 수준에서도 충분히 파악할 수 있습니다.

그런데 말입니다. 경제는 인류 역사상 지금이 가장 풍요로운 시대 아닐까요? 그런데도 인심을 발현할 곳간이 다시 비어간다는 것은 과연 무슨 말일까요? 얼핏 모순적으로 보이기도 하는 이 문제는 결국 다시 경제라는 영역에서 그 실마리를 찾아보아야 합니다. 이 환자가 지금 이렇게 아프게 된 경로를 처음부터 추적해 나가겠습니다.

증상의 출발: 희소성

앞에서 경제 문제를 처음으로 언급할 때, 모든 출발점은 자원의 '희소성'에서 출발한다고 설명한 바 있습니다. 이 환자가 앓고 있는 증상들에도 사실은 이 원초적인 원리가 숨어 있었지요. 이렇게 보면 '희소성'이라는 성질이 사실상 거의 모든 증상에 직·간접적인 영향을 끼치는 근본적인 주범이라고도 할 수 있겠습니다.

그렇다면 인간 사회에서 가장 희소한 자원은 무엇일까요? 사람에 따라 그리고 시대와 장소에 따라 평가가 다를 수도 있겠습니다만, 가장 희소한 본질적인 대상은 바로 시간입니다. 인간은 시간 속에서 살아갑니다. 현재는 과거의 결과이고, 미래는 현재의 결과입니다. 다만 물고기가 물을 의식하지 못하는 것처럼, 우리도 사실 시간을 매번 의식하면서 살지는 않습니다. 그러나 시간은 그 수요가 무궁무진한 반면, 공급은 다른 무엇보다도 엄격하게 한정되어 있습니다.

우리는 영원히 살지 못합니다. 개개인에게 주어진 시간은 유한하지요. 인생은 누구에게나 끝이 있습니다. 각자의 삶이 언제 끝날지는 아무도 모르지만, 적어도 언젠가 끝이 난다는 사실 자체만은 모두가 알고 있습니다. 유명한 경제학자 케인스(J. M. Keynes, 1883~1946)의 말처럼, "장기적으로는 우리 모두가 죽습니다(In the long run, we are all dead)."[9] 우리의 인생과 인류의 역사는 시간이라는 가장 강력한 제약하에서 조금이나마 더 행복해지기 위한 투쟁일지도 모릅니다.

시간의 희소성은 고대부터 현대와 미래를 통틀어 동서고금을 막론하고, 인간이 절대 바꿀 수 없는 절대적인 한계입니다. 그리고 이 본질적인 한계는 경제를 포함한 모든 영역에 생각보다 매우 큰 영향을 미칩니다. 대한민국을 포함한 다른 환자들의 증상에도 마찬가지이지요. 특히 우리가 현재 살아가는 자본주의 시대에는 더욱 그러합니다.

---

9) 케인스는 "'보이지 않는 손(invisible hand)'이 중·장기적으로 시장 균형을 회복시키므로 정부는 시장에 개입하지 말아야 한다"는 당시 고전학파의 자유방임주의에 대해 이렇게 응수했습니다.

자본: 노동의 축적

'자본(資本, capital)'이 뭘까요? 우리는 현재 자본주의 시대에 살고 있으면서도, 정작 '자본'에 대해서는 명확히 알지 못합니다. 그냥 막연히 '돈' 정도로만 생각하는 경우가 많습니다. 물론 현대 사회에서 자본의 상당 부분이 아무래도 돈의 형태를 띠고 있기는 하지만, 그렇다고 돈이 자본 그 자체는 아닙니다. 돈은 자본의 다양한 형태 가운데 한 종류일 뿐입니다.

돈, 혹은 화폐는 사실 매우 오랜 역사를 지니고 있습니다. 아주 오래전 선사시대에도 인류는 조개껍데기, 곡식 등을 돈으로 삼아 서로 거래를 했습니다. 또한 이러한 '대용품'이 아니더라도, 우리가 알고 있는 '돈'의 형태 역시 수백 년 전 고려시대나 조선시대에서도 쉽게 찾아볼 수 있습니다. 하지만 그 시대들을 모두 자본주의로 분류하지는 않습니다.

자본은 한마디로 '축적된 노동'입니다. 아니, 노동과 자본은 전혀 별개의 생산 요소 아닌가요? 맞습니다. 별개입니다. 그런데 그 이유는 '축적된 노동'이 전혀 다른 성질로 '변환'되었기 때문입니다.

어떤 사물의 양적 변화가 계속 누적되어 어느 임계점에 이르면 질적으로도 변환될 수 있습니다. 헤겔(G. Hegel, 1770~1831)이라는 철학자가 제시한 변증법(辯證法)이라는 철학적 개념과도 맥이 닿아 있는데, 양질전화(量質轉化)의 법칙으로도 불립니다.

말이 조금 어렵지요. 예를 들어보면 이런 개념입니다. 우리가 살아가는 통상적인 1기압에서 순수한 물은 0℃에서 얼고 100℃에서 끓습니다. 물을 가열할 때 99℃까지는 계속 뜨거운 물, 즉 액체 상태입니다. 물론 매우 뜨겁기는 하지만 아직 끓지 않는다는 점에서는 30℃, 50℃, 70℃, 90℃의 물과 크게 다를 바가 없습니다. 그냥 그만큼 더 뜨거운 물일 뿐이지요. 하지만 조금 더 열을 가해서 온도가 100℃에 도달하는 순간, 물은 단순히 '99℃보다 더 뜨거운 물'에 머물지 않습니다. 수증기, 즉 기체 상태로 변환되지요.

반대로 물을 얼릴 때도 마찬가지입니다. 0℃에 도달하기 전, 즉 1℃의 물은 매우 차갑기는 하지만 아직 액체 상태라는 점에서는 99℃의 물과 다를 바가 없습니다. 단지 극과 극으로 차갑고 뜨거울 뿐이지요. 하지만 온도를 더 낮춰서 0℃에 도달하는 순간 물은 단순히 '1℃보다 더 차가운 물'에 머물지 않습니다. 얼음, 즉 고체 상태로 변환되지요.

1℃부터 99℃까지의 물은 온도의 차이는 있을지언정 본질적

인 속성은 같은 액체입니다. 하지만 온도가 그 범위를 벗어나게 되면, 즉 양적인 변화가 누적되어 임계점을 넘어서면 이야기가 달라집니다. 물이 더 뜨거워지거나 더 차가워지는 대신, 증발해서 눈에 보이지 않는 수증기가 되거나, 아니면 딱딱한 얼음이 되어 버립니다. 액체에서 기체로, 액체에서 고체로 아예 속성 자체가 달라집니다. 과학에서 '상전이(相轉移, phase transition)'라고 불리는 현상인데, 양적인 변화가 누적되어 어느 임계점에 이른 결과 질적인 변화로까지 이어지게 된 상황입니다.

비슷한 예는 또 있습니다. 뜬금없는 질문을 하나 드려보겠습니다. 지금 읽고 계시는 이 책 194쪽 종잇장의 크기는 어떻게 측정할 수 있을까요? 아마 가로와 세로의 길이를 재는 방법이 가장 먼저 보편적이겠지요. 여기서 '두께'는 일반적인 고려 대상이 아닐 겁니다. 우리 주위의 자로는 사실상 측정이 불가능하기도 하고요.

하지만 그런 종잇장들이 모여 있는 이 책 한 권을 처음부터 끝까지 읽어야 한다면, 혹은 선물하기 위해 여러 권을 가방에 넣어 운반해야 한다면 이야기는 달라집니다. 종잇장의 가로와 세로뿐만 아니라 높이 즉 두께도 중요한 변수가 됩니다. 개별 종잇장 하나하나는 2차원 평면이지만, 그 똑같은 성질들이 누적될 때는 어느 순간부터 3차원 공간이 되어 버립니다. 단순히 더하기로 쌓인 집합에 그치지 않고, 아예 새로운 차원으로 넘어가는 변환이 일어나는 것이죠. 수학의 적분 개념이기도 합니다.

이러한 상황은 비단 과학이나 수학같이 엄밀하게 측정되는 경우뿐만 아니라, 우리의 현실 삶에서도 얼마든지 찾아볼 수 있습니다. 예를 하나만 더 들어보겠습니다.

직장인들의 점심시간은 보통 1시간으로 주어지는 경우가 많습니다. 사람마다 다르지만, 보통은 그 시간 동안 하는 일들이 어느 정도는 정해져 있습니다. 대개는 밥을 먹고, 커피를 마시고, 수다를 떨고, 산책을 하고, 양치를 하고, 휴식을 취합니다. 그렇게만 하기에도 1시간은 그리 길지 않은 시간이지요. 물론 우리는 기계가 아닌 사람인지라 때에 따라서는 약간의 융통성을 발휘하기도 합니다만, 그래도 1시간이라는 명시적인 제한이 있어 그 융통성도 마냥 무제한일 수는 없습니다.

그렇다면 만약에 점심시간이 1분 늘어나서 1시간 1분이 된다면, 우리의 행동은 어떻게 될까요? 사실상 아무 변화가 없을 겁니다. 점심시간의 행동 패턴을 바꾸기에 1분은 너무나도 짧은 시간입니다. 우리는 여전히 밥을 먹고, 커피를 마시고, 수다를 떨고, 산책을 하고, 양치를 하고, 휴식을 취하겠지요. 늘어난 1분은 밥을 먹거나, 커피를 마시거나, 수다를 떨거나, 산책을 하거나, 양치를 하거나, 휴식을 취하는 과정에서 아마 의식도 못한 채 흡수되어 버릴 가능성이 큽니다.

그렇다면 점심시간이 2분 늘어나서 1시간 2분이 된다면요? 여전히 아무 변화가 없을 겁니다. 점심시간의 행동 패턴을 바꾸기에 2분은 너무나도 짧은 시간이니까요. 우리는 여전히 밥을 먹고, 커피를 마시고, 수다를 떨고, 산책을 하고, 양치를 하고, 휴식을 취할 겁니다. 그리고 늘어난 2분이라는 시간도 이런 행동들 사이에서 의식하지도 못한 채 흡수되어 버리겠지요. 점심시간이 3분이 늘어나도, 4분이 늘어나도, 5분이 늘어나도 상황은 여전히 비슷할 가능성이 큽니다.

이번에는 점심시간이 1시간이 늘어나서 2시간이 된다면요? 어떤 사람은 여전히 점심을 먹고, 커피를 마시고, 수다를 떨고, 산책을 하고, 양치를 하고, 휴식을 취할 겁니다. 대신 이제는 여유가 더 생겨서, 친한 동료와 수다를 더 오래 떨거나, 산책을 더 멀리까지 다녀올 수도 있습니다. 하지만 어떤 사람들은 아예 점심시간을 보내는 패턴 자체가 달라질지도 모릅니다. 오히려 수다를 떨고 산책을 하는 시간을 줄이는 한편으로, 학원 수업을 수

강한다든가, 운동을 한다든가, 좋아하는 그림을 그린다든가, 아니면 낮잠을 잘 수도 있습니다.

이번에는 극단적으로 점심시간 이후 복귀하지 않고 바로 퇴근할 수 있다면 어떻게 될까요? 생각만 해도 너무 행복한데요. 수치로 환산하면 다음 날 오전에 출근할 때까지 약 21시간의 시간이 주어지는 셈입니다. 사람들이 여전히 밥을 먹고, 커피를 마시고, 수다를 떨고, 산책을 하고, 양치를 하고, 휴식을 취할까요? 아닐 겁니다. 아예 퇴근해서 가족과 시간을 보낸다든가, 영화나 드라마를 본다든가, 주변 경치 좋은 곳으로 짧게 나들이를 다녀온다든가 하는 식으로 기존과는 전혀 다른 패턴이 나타날 가능성이 큽니다. 점심시간이 1시간이었을 때에는 시도할 수 없었던 활동을 하면서 늘어난 시간을 활용하게 될 겁니다. 즉 양적인 변화가 누적되어 어떤 임계점을 넘어갔을 때 기존 활동 패턴이 단순히 양적으로만 늘어나는 대신, 아예 질적으로 달라지게 되는 것이죠.

자, 그렇다면 원래 이야기로 다시 돌아와보겠습니다. 자본은 노동과 전혀 다른 듯하지만, 사실은 자본도 노동에서 출발한 생산요소입니다. 다만 노동이 양적으로 계속 축적되어 어느 순간 질적으로도 변환되어 버린 상태입니다. 물이 증발하여 수증기가 되거나 얼어서 얼음이 되는 변화처럼 말입니다.

건물이라는 자본을 예로 들어보겠습니다. 건물은 사람이 생활하거나 각종 업무를 보거나 여가를 누리는 복합 공간입니다. 각종 재화나 서비스를 생산해내기 위해서는 그 활동이 물리적으로 이루어지는 건물부터 생산해야 합니다. 그리고 애초에 그 건물을 생산하기 위해서는 땅을 파고 기둥을 박고 골조를 세우고 벽을 쌓고 배관을 뚫고 배선을 깔고 인테리어 장식을 하는 과정이 필요합니다. 즉 건물이라는 자본을 만드는 과정은 결국 인간의 노동이 담당합니다. 물론 현실에서는 상당 부분에서 크레인 등 기계에 의존하겠지만, 그 기계 역시 다른 기계에 의해 제작되었을 것입니다. 그렇게 그 기원을 계속 찾아가 보면 결국 처음에는 누군가의 노동에서 출발한 작품이 됩니다.

즉 우리가 건물이 제공하는 서비스를 누리기 위해서는 '땅을 파고 기둥을 박고 골조를 세우고 벽을 쌓고 배관을 뚫고 배선을 깔고 인테리어 장식을 하는' 노동의 과정을 한 번은 꼭 거쳐야 합니다. 그렇게 노동으로 한번 만들어둔 건물은 그 이후부터는 '땅을 파고 기둥을 박고 골조를 세우고 벽을 쌓고 배관을 뚫고 배선을 깔고 인테리어 장식을 하는' 과정을 다시 거칠 필요가 없습니다. 그렇게 '완공된' 건물에 그냥 들어가기만 하면 됩니다.

만약 건물이 1회용이라고 가정해볼까요. 그럼 인간은 생활하거나 각종 업무를 보거나 여가를 누리고 싶을 때마다 건물을 새로 지어야 합니다. '땅을 파고 기둥을 박고 골조를 세우고 벽을 쌓고 배관을 뚫고 배선을 깔고 인테리어 장식을 하는' 노동을 '처음부터' 다시 겪어야 한다는 뜻입니다. 1회성으로 고작 몇 시간을 이용하기 위해 장장 몇 개월, 길게는 몇 년 동안 매달려야 할지도 모르는 일입니다. 인간이 영원히 산다면 모르겠지만, 유한한 시간에서 이 과정들을 일일이 처음부터 반복하기란 현실적으로 불가능합니다. 그럴 바에야 그냥 땅을 베개 삼고 구름을 이불 삼아 밖에서 자고 말지요.

그래서 인간은 '땅을 파고 기둥을 박고 골조를 세우고 벽을 쌓고 배관을 뚫고 배선을 깔고 인테리어 장식을 하는' 노동의 결과물들을 집합적으로 한데 묶어놓습니다. 우리가 알고 있는 건물이라는 형태로 말입니다. 그리고는 그 단계로 유지합니다. 그래서 지금 인간은 '땅을 파고 기둥을 박고 골조를 세우고 벽을 쌓고 배관을 뚫고 배선을 깔고 인테리어 장식을 하는' 노동은 맨 처음에 딱 1번만 하고, 그 이후에는 그냥 '완공된' 건물에 들어가기만 하면 됩니다. 이때 건물은 인간이 생활하거나 각종 업무를 보거나 여가를 누리기 위한 일종의 '베이스캠프'가 됩니다. 이것이 곧 '노동이 축적'된 자본입니다.

그런데 노동이 축적되었다고 해서 모두 자본이라고 부르는 것은 아닙니다. 물이 수증기가 되려면 100℃에 도달해야 하듯이, 노동도 일정 수준 이상으로 축적되어야만 비로소 자본이라고 부를 수 있습니다. 축적이 미미한 수준이면 질적으로 변환된 자본이라고 부르기에는 부족합니다. 70℃의 물은 뜨겁지만 여전히 물의 상태인 것처럼 말입니다.

비교를 위해서 구석기 시대로 다시 한번 가보겠습니다. 이 시절 인류의 경제 활동이라고는 사냥과 채집이 전부였습니다. 채집을 위해서는 '빗살무늬토기'라는 그릇을 사용했습니다. '빗살무늬토기'도 만드는 과정에서 분명히 노동을 투입했겠죠. 사냥하고 채집할 때마다 또 만드는 것이 아니라, 한번 만들어두면 반복해서 사용했겠죠. 노동이 축적되어 있기는 합니다.

그러나 빗살무늬토기에서 노동이 축적된 정도는 건물과는 달라도 많이 다릅니다. 건물은 '땅을 파고 기둥을 박고 골조를 세우고 벽을 쌓고 배관을 뚫고 배선을 깔고 인테리어 장식을 하는' 등 상당히 많은 노동이 축적되어야만 결과물을 만들어낼 수 있습니다. 중력, 폭우, 바람, 지진 등을 버텨내려면 정교한 기술도 필요합니다. 시간도 최소 몇 개월, 길게는 몇 년씩 소요됩니다. 반면 빗살무늬토기는 적당한 돌과 흙만 있으면 5분 안에도 가능할 겁니다. 축적이라기에도 민망한 수준이고, 잃어버려도 별로 부담이 크지 않았을 겁니다. 따라서 이 시절에는 '노동'과 '노동의 축적'을 구분할 필요가 없었습니다. 자연히 '자본'이라는 용어도 없었습니다.

그렇다면 '자본'은 언제부터 독립적으로 등장하게 된 것일까요? 자본이 처음부터 저절로 존재했던 것은 아닙니다. 위 사례를 반대로 생각해보면, '노동'과 '노동의 축적'이 차츰 구분되면서부터입니다! '빗살무늬토기'는 노동이 5분 축적된 것에 불과하지만, 그 5분이 하루, 이틀, 더 나아가 일주일, 1개월로 벌어지면 그 '축적'량은 결코 무시할 수 없는 수준이 됩니다. 만약 '빗살무늬토기'를 만드는 데만 6개월이 걸린다면, 이걸 잃어버려도 그 전처럼 태연할 수 있을까요? 구석기 시대의 평균 수명이 지금보다 훨씬 짧았다는 점을 고려해보면 6개월은 치명적으로 긴 시간이며, 그때의 빗살무늬토기는 인생의 상당 부분이 노동 축적의 결과물입니다. 비로소 자본이라고 부를 수 있습니다. 그래서 자본이라는 생산요소는 인간이 살아가는 과정을 반영하는 사회성과 역사성을 지닙니다.

자본은 결국 동일한 가치를 창출해내기 위해 투입해야만 했던 노동 시간을 줄여주는 모든 생산요소를 포괄적으로 일컫는 개념입니다. 이미 노동이 축적되어 있어서 별도로 시간을 투입하지 않고도 바로 기능할 수 있는 모든 생산요소입니다. 노동이 충분히 누적되어 그 시간을 곧바로 따라잡을 수 없는 수준에 이르게 될 때, 비로소 노동과는 차별화된 생산요소가 되는 것입니다. 그래서 노동과 노동의 축적은 출발은 같을지언정, 질적으로 엄연히 서로 다른 생산요소가 됩니다.

그래서 자본은 정말 다양한 형태를 광범위하게 지닐 수 있습니다. 종이 조각을 통해 국가가 가치를 보장하는 화폐도 있고, 시간에 따라 일정한 금융수익을 창출해내는 채권, 주식, 펀드, 보험, 연금 등 금융 자본도 있습니다. 기계, 시설·설비, 건물, 도구 등 눈에 보이는 유형 자본도 있고, 출판권, 특허권, 상표권 등의 무형의 자본도 있습니다.

사회간접자본(SOC, Social Overhead Capital)도 마찬가지입니다. 도로, 철도, 공항, 항만, 댐 등등의 각종 인프라 시설들을 '사회간접자본'이라고 부르는 이유도 여기에 있습니다. 앞서 예로 든 건물과 같은 생산과 소비 활동에 '직접' 쓰이는 다른 자본들을 '간접적으로' 지원하기 위한 시설로써, 그 자체로도 노동의 축적물인 '자본'이기 때문입니다. 자본은 어떠한 형태를 띠든 결국 '노동의 축적'에서 시작됩니다.

그리고 '노동'과 '노동의 축적'의 격차는 시간이 흐를수록, 그리고 생산력이 발달할수록 벌어집니다. 그 격차는 구석기 시대의 빗살무늬토기에서는 미미한 수준이었지만, 이후 생산력이 꾸준히 발달하면서 유의미한 수준으로 커집니다. 산업혁명 이후 물질 문명이 고도화된 오늘날의 자본주의 시대는 노동과 자본 간의 격차가 역사상 가장 큰 시대입니다. 오늘날 자본으로 분류되는 각종 기계, 장치, 설비, 도구, 건물 등은 노동의 축적 면에서 빗살무늬토기와 비교가 되지 않습니다.

노동을 축적해서 자본이 된다고 해서, 자본을 분해하면 노동이 되는 것은 또 아닙니다. 건물을 철근, 시멘트, 유리, 배선 등으로 분리하면 개별 부품일 뿐입니다. 겨울철 눈을 뭉치면 무게와 촉감이 전혀 다른 눈덩이가 되지만, 반대로 눈덩이를 녹였을 때 눈송이로 다시 돌아가지 않는 것과 같은 이치입니다. 뭉치고 쌓이는 과정을 통해서 양자는 엄연히 다른 성질을 지니게 되었습니다.

노동은 축적되면 자본으로 변환되는 반면, 자본은 축적되어도 그냥 더 큰 자본입니다. 자본은 생산에 기여한 대가인 이윤까지 편입되어 더해지면서 계속 축적됩니다. 더 커진 자본은 생산에 기여하는 정도도 더 커지게 되고 더 많은 이윤을 분배받게 됩니다. 이 과정을 반복하면서 자본은 그 규모가 계속 불어나는데, 이를 자본의 '확대 재생산'이라고 합니다. 마치 굴러가는 눈덩이처럼 계속 확대됩니다.

이 과정이 반복될수록 '확대 재생산된 자본'과 '그냥 자본'의 차이는 벌어집니다. 당연히 '확대 재생산된 자본'과 '노동'의 차이는 그만큼 더 급격하게 벌어지게 됩니다. 눈덩이는 굴릴수록 커지게 마련입니다. 원래는 노동에서 시작했지만, 노동과 노동의 축적은 시간이 흐를수록 격차가 더 벌어지게 됩니다. 자본주의에서는 자본이 자본을 낳고 재생산하는 과정이 반복되면서 격차는 더욱 커지고 구조화됩니다.

이는 소득과 재산에서도 그대로 적용됩니다. 일상에서는 이 둘을 엄밀하게 구분하지 않고 모두 '돈'으로 통칭하기도 하지만, 이 둘은 사실 측정 방법부터 엄연히 서로 다른 개념입니다. 소득은 '일정 기간' 동안 '버는 것'이고, 재산은 '일정 시점'에 '가진 것'입니다. 흙수저 전문직 사회초년생처럼 소득이 많으면서 아직 재산이 없을 수도 있고, 은퇴한 고가 1주택자처럼 재산은 많으면서 소득이 적은 경우도 있습니다. 전자는 고소득층에 속할지언정 부유층이라고 보기는 어려우며, 후자는 저소득층이지만 부유층입니다.

자본이 노동의 축적인 것처럼, 소득이 축적되면 재산이 됩니다. 그런데 마치 자본이 확대 재생산되듯이 재산도 자체적으로 불어날 수 있습니다. 처음에는 소득이 축적되어 재산을 형성하지만, 일정 수준부터는 그 재산이 자체적으로 소득을 발생시키게 되기 때문입니다.

재산이 없는 사람은 일단 근로소득이 전부이지만, 재산이 있는 사람은 근로소득 외에도 재산으로 벌어들이는 소득이 추가됩니다. 예금, 주식, 부동산 등 자본에 투자된 재산은 이자, 배당, 임대료 등을 소득으로 분배받아 규모를 계속 키우는 과정이 반복됩니다. 재산은 소득을 낳고, 그 소득은 다시 재산으로 흡수되어 불어납니다. 그래서 재산은 소득에 비해 그 불균형한 정도가 훨씬 큽니다. '가진 것'의 작은 차이가 시간이 흐름에 따라 결국에는 큰 격차로 이어지기 때문입니다. 마치 자본과 노동의 격차처럼 말입니다.

자본과 노동의 격차: 시간의 희소성

그렇다면 앞에서 살펴본 시간의 희소성과 자본의 성질은 서로 어떠한 관련이 있을까요?

시간은 희소합니다. 그리고 그중에서도 모두가 원하는, 젊고 건강하게 살 수 있는 시간은 더 희소합니다. 만약 이 시간을 사고팔 수 있다면 그동안 인간이 시장에서 거래한 그 어떤 상품보다도 높은 가격으로 거래될 것입니다. 돈은 적어도 이론상으로는 무한히 벌 수 있지만 젊음은 명확하게 한정되어 있습니다. 불로장생을 꿈꾸던 진시황제(秦始皇帝, B.C. 259~B.C. 210)도 50세에 그 엄청난 부와 권력을 내려놓아야만 했습니다. 시간은 희소성의 정의에 정확히 부합하는 자원입니다.

'자본', 즉 '노동의 축적'을 노동과 다르게 만드는 요소는 다름 아닌 '시간'입니다. 노동이 축적되려면 시간이 필요합니다. 시간이 희소하다, 특히 젊고 건강한 시간이 한정되어 있다는 사실은 곧 인간이 평생 노동할 수 있는 시간이 유한하다는 사실을 의미합니다. 그래서 시간 간의 가치를 서로 다르게 만듭니다. 20대의 1년과 80대의 1년은 물리적으로는 같은 길이일지언정 그 가치는 상당히 다릅니다.

시간의 희소하다는 전제는 현실에서 노동과 자본 간의 격차로 나타납니다. 자본과 노동의 차이는 결국 노동의 축적과 노동의 차이입니다. 자본이라는 생산요소를 보유한다는 것은 시간의 희소성이라는 본질적인 제약을 건너뛸 수 있다는 점에서 엄청난 메리트가 됩니다. 즉 노동의 축적에 필요한 시간을 훨씬 절약한 상태에서 출발하게 된다는 뜻이죠. 이는 노력, 건강, 젊음, 그리고 근본적으로는 시간이라는 인간 삶에서 본질적으로 희소한 가치들을 그만큼 절약할 수 있다는 사실을 의미합니다. 즉 같은 시대에 같은 시간을 부여받아 살아가더라도 자본이 있는 사람과 없는 사람은 전혀 다른 삶을 살게 됩니다. 자본이 노동의 축적이라는 사실을 상기한다면, 그 격차는 시간에도 이어집니다. 그래서 자본의 격차는 곧 시간의 격차입니다. 돈에만 한정되지 않습니다.

만약 인간이 영원히 살 수 있다면 자본의 격차, 즉 노동 축적의 격차는 사실 아무 것도 아닐지도 모릅니다. 하지만 인간의 삶은 유한합니다. 건강하게 노동할 수 있는 시간은 길어야 고작 30년 남짓에 불과합니다. 사람에게는 시간도 희소한 자원이고, 평생 노동을 통해서 축적할 수 있는 자본의 양에도 한계가 있습니다. 그리고 이는 노동으로 벌어들일 수 있는 소득도 마찬가지로 유한하다는 사실도 의미합니다. 다시 말해, 자본 없이 노동력을 팔아서만 살아갈 수 있는 사람에게는 평생 소득에 상한선이 존재하며, 그 상한선을 넘어가는 상품은 죽을 때까지 절대 얻을 수 없다는 사실도 의미합니다.

만약 그 대상이 보석, 요트, 고급 별장 등의 사치품이라면 이는 그리 큰 문제가 되지 않습니다. 사치품은 있으면야 좋지만, 딱히 없어도 살아가는 데는 전혀 지장이 없으니까요. 문제는 집처럼 살아가는 데 꼭 필요한 대상을 얻을 수 없을 때 발생합니다. 몇 년 전처럼 부동산 가격이 폭등할 때 저를 포함한 대다수 직장인이 근로의욕을 잃고 허탈할 수밖에 없는 이유이기도 하지요.

반대로, 만약 우리가 영원히 살 수 있다면 어떻게 될까요. 이야기는 달라집니다. 노동할 수 있는 시간은 무한하고, 노동으로 벌어들일 수 있는 소득 또한 무한합니다. 그렇다면 아무리 비싼 상품이라도, 계속 일한다면 언젠가는 결국 구매할 수 있습니다. 10년이 걸리든 100년이 걸리든 1000년이 걸리든 결국은 시간 문제에 불과하겠지요. 1000년이라고 해봤자 영원히 살 수 있다면 이 역시 전체 중에서는 찰나에 불과하므로 큰 문제가 되지 않습니다. 비유하자면 유한한 삶을 사는 지금 우리에게 10초, 100초, 1000초의 근로시간보다도 못한 차이입니다. 예를 들어 집값이 원래 10초짜리 노동소득에서 100배가 뛰었다고 한들, 그래봤자 1000초짜리 노동소득이라면 그 정도는 까짓거 충분히 감내할 만한 시간이지요. 극히 미미한 차이에 불과합니다.

하지만 안타깝게도 우리의 삶은 그렇지 못합니다. 삶은 유한하고, 그래서 시간은 희소합니다. 그래서 노동할 수 있는 시간과 노동으로 벌 수 있는 소득 또한 유한합니다. 따라서 어떤 상품의 가격이 유한한 노동소득의 범위를 벗어나서 상승해 버린다면 이제는 영원히 구매할 수 없습니다. 또한 노동소득의 전체 범위를 꼭 넘지는 않더라도, 상당한 노동시간의 소득을 상회한다면 역시 유한한 인생에서는 상당한 부담으로 작용하게 됩니다.

인기리에 종영되었던 드라마 〈재벌집 막내아들〉에는 이런 대사가 나옵니다. "하루 24시간, 1년 365일. 시간만큼은 누구에게나 공평하다고 말한다. 시간은 결코 공평하지 않다. 이 세상 모든 것들이 다 그런 것처럼."

상당히 도발적으로 들릴 수도 있겠지만, 이 대사는 인류가 살아가는 사회구조의 핵심을 간파한 말입니다. 시간은 결코 공평하게 주어지지 않습니다. 물리적으로 주어진 시간 자체는 누구에게나 하루 24시간, 1년 365일로 같지만, 그 시간을 실질적으로 활용할 수 있는 여력은 결코 그렇지 않습니다. 자본이 있는 사람은 그 노동의 축적 덕분에 시간을 여유 있게 확보한 상태에서 살아가지만, 그렇지 않은 사람은 본인이 노동을 처음부터 축적해 나가야 하기 때문에 일하고 쉬기만 해도 시간이 부족합니다.

　몇 년 전 우리 사회에서 널리 회자되었던 '저녁이 있는 삶'이라는 캐치프레이즈를 기억하시나요. 여기서 말하는 '저녁'은 단순히 해가 지는 시간대가 아니라, '퇴근해서 가족과 함께 휴식할 수 있는 여유로운 시간'이라고 보아야겠지요. 저 단순한 구호가 우리 사회에서 울림 있게 다가올 수 있었던 배경은 여전히 적지 않은 사람들이 해가 지고 난 후에도 여전히 일터를 벗어나지 못하기 때문일 것입니다.

사람과 분리되는 자본

　노동이 축적되어 질적으로 변환된 자본은 이제 노동과 차별화되는 중요한 특징을 갖게 됩니다. 바로 사람과 분리할 수 있다는 점입니다. 사실 노동은 노동하는 사람과 분리할 수 없다는 본질적인 특성이 있습니다. 일하는 주체는 결국 사람입니다. 장소는 사무실이든 현장이든 재택이든 달라질 수 있지만, 결국 육체적·정신적인 활동 그 자체를 남에게 미룰 수는 없습니다. 그래서 노동력을 제공하는 사람의 역량, 성격, 교육 수준, 심지어 컨디션에 따라서도 편차가 큽니다.

하지만 노동의 축적인 자본은 이제 사람에서 분리될 수 있습니다. 노동과 달리, 축적된 노동은 이제 그 노동을 축적시킨 사람과는 별개의 대상으로서 독자적으로 존재합니다. 그리고 분리되어도 기능하는 데 지장이 없습니다. 근로자 김 씨와 이 씨, 박 씨의 노동은 제각각 다르지만, 건물은 건물주가 김 씨든 이 씨든 박 씨든 똑같은 기능을 제공합니다. 주거 및 업무 공간을 제공하는 건물이라는 자본은 건축가의 손을 이미 떠났습니다. 소유자도 세입자도 관리인도 방문객도 그 건축가를 알지 못하고, 또 알 필요도 없습니다. 건축 단계의 결함이 아닌 이상 그 사람이 책임을 질 일은 이제 없습니다. 노동에서 과실이 발생할 때 그 노동력을 제공한 사람이 책임을 지는 것과는 대조적입니다.

이제 자본은 노동과 달리 소유권 이전이 가능합니다. 사람이 노동할 수 있는 상태에서만 공급이 가능한 노동과는 달리, 자본은 사람과 별개로 존재합니다. 노동을 이전하려면 결국 그 사람이 이동해야 하지만, 노동의 축적인 자본은 그럴 필요가 없습니다. 그래서 그 자체만으로도 소유권 이전의 대상이 될 수 있습니다. 노동은 사람이 죽거나 병들거나 은퇴하면 끝나지만, 노동으로 축적한 자본은 이제 사람과는 상관없이 계속 이어질 수 있습니다. 성질이 아예 달라졌기 때문이지요.

노동과 달리 자본의 소유권이 이전될 수 있다는 특성은 의미하는 바가 매우 큽니다. 누구에게 얼마나 어떻게 이전되는지에 따라서 그 사회의 정체성이 달라질 수 있기 때문입니다. 실제로 사회주의 체제에서는 자본을 소유주로부터 강제로 분리하여 국가로 귀속하려는 시도들이 있어 왔습니다. 자본은 자본가가 없어도 여전히 잘 돌아가기 때문입니다. 이 과정에서 많은 사람이 재산을 몰수당하고 숙청되거나 심지어는 목숨을 잃기도 했습니다. 반면 자본주의 체제에서는 자본의 소유권이 강제로 분리되지는 않습니다. 대신 매매, 상속, 증여 등을 통해 이전됩니다. 물론 자본의 소유권이 이전될 수 있다고 해서 누구에게나 자본 소유가 보장되는 것은 아니지만 말입니다.

노동이 축적될수록 시간은 절약됩니다. 노동이 축적된 자본이 시간을 절약할 수 있다는 사실은 경제적으로 큰 의미가 있습니다. 노동은 시간을 초월해서 저장하기가 불가능합니다. 자본은 인간이 시간의 유한성이라는 물리적인 제약을 극복할 수 있게 하는 중요한 생산요소입니다. 이제 자본은 노동과 달리 대를 이어 유지될 수 있습니다. 자본 보유 여부에 따른 격차는 이제 상속과 증여를 통해 시간을 초월해서 대물림되기도 합니다.

자본주의: 자본이 노동을 고용하는 경제

그럼, '자본주의(資本主義, Capitalism)'는 무엇일까요? '자본'처럼 자본주의도 누구나 다 안다고 느끼지만 사실은 누구도 잘 모르는 경우가 많습니다.

우리는 명색이 자본주의 사회에서 살아가고 있으면서도, '자본주의'가 정확히 어떤 경제체제인지 주의 깊게 생각해볼 기회가 그리 많지 않습니다. 자본주의가 아닌 다른 경제체제를 경험해보지 못했으니까요. 마치 물에서 살아가는 물고기처럼 자본주의가 가장 익숙하고 당연합니다.

그러나 인류의 역사를 조금만 살펴보면, 자본주의는 결코 당연한 경제체제가 아닙니다. 우리가 지금 경험하는 자본주의는 역사가 길어봤자 약 300년 정도 되었습니다. 인류의 역사가 최소 수만 년은 된다는 점에 비추어보면 상당히 짧은 기간입니다. 반대로 생각해보면, 인류사의 시작부터 약 수만 년 동안은 자본주의가 아니었다는 뜻입니다.

흔히 자본주의를 돈이 지배하는, 혹은 돈이면 다 되는 사회 정도로 이해하기가 쉽습니다. 하지만 이러한 황금만능주의는 근본적으로 자본주의 자체는 아니며, 오히려 자본주의로 인해 파생된 부작용에 가깝습니다. 또한 '시장', '경쟁', '분업', '사유재산', '자율과 창의' 등의 용어들도 마찬가지입니다. 물론 이런 개념들이 자본주의 경제의 주요 특징은 맞지만, 사실은 다른 경제체제들에서도 찾아볼 수 있는 속성입니다. 자본주의에만 해당하는 고유한 정체성은 아닙니다. 자본주의가 아닌 체제에서도 시장은 있었고, 경쟁은 벌어졌으며, 사유재산 역시 인정받았습니다. 가까운 예로 조선시대를 떠올려볼까요. 전국 방방곡곡에서 장시도 열렸고, 에덴 동산이 아니니 희소한 재화에 대한 경쟁도 있었으며, 소와 말 등 당시 큰 재산은 농민들도 소유할 수 있었습니다. 하지만 우리는 조선시대를 자본주의 체제로 분류하지는 않습니다.

자본주의의 정의이자 자본주의 체제만의 가장 결정적인 특징은 '자본이 노동을 고용한다'는 점에 있습니다. 자본주의는 자본, 즉 노동의 축적이 노동을 고용하는 경제체제입니다. 이게 무슨 뜻이냐? 자본과 노동 중 생산을 주도하는 생산요소가 자본이고, 노동은 그 자본의 필요에 따라 활용된다는 점입니다. 쉽게 말해 우리가 '주식회사'에 '취업'하는 활동이 보편적인 경제구조를 이루는 체제라는 뜻입니다. 공공부문과 같은 특수한 경우를 제외하면, 현대 사회의 일반적인 직장인은 보통 주식회사에 고용되어 있는 경우가 많습니다. 주식회사는 유한책임(limited liability)으로 결성된 자본의 연합입니다.

유한책임은 말 그대로 책임이 유한하다는 뜻입니다. 즉 기업의 소유자도 자신이 투자한 자본금 지분 범위 안에서만 기업에 대한 책임을 부담하게 됩니다. 예를 들어 구글 주식을 보유한 주주는 행여나 구글이 파산하더라도 회사 전체가 아닌 본인이 투자한 자본금 안에서만 책임을 집니다. 쉽게 말해, 만약 제가 구글 주식 100만 원어치를 샀으면 구글이 망해도 그 100만 원만 날리면 다른 책임은 면제된다는 뜻입니다. 잃어도 내가 투자한 만큼만 잃는 원리입니다. 물론 그것만으로도 이미 충분히 가슴이 아프겠지만요. 적어도 제가 그 100만 원 이상의 사비를 털어서 따로 변제할 의무는 없습니다.

오늘날 주식회사는 자본주의의 요체이자 보편적인 기업 형태이지만, 사실 이런 투자 방식이 처음부터 당연하게 통용되었던 것은 아니었습니다. 유한책임 제도가 도입되기 전에는 상황이 전혀 달랐습니다.[10] 기업의 주인은 해당 기업의 흥망성쇠에 대해 무한책임(unlimited liability)을 져야 했습니다. 그 책임은 심지

---

10) 해당 내용은 장하준, 《그들이 말하지 않는 23가지》, 부키, 2010, 32~46쪽에서 일부 인용 발췌했음을 밝힙니다.

어 사적(私的) 영역까지 따라왔고, 자신의 모든 것을 걸고 그 책임을 다하지 않으면 안 되었습니다. 기업이 파산하면 자신의 개인적 재산을 총동원해서라도 그 기업의 빚을 모두 갚아야 했으며, 그래도 역부족이면 감옥에 수감되어 신체적 자유를 박탈당하는 것으로 대가를 치르는 경우도 종종 있었습니다.

이러한 상황에서 기업을 소유하고 운영한다는 결정은 위험에 빠질 수 있는 상당한 가능성을 감수하는 모험일 수밖에 없었습니다. 단순히 커리어뿐 아니라 개인과 가족의 인생 전체를 볼모로 잡아야만 하는 도박이었습니다. 주주 개개인이 강요받는 '무한'책임은 결국 산업의 발전을 '유한'한 수준으로 묶어두는 치명적인 한계를 지니게 되었습니다.

그래서 그 대안으로서 정반대의 방법이 시도되었습니다. 개인의 책임을 '유한'하게 묶어두는 유한책임 원칙입니다. 출자한 범위 안에서만 '유한한' 책임을 지는 제도는 설령 사업이 실패해도 최소한의 안전을 보장하는 마지막 보루가 되어주었습니다. 이는 투자에 수반되는 위험을 유의미하게 완화해주었습니다. 그래서 자본주의 초기에는 주식회사를 통한 유한책임 투자가 그 자체로 엄청난 특혜이기도 했습니다. 주식회사는 리스크가 크지만 국익을 위해 필요한 경우에만 엄격한 심사를 거쳐 제한적으로 설립할 수 있었습니다.

유한책임 제도는 주주의 책임을 크게 줄임으로써 더 과감한 투자를 유도하려는 획기적인 묘수였습니다. 이 제도를 통해 자본은 이전보다 훨씬 수월하게, 그것도 대규모로 조달될 수 있었습니다. 이제 주주 개인의 차원보다 훨씬 큰 리스크를 감수할 만한 여건이 마련되었기 때문입니다. 그 결과 자본이 대규모로 필요한 철도, 기계, 철강, 전기 등의 장치산업이 발달할 수 있었습니다. 무한책임과 달리 유한책임에서는 그런 대규모 투자도 더 이상 무모하기만 한 도박이 아니었기 때문입니다. 유한책임에 기초한 주식회사는 여러 분야에서 크게 번성했고, 결과적으로 자본주의 경제의 생산력을 크게 향상시키며 산업화를 이끄는 주역이 되었습니다.

이 원리는 현대에도 여전히 동일하게 통용됩니다. 자본주의 체제의 핵심이 되는 주식회사 제도는 여전히 유한책임 원칙에 의해 뒷받침됩니다. 자연인(自然人)으로서 주주는 투자에 따른 과도한 부담을 한층 덜 수 있는 반면, 무한책임을 짊어지는 명의상의 주체로는 법인(法人)이 설정됩니다. 살아있는 사람은 투자한 만큼만 책임을 지고, 나머지는 전부 주식회사 법인에 귀속됩니다. 주식회사는 쉽게 말해 투자가 실패해도 사람을 대신해서 희생당할 마네킹인 셈입니다.

그런데 법인은 결국 법적으로만 인격을 부여받는 가상의 존재이기 때문에, 사실 투자 실패의 여파가 완전히 사라지는 것이 아닙니다. 정확히 말하면 주주 이외의 다른 이해관계자들에게 '분산'되는 원리입니다. 주식회사에는 주주 외에도 다양한 이해관계자(stakeholder)들이 있습니다. ① 노동을 제공하는 근로자, ② 원자재 등을 공급하는 하청업체, ③ 자본을 공급하는 채권자, ④ 토지를 제공하는 지주, ⑤ 주식회사의 생산물을 구매하는 소비자, ⑥ 주식회사를 둘러싼 사회 시스템을 유지하는 정부 등으로 범주화할 수 있습니다.

만약 투자가 실패할 경우 그 손실은 주주 단독이 아닌, 해당 주식회사의 다른 이해관계자들에게도 같이 분산되는 구조입니다. 예를 들어 제가 주식 100만 원어치를 보유한 구글이 파산한다면 저는 딱 그 100만 원만큼만 손실을 봅니다. 하지만 ① 구글에서 일하는 근로자는 얼마일지 모르는 임금을 떼였을 수도 있고, ② 구글에 납품하는 협력사는 얼마일지 모르는 대금을 받지 못했을 수도 있으며, ③ 구글에 돈을 빌려준 은행은 얼마일지 모르는 대출금을 상환받지 못했을 수도 있습니다. ⑤ 구글 안드로이드를 이용하는 소비자는 예정되어 있던 보안 업데이트 A/S를 받지 못할 수도 있으며, ⑥ 구글을 위해 사회 인프라를 구축했던 정부는 예정되었던 세수에 펑크가 날 수도 있습니다. 마네킹을 희생시키는 과정에서 마네킹 근처 옆 사람들도 다칠 수 있는 셈입니다.

결국 주식회사가 수익을 얻을 수 있는 배경에는 투자에 따르는 '위험'을 '사회화(socialization of risk)'할 수 있는 보호장치가 마련되어 있었던 셈입니다. 자본주의는 이런 안전장치 덕분에 눈부신 성장을 거듭할 수 있었고, 그 과실은 정도의 차이는 있을지언정 ① 근로자, ② 하청업체, ③ 채권자, ④ 지주, ⑤ 소비자, ⑥ 정부에게도 분배되었습니다. 주주를 위해 도입한 제도가 결과적으로는 모두에게도 이득이 되었던 셈이지요.

주식회사를 통해 성장한 이후에는 이제 그 과실을 분배하는 문제가 남습니다. 주식회사의 목적은 보통 '이윤의 극대화'로 간주됩니다. 이때 이윤이란 수입(收入)에서 비용을 빼고 남은 나머지 순이익입니다. 그래서 (수입이 일정하다면) 이윤을 극대화하기 위해서는 곧 비용을 최소화해야 합니다. 쉽게 말해 100원어치를 팔았을 때 비용을 70원 썼다면 이윤이 30원이지만, 비용을 60원으로 절감한다면 이윤이 40원으로 늘어난다는 뜻입니다.

문제는 자본이 노동을 고용하는 주식회사에서는 ① 근로자,

② 하청업체, ③ 채권자, ④ 지주, ⑤ 소비자, ⑥ 정부 등 다른 당사자들에 대한 분배도 '비용'으로 간주된다는 점입니다. 자본(주주)에게 돌아갈 이윤을 줄이는 요소이기 때문이지요. ① 근로자에게 임금을 지급하고, ② 하청업체에게 공급 대금을 지급하고, ③ 채권자에게 이자를 지급하고, ④ 지주에게 임차료를 지급하고, ⑤ 소비자에게 양질의 상품과 서비스를 제공하고, ⑥ 정부에 세금을 내는 등 이해관계자들에게 성장의 과실을 분배하는 몫은 모두 자본(주주)가 부담해야 하는 '비용'입니다. 수입에서 그 몫들을 전부 제외하고 나서야 비로소 자본(주주)에게 돌아갈 이윤이 남게 되기 때문입니다. 그렇기 때문에 자본(주주)에게 돌아갈 이윤을 극대화하기 위해서는 이 비용 절감의 압박에서 자유로울 수 없습니다. 대규모 감원 소식이 발표된 기업이 바로 주가부터 급등하는 현상은 우연이 아닙니다.

이윤의 극대화와 비용의 최소화는 동전의 양면 같은 관계입니다. 이윤을 극대화한다는 동전의 앞면은 얼핏 보편적인 상식에 가까워 보이지만, 다른 한편으로는 분배에 따른 이해관계가 그 뒷면에 항상 숨어 있는 셈입니다.

주식회사를 둘러싼 이해관계는 참 다양하지만, 결국에는 크게 자본과 노동의 관계로 요약할 수 있습니다. 우리가 살아가고 있는 자본주의는 결국 자본이 노동을 고용하는 경제체제입니다. ② 하청업체 역시 자본과 노동으로 구성되어 있으며, ③ 채권자는 자본을 공급해주는 역할이고, ⑤ 소비자는 그 소비를 감당하기 위해서 다른 곳에서 자본 또는 노동을 제공하고 있을 테니까요.

결과적으로 자본주의는 자본이 노동을 고용하여 성장하고, 그 과실을 둘러싸고 자본과 노동이 나누어 분배받는 경제체제입니다. 실제로 자본과 노동은 경제 성장의 과실을 적정 선에서 분배해오고 있었습니다. 시대와 나라에 따라 정도의 차이는 있을지언정, 이 원리는 산업혁명 시절 초기 자본주의부터 변함이 없습니다.

그리고 이 성장과 분배는 톱니바퀴처럼 서로 맞물려 같이 돌아가는, 자본주의 체제가 작동하던 근본적인 원리입니다. 물을 위에서부터 부어주면 결국 아래까지도 모두 적시게 된다고 해서 이른바 낙수효과(trickle-down effect)라고 하지요. 경제가 성장함에 따라, 자본이 없는 평범한 국민들의 삶도 실제로 같이 나아진 배경이기도 합니다. 유럽과 미국은 물론, 대한민국도 그렇게 성장해왔습니다.

하지만 자본주의가 신자유주의 조류로 넘어오면서부터는 이야기가 조금 달라집니다.

신자유주의(neo-liberalism)는 자본주의의 한 조류입니다. 자본주의는 인류가 만든 여느 체제처럼 문제도 많았지만, 그때마다 부작용을 보완하고 수정해오며 오늘날에 이르고 있습니다. 같은 자본주의라고 하더라도 시대적 맥락과 국가별 환경에 따라 세부적인 형태는 다양하게 변용되어 왔습니다. 시장에 정부가 어떻게 얼마나 개입하는지, 어떤 정책과 제도를 운용하는지에 따라 자본주의 내에서도 조류가 나뉘어집니다. 현대의 신자유주의도 그중 하나입니다.

신자유주의는 말 그대로 새로운 자유주의입니다. 원래 자유주의는 18~19세기 자본주의의 초기 시절 사상적 기초를 이루었던 철학이었습니다. 말 그대로 '자유'라는 가치를 최우선시하는 사상적 기조입니다. 정치적으로는 시민의 기본권을 보장받기 위함이고, 경제적으로는 사유재산을 지키고 계약과 거래 등 제반 경제 활동을 '자유'롭게 하려는 취지였습니다. 자유주의 자체가 절대 군주의 자의적인 권력 행사에 대한 반발에서 출발했으니, 국가 기능에 대한 불신이 깔려 있었던 점은 어쩌면 당연합니다.

그래서 자유주의는 이른바 '작은 정부'를 추구합니다. 국가는 민간이 할 수 없는 국방, 치안 등 최소한의 기능만 맡는 '야경국가(夜警國家, Minarchism)'로 남고, 나머지는 전부 개개인의 자유에 맡긴다는 뜻입니다. 말이 좋아 '자유'이지, 당시 실상은 극단적인 '방임(laissez-faire)'에 가까웠습니다. 예를 들어[11] 16세 이하 아동을 하루 12시간까지만 노동시키자는 법안도 '자유'를 침해한다는 이유로 극심한 반대에 부딪혔습니다. 일을 하고 싶은 아이들과 일을 시키고 싶은 공장주들이 '자유'롭게 서로 합의한 계약을 국가가 도대체 왜 막아서냐는 논리였습니다.

초기 자유주의는 당시의 문제점을 극복하기 위해 등장한 '진보'적 이념이었지만, 한편으로는 이렇게 사회적으로 적지 않은 부작용을 낳았습니다. 이 사례에서처럼 노동자들의 삶은 형편없었고, 심지어 어린이들도 제대로 된 교육을 받기는커녕 장시간 노동에 시달려야 했습니다. 노숙자들이 양산되고 빈민가가 난립하며 도시는 슬럼화되었습니다. 아무 규제 없이 배출되는 매연과 폐수는 환경을 크게 오염시키며 공해 문제를 낳았습니다. 성장의 과실은 극히 일부에게만 돌아가며 빈부 격차는 극심

---

11) 장하준, 《그들이 말하지 않는 23가지》, 부키, 2010, 20~21쪽

해졌습니다. '자유'라는 명목으로 이런 부작용들이 계속 방치되어서는 안 된다는 점이 점점 더 명확해졌습니다.

실제로 초기와 현재의 자본주의를 비교해보면 자본이 노동을 고용한다는 정의 정도만 유지될 뿐, 오히려 차이점이 더 클지도 모릅니다. 자유방임만을 내세운 야경국가와는 달리, 지금은 성장과 분배가 마냥 시장에만 맡겨지지 않습니다. 나라마다 정도의 차이는 있을지언정, 지금은 정부가 세금도 걷고 복지도 하고 독과점도 규제하고 소비자도 보호하고 각종 환경 규제도 가합니다. 인류 사회는 독과점, 조세, 복지, 고용, 산업, 교육, 의료, 연금, 주택, 환경 등 경제 전 분야에 걸쳐 덜 원초적인 방향으로 발전해왔습니다.

그 시절의 관점에서 보면 21세기는 '자유'롭지 않은 시대일지도 모릅니다. 어린이들의 '노동할 자유'와 자본가들이 이들을 '고용할 자유', 그리고 그들이 시장에서 만나서 '계약할 자유'가 없으니까요. 하지만 반대로 우리는 그렇게 자유가 넘치다 못해 극단적으로 치달았던 그 시대를 그리워하지는 않습니다. 자유를 넘어 방임의 극단으로 치닫던 시대이니까요.

자유주의는 결정적으로 세계 대공황과 세계대전 등을 거치면서 큰 한계를 노출했습니다. 모든 것을 오로지 시장에만 맡겨둔 결과는 처참했습니다. 이제 자본주의의 흐름은 시장의 부작용을 보완하기 위해 정부가 적극적으로 개입하는 이른바 수정자본주의(修正資本主義, modified capitalism)로 나아가게 됩니다. 이제 정부는 모든 것을 시장에 방임하던 '작은 정부'에서 벗어나, 경제 안정화를 위해 적극적으로 나서는 '큰 정부'로 거듭나게 됩니다. 대공황(Great Depression)을 극복하기 위해 미국 정부가 시행했던 뉴딜(New Deal) 정책이 대표적인 사례입니다.

제2차 세계대전이 끝나도 '큰 정부'는 다시 작아지지 않았습니다. 전쟁을 겪으면서 병역과 징세 등 국가의 행정력은 강화되어 있었으며, 국가에 대한 신뢰도는 고취되어 있었습니다. 전세계적으로 전후 경제 복구와 재건이 가장 시급한 과제였고, 식민지에서 해방되어 새로 출발하는 개발도상국들도 많았습니다.

이제 제2차 세계대전 이후 약 30년 동안 자본주의는 황금기를 맞이하게 됩니다. 생산과 소비, 투자와 고용이 모두 크게 증가했고, 성장한 만큼 임금도 올랐습니다. 성장과 분배가 톱니바퀴처럼 맞물려 선순환을 이루는 낙수효과 덕분에 중산층이 크게 두터워졌습니다. 물론 종전 이후 베이비붐 세대가 등장하여 풍부한 노동력과 거대한 시장이 자동으로 형성되는 시대적 특수성도 있었습니다.

한편으로는 소련을 위시한 사회주의 진영의 팽창도 영향을 미쳤습니다. 냉전 시기 치열한 체제 경쟁은 자본주의 체제에도 크나큰 위협이 되었습니다. 이는 역설적으로 자본주의 국가들도 복지를 확대하여 불평등을 완화하는 등 자본주의의 부작용을 완화하는 정책들을 채택하게 하는 동력이 되었습니다. 물론 그간의 성장으로 곳간이 어느 정도 차 있었기에 가능한 변화였습니다. 이제 자본주의는 빈곤과 실업 등의 부작용을 체제 안에서 보완하게 되면서 오히려 한층 더 공고해졌습니다. 시장에만 맡겨두는 자유방임의 시대는 이제 종말을 고하는 듯했습니다.

영원할 것만 같았던 이 황금기는 그러나 1970년대 들어서 조금씩 빛이 바래기 시작합니다. 석유 파동 등을 기점으로 정부의 경기 안정화 정책이 더 이상 작동하지 않는 사례가 늘어났습니다. 정경유착, 관료의 사익 추구 등 정부 개입의 비효율성이 부각되면서 '큰 정부'가 만능이라는 신념에도 금이 가기 시작합니다. '시장 실패(market failure)'를 해결하겠다는 정부가 오히려 '정부 실패(government failure)'라는 새로운 부작용을 만들어낸다는 목소리가 높아졌습니다.

그러면서 1980년대 미국 레이건(R. Reagan, 1911~2004) 정부와 영국 대처(M. Thatcher, 1925~2013) 정부를 거치며 신자유주의가 본격적으로 등장하게 됩니다. 신자유주의는 그 이름에서도 유추할 수 있듯이, 과거 18~19세기 자유주의를 차용하여 접목한 자본주의의 새로운 조류입니다. 시장의 '자유'로운 역할을 다시 중시하며, 정부의 역할도 이제 다시 '작은 정부' 수준으로 축소할 것을 주문합니다. 구체적으로는 금융·외환·자본시장을 대폭 개방하고, 세금을 줄이고, 규제를 완화하며, 정부 조직을 축소하고, 공공부문을 민영화하고, 세계화를 추구하는 일련의 정책들이 추진되었습니다.

1970년대 미국과 영국에서 기원한 신자유주의는 약 반세기 동안 전 세계로 확산되었습니다. 자본주의의 가장 최근 버전이자, 특히 소련이 무너진 이후에는 유일한 주류 경제 시스템으로 군림해오고 있습니다. 우리가 현재 살아가고 있는 배경이기도 합니다. 아직 현재진행형이어서 역사적인 평가를 확정하기에는 다소 이르지만, 현재도 우리 삶에 막대한 영향을 끼치고 있다는 사실은 틀림없습니다. 그리고 그 방향은 대개 곳간을 비우는 쪽입니다.

신자유주의는 구체적으로 '자본의 유동화'와 '노동의 유연화'를 추구합니다. 그래서 결과적으로는 자본과 노동 간 힘의 역학관계를 획기적으로 변화시키는 흐름입니다.

유동성(流動性)은 흐르는 성질이라는 뜻입니다. 즉 자본의 유동성은 자본이 다른 형태의 자본으로 얼마나 빠르고 쉽게 전환되는지의 성질을 가리킵니다. 자본의 다양한 형태 중에서도 '돈'은 유동성이 매우 높은 특징을 지니고 있습니다. 예를 들어 돈은 건물이나 주식처럼 다른 자본으로 전환되기 매우 쉽습니다. 현실에서도 돈으로 가치를 환산해서 사고파는 거래가 이루어지니까요. 건물과 주식을 바로 물물교환하는 경우는 거의 없습니다. 자본은 보통 '돈'이라는 형태를 거쳐서 다른 형태로 전환됩니다.

자본의 유동화 자체는 문제가 아닙니다. 사실 자본은 종류에 따라 유동성이 크게 다릅니다. 보통 실물 자본은 상대적으로 유동성이 낮습니다. 예를 들어 공장을 짓고 설비를 들여놓는 데는 최소 몇 달, 길면 몇 년씩 소요됩니다. 이렇게 생긴 자본으로 노하우를 축적하고 기술을 개발하고 시제품을 양산하는 과정은 한 세대가 걸릴 수도 있습니다. 때로는 얼마나 걸릴지 기약조차 쉽지 않습니다.

반면 금융 자본은 유동성이 훨씬 높습니다. 예를 들어 은행 예금은 핸드폰으로도 바로 다른 곳으로 옮길 수 있습니다. 주식도 마찬가지입니다. 고작 몇 초, 길어야 몇 분 단위입니다. 금융 자본은 현실에 존재하는 실체라기보다는 사실 청구권(claims)이라는 권리의 형태를 띠기 때문에, 금융 자본을 옮기는 것은 사실 명목상의 소유주만 바뀌는 것입니다.

　우리는 금융 자본의 이동에 거의 제약이 없는 첨단 금융의 시대에 살고 있습니다. 조금 전까지 은행 계좌에 있던 예금을 빼서 바로 삼성전자 주식에 넣을 수 있습니다. 삼성전자 주식을 팔면 보험 상품에 가입할 수도 있고, 보험을 해지하면 바로 연금에 가입할 수도 있습니다. 국내뿐만이 아닙니다. 미국 애플의 주식도 살 수 있고, 브라질 국채도 살 수 있으며, 유로화도 보유할 수 있습니다. 물론 수수료, 환율, 세금 등의 요소도 같이 고려해야 하지만, 자본 이동 자체를 가로막을 변수는 되지 못합니다.

　개개인들의 자본 이동이 이럴진대 국가, 기업, 은행들이 움직이는 자본 이동의 규모는 가히 천문학적인 수준입니다. 그것도 매우 광범위하고 신속하게 일어납니다. 신자유주의가 촉발한 '자본의 유동화' 덕분에 이제 금융 자본은 국경을 초월해서 전세계 어디든 빠르게 이동할 수 있게 되었습니다.

　사실 높은 유동성이야말로 금융의 의의이기도 합니다. 금융(金融)은 '자금을 융통'한다는 뜻인데, 실물보다 유연하고 빠르게 움직일 수 있다는 점에서 경제적인 유용성을 갖습니다. 쉽게 유동화되기 어려운 실물 자본이 갖는 시차를 대신 메워줌으로써 자원 배분의 효율성을 높여줍니다. 경제 구석구석을 유기적으로 연결하는 실핏줄 같은 역할이지요.

문제는 이렇게 극대화된 유동성 때문에 나타납니다. 자본 이동이 자유로워지면서 경제 전반적으로 거품이 훨씬 더 자주, 더 크게 일어납니다. 반대로 위기 시에는 작은 계기만 생겨도 바로 거품이 꺼지고 썰물처럼 한꺼번에 확 빠져나가는 이중적인 특성을 지닙니다. 유동화된 자본은 경제 전반에 효율성을 불어넣을 수 있지만, 반대로 빠질 때는 그만큼 파괴력도 더 큽니다. 너무 과한 유동성으로 인해 변동성이 커지면서 리스크가 증폭되는 셈입니다.

그 극단적인 사례가 몇 년 전 우리 사회에 불어닥쳤던 코인 열풍입니다. 코인은 주식 등 기존 투자대상과는 비교할 수 없을 정도로 변동성이 큽니다. 오죽하면 이런 유머도 돌아다녔을까요.

<코인 가격의 변동성>
아들: 아빠! 비트코인 하시던데 생일선물로 1BTC만 주세요!
아빠: 뭐? 1,570만 원? 세상에, 1,720만 원은 큰돈이란다. 대체 1,690만 원을 받아서 어디에 쓰려고 그러니?

아빠가 대답하는 그 짧은 순간에도 비트코인의 가격이 시시각각으로 크게 변동하던 당시 상황이 잘 담겨 있는 유머입니다. 그런데 이 당시 코인의 가격을 급변동시켰던 요인은 전통적인 수요 공급이 아니었습니다. 우리나라가 원화 대신 비트코인을 전면적으로 도입하기로 한 것도 아닌데 코인 자체에 대한 실수요는 그리 많지 않았습니다.

코인은 단지 계층 이동성이 낮아지는 대한민국에서 청년세대가 주목한 기회의 사다리 그 이상도 이하도 아니었습니다. 코인 가격의 상승은 막대한 유동성이 그 간절한 열망을 발판 삼아 타고 올라 만들어낸 거품에 지나지 않았고, 하락은 그 거품이 꺼지는 과정이었습니다. 그 와중에 누군가는 운 좋게 거품을 타고 정말 기회의 사다리를 오르는 데 성공했지만, 그보다 훨씬 많은 다른 누군가의 꿈은 거품과 함께 사그라들고 말았습니다.

실제로 자본의 유동성이 본격적으로 진전되고 금융시장의 규제가 완화되면서 세계 자산시장은 거품에 고스란히 노출되었습니다. 1980년대 중남미를 전전하던 유동성이 1990년대에는 동아시아 신흥시장을 겨냥하다가 우리나라를 비롯한 여러 나라에 외환위기를 촉발했습니다. 그러자 2000년대 초반에는 IT산업으로 흘러 들어가 닷컴 거품을 일으켰습니다. 이후 후반에는 서브프라임 모기지 쪽으로 한껏 유입되면서, 비단 부동산 분야에 그치지 않고 세계적인 금융위기를 불러오기도 했습니다. 2010년대에는 원유, 곡물, 광물 등 각종 자원에 투기적 수요가 몰리는가 하면 최근에는 스타트업, 부동산, 코인 등이 열풍의 중심으로 떠오르기도 했습니다.

그나마 코인은 일상에서 거의 쓰이지 않기 때문에 그 변동성이 커도 실물 경제에 미치는 파급 효과는 상당히 제한적입니다. 하지만 만약 그 대상이 주식이라면요? 아니면 인간이 살아가는 데 꼭 필요한 집이라면요? 농산물이나 원자재라면요? 코인은 안 가지면 그만이지만, 집은 살지 않을 수 없고 농산물은 안 먹을 수 없습니다. 거품으로 인한 실물 경제의 급격한 가격 변동은 우리 개개인의 삶에 막대한 영향을 끼칩니다. 나아가 부자와 빈자 간의 격차를 급격하게 갈라놓으면서 양극화를 더 심화시킵니다.

자본의 유동성은 비유하자면 기름과 같습니다. 조금이라도 기울어진 방향으로 흘러 다니다가 정전기 같은 작은 계기만 만나도 불이 확 붙어버립니다. 한번 붙으면 순식간에 무섭게 타오르다가 언제 그랬냐는 듯 또 꺼져 버립니다. 통제되지 않는 불이 결국 남기는 결과물은 오래가는 상처뿐, 이런 불에서는 고구마도 지긋이 구워 먹기 어렵습니다. 효율성을 위한 유동성이 오히려 시장의 자원 배분을 비효율적으로 왜곡해 버리는 셈입니다. 과도한 금융화로 인한 자본의 유동성이 유지되는 한 어디서든 불은 계속 붙어왔고, 앞으로도 그럴 겁니다. 불이 옮겨붙는 대상만 계속 달라질 뿐이지요.

그래서 불행 중 다행으로, 그간의 경제위기 경험과 사례들을 통해서 과도한 거품은 예방해야 한다는 필요성이 대두되었습니다. 그래서 실제로 우리나라를 비롯한 각국이 금융 규제 등 여러 안전장치를 마련해오고 있습니다.

그런데 사실 신자유주의로 인해 자본의 유동성이 강화되면서 유발된 더 큰 문제는 따로 있습니다. 보다 근본적으로는 자본과 노동과의 관계에 심각한 불균형이 초래되었다는 점입니다.

유동화된 자본은 기동성이 커집니다. 말 그대로 쉽게 옮겨다닐 수 있다는 뜻입니다. 이제 자본은 세계 곳곳을 쉽게 옮겨다닐 수 있습니다. 반면 노동은 자본에 비해 이동하기가 쉽지 않습니다. 한번 자리를 잡은 이상 물리적인 위치를 옮기기에도 부담이 큽니다. 다른 나라는커녕 다른 도시, 다른 업종으로 이직하려고 해도 고려해야 할 사항들이 너무 많지요. 노동이 이동하기 위해서는 새로운 직장에서의 노동 그 자체뿐만 아니라 교육, 문화, 의료, 교통 등 사람의 생활까지 고려할 수밖에 없습니다. 노동은 노동을 제공하는 사람과 불가분의 관계에 있기 때문입니다. 적어도 단기적으로 노동은 자신을 고용한 자본에 생계를 포함한 막중한 이해관계를 절대적으로 의존하게 되며, 따라서 매우 비탄력적일 수밖에 없습니다.

이러한 자본과 노동의 기동성의 현격한 차이는 양자 관계에 상당한 영향력을 미치게 됩니다. 자본이 노동을 고용하는 자본주의 체제에서 자본 없는 노동은 무의미합니다. 노동은 자본 없이 일할 수 없습니다. 그렇기 때문에 자본이 더 나은 투자처를 찾아 탄력적으로 재배치되면 노동은 생계 자체를 위협받을 수 있습니다. 그래서 자본은 노동과 달리 여차하면 옮겨갈 수 있다는 가능성만으로 이제 더 우월한 협상력을 지니게 되었습니다. 자본은 이제 노동과의 관계에서 입지가 더 강화되며, 노동에 더 불리한 분배를 강요할 수 있는 힘이 생깁니다.

　그 대가로 노동은 이제 '유연성'을 강요받습니다. 노동의 유연화는 고용과 해고, 임금, 근로시간 등을 신축적으로 조정한다는 개념입니다. 명목은 변화하는 경제 여건에 효율적으로 대응할 수 있다는 취지에서 출발했지만, 자본과의 협상력이 약화된 노동은 이제 상대적으로 더 불리해진 조건을 받아들이지 않을 수 없습니다.

약해진 낙수효과

　젊은 세대에서 쓰이는 신조어 중에 '호진셋(호구와 진상은 세트)'

이라는 말이 있습니다. 주로 연애관계에 대한 조언으로 쓰이는데, 여기서 '호구'는 남에게 쉽게 속고 당하는 사람을, '진상'은 반대로 남에게 상처를 주는 사람을 일컫는 은어입니다.

사랑으로 바탕이 된 관계에서도 두 사람 간의 애정도 차이는 역학관계에 반영될 수 있습니다. 대개는 둘 중에서 더 많이 좋아하는 쪽이 상대방에게 더 잘해주게 마련입니다. 매력적인 상대방이 언제든지 나를 떠나갈 수 있다는 위기감이 들면 자연스레 더 많은 헌신을 자처하게 됩니다. 돈, 시간, 정성 등의 자원도 상대적으로 더 많이 쓰게 되지요.

반면 상대방은 언제든지 떠나갈 수 있다는 암시만으로도 일종의 주도권을 잡게 됩니다. 자원을 많이 쓰지 않아도 애정 공세를 받게 되니 딱히 아쉬울 것도 별로 없지요. 누구도 시키지 않았지만 갑을 구도가 자연스럽게 자리 잡게 되고, 여기서 상황이 더 악화한다면 을이 '호구'로, '갑'이 '진상'으로 발전합니다. '호구'는 '진상'의 우월한 협상력이 만들어내고, 반대로 '진상'은 '호구'가 있기 때문에 가능합니다. 사실 '호진셋'은 그 역학관계를 통찰력 있게 담아낸 분석입니다.

그나마 연애관계는 호감과 사랑이라는 감정이 바탕을 이루기에 그나마 낫습니다. 안타깝게도 경제는 사랑 대신 이해관계로 움직입니다. '유동화된 자본'과 '유연화된 노동'은 이제 새로운 '호진셋'을 이루게 됩니다. 그냥 '자본'과 '노동'의 예전 역학관계는 더 이상 유효하지 않습니다.

불리해진 노동의 처지는 가장 먼저 임금에서부터 드러납니다. 예전과 달리 이제는 생산성이 증가하고 경제가 성장한 만큼 임금이 따라서 오르지 않습니다. 느리게 상승하거나 심지어 동결 내지는 정체되면서 경제 성장과 상당히 괴리된 모습을 보이기도 합니다. 성장의 과실을 분배하는 과정에서 자연스럽게 노동의 몫이 줄어든 셈입니다. 반면 협상력이 강화된 자본은 더 많은 몫을 분배받습니다. 자본을 서로 유치하기 위해 소득세율이나 법인세율을 인하하는 국가 간의 경쟁도 영향을 미쳤습니다.

자본과 노동 간의 불균형은 임금뿐만 아니라 고용의 안정성, 근로시간 등 제반 노동 조건에도 직접적으로 악영향을 미칩니다. 우선 양질의 일자리 자체가 충분하게 창출되지 않고 있습니다. 그나마 생기는 일자리는 여러 면에서 열악하고 불안정한 비정규직이 많습니다. 과거에는 경제가 성장한 만큼 일자리가 생기고 소득이 증가하는 구조였다면, 신자유주의 이후에는 그런 메커니즘이 더 이상 작동하지 않는, 이른바 '고용 없는 성장(jobless growth)'이 대세가 되었습니다.

더 심각한 문제는 그나마 고용이 발생해도 일어납니다. 중산층을 지탱하는 안정적인 양질의 일자리는 더 이상 찾아보기 어렵습니다. 임금은 낮고, 근로시간은 길며, 그마저도 불안정하는 등 제반 노동 조건이 상당히 악화한 일자리들 위주로 양산됩니다. 경제가 성장한다고 해도 그 과실이 노동에 골고루 분배되지 않으며 실질적인 삶의 질은 괴리되는 현상이 패턴으로 굳어집니다. 이 과정에서 노동으로 생계를 이루는 중산층의 입지는 점점 줄어들고 있습니다.

결과적으로, 자본주의의 황금기를 이끌었던 낙수효과 시스템에 이상이 생긴 셈입니다. 분명히 경제가 성장하긴 하는데, 예전과 달리 그 과실이 더 이상 모두에게 돌아가지 않습니다. 성장의 결과로 자본은 계속 축적되지만, 노동은 그만큼의 혜택을 누리지 못하는 불균형이 지속하고 있습니다. 잘나가는 기업들의 실적은 여전히 화려하지만, 평범한 사람들의 삶과는 무관한 이야기가 되었습니다. 어디까지나 딴세상 이야기에 불과합니다. 그리고 그 간극은 자본의 유동성과 노동의 유연성이 더 심화될수록 더 벌어지고 있습니다.

몇 년 전 피케티(T. Piketty, 1971~)라는 프랑스 경제학자가 쓴 《21세기 자본(Le Capital au XXIe siecle)》이라는 책이 세계적으로

화제가 되었습니다. 하도 어렵고 복잡해서 "모두가 들어보기는 했지만 아무도 다 읽지는 않았다"라는 평가를 듣기도 했지만요. 사실 그 책에서 자본주의 역사와 데이터를 약 800쪽에 걸쳐 정리한 결론이 바로 이 내용입니다. 자본주의 경제가 성장할수록 그 성과는 자본이 노동보다 더 많이 분배받아서 더 빠르게 성장해왔으며, 최근 들어 그 격차가 더 확대되었다는 내용입니다.

피케티는 자본이 축적됨에 따라 자본과 노동의 소득 격차가 커지고 동시에 소득 분배가 악화된다고 주장합니다. 그 원인으로 노동에 대한 자본의 대체탄력성이 1보다 크다는 점을 제시하는데요. 쉽게 말해 자본이 노동을 대체할 수 있는 정도가 그 반대 상황보다 더 쉽다는 뜻입니다. 즉 노동이 자기를 고용해줄 자본을 고르는 것보다 반대로 자본이 자기가 고용할 노동을 고르는 것이 더 쉽다는 뜻입니다. 우리가 현실 경제에서 경험하는 바와 맥락이 같지요. 그리고 이 탄력성의 차이는 자본과 노동 간의 격차를 가르는 핵심적인 원인으로 작용하며, 자본의 유동성과 노동의 유연성이 강화된 신자유주의하에서는 그 격차가 더 극대화되어 왔다는 내용입니다.

앞서 자본과 노동 간의 격차를 지적했던 피케티는 이러한 현상이 현대 민주주의 사회와 잠재적으로 양립 불가능할 수 있다고 경고합니다. 과거에 한번 형성된 자본이 임금보다 더 빠른 속도로 계속 축적되면서 자본 축적으로 인한 부의 상속이 평생의 노동을 압도하게 된다는 지적입니다. 자본을 상속받은 '금수저'와 자본 없이 노동소득만 허락된 '흙수저'의 격차가 갈수록 벌어지는 구조입니다. 피케티는 이를 "과거가 미래를 먹어치운다"고 표현합니다.

그림 5. 낙수효과 이론과 현실

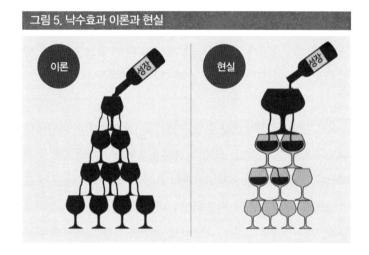

〈그림 5〉의 만평은 이 상황을 정확하게 풍자합니다. 원래대로라면 와인이 맨 위의 잔을 가득 채운 뒤 아래쪽으로도 차례로 흘

러내려 와야 하지만, 현실에서는 맨 위의 잔이 점점 커지면서 와인을 따르는 족족 혼자 다 받아내고 있습니다. 아래로 흘러내린다는 '낙수'효과는 온데간데없습니다. 이러한 상황에서는 와인을 더 부어 보았자 별 의미가 없습니다.

자연에서 물은 언제 어디서든 위에서 아래로 흐르는 반면, 인간 사회에서는 꼭 그렇지는 않습니다. 분명히 물은 계속 위에서 붓고 있는데, 예전처럼 차례대로 흘러 내려오는 대신 중간에 고여서 멈춰 버립니다. 즉 낙수효과의 물길이 어딘가 막혀 있다는 뜻입니다. 위에서는 홍수가 나지만 반대로 아래에서는 가뭄이 드는 상반된 풍경이 연출됩니다. 물길이 막혀 있는 한, 물의 양이 아무리 늘어난들 아래에서는 체감하기 어렵습니다.

이제 부의 양극화 현상은 날이 갈수록 심화됩니다. 나라마다 정도의 차이는 있지만, 실제로 신자유주의가 본격적으로 추진되었던 1980년대 중반부터는 거의 모든 선진국에서 계층 간 불평등도가 빠른 속도로 상승하였습니다. 심지어는 복지국가로 잘 알려진 스웨덴 같은 나라에서도 양극화 현상이 조금씩 두드러지고 있습니다. 일시적인 현상이 아니라 현재까지도 이어지는 구조적인 추세입니다. 한번 기울어진 무게중심은 쉽사리 회복되지 않습니다.

이러한 추세는 필연적으로 모든 사회 분야에 악영향을 미칩니다. 대한민국을 비롯해서 많은 환자를 양산하는 것은 물론입니다. 성장의 과실을 공유받지 못한 곳간은 비어가며, 인심도 메말라갑니다. 세계의 경찰이었던 미국에서 자국 우선주의를 내세운 트럼프 대통령이 당선되고, 영국에서 EU를 탈퇴하자는 브렉시트 투표가 가결된 현상은 결코 우연이 아닙니다. 이 두 나라는 '자본의 유동화'와 '노동의 유연화'가 세계에서 가장 철저하게 이루어진 신자유주의의 발원지이기 때문입니다.

증상의 시작: IMF 외환위기

미국과 영국은 물론이고, 스웨덴도 신자유주의의 영향권에서 자유롭지 못하다면, 이 환자 대한민국은 과연 어떨까요? 낙수효과가 약화하는 현상은 멀리 갈 것도 없이 세계 10위권 경제대국인 대한민국에서도 비일비재한 일입니다. 자본주의가 국적을 가리지 않는 것처럼, 이 환자도 신자유주의의 여파에서 비껴갈 수는 없었습니다. 오히려 대한민국은 그 여파가 가장 큰 나라 중 하나입니다.

신자유주의가 이 환자에 본격적으로 이식된 계기는 1990년대 후반 IMF 외환위기였습니다. 당시 대한민국이 이 위기를 겪게 된 원인에 대해서는 여러 견해가 있습니다만, 자본의 유동성이 상당한 영향을 끼쳤다는 사실은 부인하기 어렵습니다.

사실 1990년대는 아시아가 신흥시장으로서 세계적으로 주목받던 시기였습니다. 곧 찾아올 21세기에는 아시아의 시대가 펼쳐지리라는 전망이 설득력을 얻고 있었고, 전 세계의 막대한 자본이 아시아로 투자되던 때였습니다. 아시아의 4마리 용 중 하나인 이 환자도 낙관론을 즐기고 있었습니다.

실제로 한국 정부는 당시 OECD(Organization for Economic Cooperation and Development, 경제개발협력기구) 가입도 추진하고 있었습니다. 이른바 선진국들의 모임인 이 그룹에 들어갈 수 있다는 소식에 국민적 자긍심은 크게 높아졌지만, 반대로 그 대가는 상대적으로 등한시되었습니다. 사실 OECD 가입을 위해서는 회원국의 자본시장을 개방해야 한다는 조건이 있었습니다. 당연히 자본의 유동성을 높이려는 취지였지요. 이 환자는 OECD에 조속히 가입하겠다는 목표 아래, 시간에 쫓겨 다소 서둘러 개방에 나서게 됩니다.

이때 자본의 유동성을 높이기 위해 장기 차입보다 단기 차입 위주로 대폭 자유화되었습니다. 속도도 속도였지만 사실은 이 방향이 다소 아쉬웠는데, 자본 유동성의 부작용에 대응하기 어려워지면서 위기 상황에서 더 취약해지는 결과를 낳았습니다.

  장기 차입과 단기 차입은 각각의 목적에 따라 활용도가 다르긴 하지만, 가장 큰 차이점은 역시 상환 기간입니다. 아무래도 기간이 길면 부채를 안정적으로 관리하는 데 유리합니다. 계획을 세우기도 편하고 예상치 못한 변수에도 대응할 수 있는 시간적 여유도 있고요. 예를 들어 주택담보대출을 받고 30년에 걸쳐 원리금을 상환하는 경우와 카드론을 받아 1개월 뒤에 갚는 경우가 그렇습니다. 규모 자체는 전자가 훨씬 크지만, 대신 상환 계획이 서죠. 당장 생활에 압박이 되는 차입은 카드론입니다. 주택담보대출에 비하면 매우 미미한 액수이지만, 당장 다음 달에 갚지 못하면 신용불량자로 전락할 수 있는 리스크가 항상 잠재되어 있기 때문입니다.

  국가도 마찬가지입니다. 그래서 해외 자본의 유입 자유화에 따르는 리스크를 생각한다면, 장기 차입을 먼저 자유화하고 적어도 단기 차입의 자유화는 조금 더 신중하게 추진할 필요가 있었습니다. 30년짜리 주택담보대출은 허용하더라도 매달 갚을 카드론은 더 엄격하게 관리한다는 뜻입니다. 하지만 당시 이 환자는 그 반대 상황이었습니다. 만기가 1년보다도 짧은 단기 부채가 절반가량이나 되었습니다.

이 환자가 안고 있던 단기 차입의 리스크는 1997년 세계 금융 시장이 조금씩 불안해지는 조짐이 보이며 현실화되기 시작합니다. 신흥시장 아시아에 들어왔던 자본은 썰물처럼 다시 이탈하기 시작합니다. 해외 금융기관들은 태국을 시작으로 홍콩, 인도네시아, 말레이시아, 그리고 이 환자에서까지 자본을 한꺼번에 빼가기 시작합니다. 거품이 꺼지는 전형적인 과정을 거치면서 위기가 가속화되었습니다.

당시 단기 차입 위주로 자본시장을 개방했던 한국은 당황할 수밖에 없었습니다. 금융기관과 기업들이 단기 외채를 상당히 빌려둔 상태였기 때문입니다. 비유하자면 지금까지는 단기 카드론을 돌려막기로 실질적으로 만기를 연장해오고 있었는데, 갑자기 모든 은행에서 더 이상 만기 연장이 안 된다며 당장 상환을 요구해오는 것입니다. 처음에는 액수가 그리 크지 않아서 만만하게 봤는데, 당장 갚을 달러 현금이 없는 상황에서는 속수무책이었습니다. 만기를 연장해주면 무난하게 갚을 수 있다고 하소연했지만 아무 소용이 없었습니다. 위기 조짐이 보이니 자금은 더 빠져나가고, 그러면서 유동성은 더 악화하는 악순환이 반복되었습니다. 평상시에는 괜찮지만 위기 시에 더 위험해지는 단기 차입의 함정에 그대로 빠진 것입니다.

결국 대한민국은 국가 부도의 위기에 놓였고, 울며 겨자 먹기로 고리대금업자를 찾아갈 수밖에 없었습니다. 1997년 11월, 대한민국 정부는 IMF(International Monetary Fund, 국제통화기금)에 긴급 구제금융을 신청합니다.

IMF는 급전이 필요한 국가들에 일시적으로 유동성을 공급함으로써 경제위기를 극복하는 데 도움을 주기 위한 목적으로 세워진 국제기구입니다. 쉽게 말해 국가들 사이의 은행 정도라고 볼 수 있습니다. 그런데 그 이자가 결코 싸지 않습니다. IMF는 돈만 받아 가지 않습니다. 이자로 내야 할 돈보다 더 중요한 대가는 경제정책에 대한 IMF의 개입입니다. IMF는 자신들에 돈을 빌리러 오게 된 상황 자체가 그 나라 경제에 큰 문제가 있다고 간주합니다. 그래서 이를 '구조조정(structural adjustment)'해야 한다고 주장하며 재정, 통화, 노동, 복지, 조세, 무역, 산업정책, 공기업 등 경제정책 전반에 개입합니다. 그리고 그 방식은 다름 아닌 신자유주의입니다.

대한민국은 국민적인 금 모으기 운동 등에 힘입어 IMF 자금 195억 달러를 2001년 8월에 조기상환하는 데 성공합니다. 하지만 진짜 문제는 이제부터 시작입니다. 이제 이 환자에게는 신자유주의 체제가 본격적으로 작동되기 시작합니다. 그리고 그 처방을 지속적으로 따르는 과정에서 너무나 많은 사람이 고통을 겪어야만 했습니다. 단순히 외환 유동성을 관리하지 못한 결과로 치부하기에는 너무나도 비싸고 가혹한 대가였습니다. 실제로 그로부터 약 20년 뒤, IMF 자신도 신자유주의의 부작용을 우려하는 자성의 목소리를 내기도 했습니다.[12] 자신들의 구조조정이 항상 옳은 방식이 아니었을 수도 있다는 뒤늦은 고백이었죠. 하지만 물은 이미 엎질러진 뒤입니다. 대한민국에서 그 여파는 사실 아직까지도 현재 진행형입니다.

한국인들에게 트라우마처럼 남아 있는 이름 IMF. IMF 외환위기와 이를 통해 이식된 신자유주의는 우리 사회의 많은 것을 크게 바꿔놓았습니다. 잘 나가는 기업과 은행도 순식간에 없어질 수 있다는 사실을 증명했습니다. 열정을 바친 평생직장도 허무할 정도로 부정당할 수 있다는 사실도 각인시켰습니다. 최후의 보루라고 여겼던 대한민국이라는 국가공동체도 항상 만능은 아니라는 사실을 상기시켜 주었습니다. 국가의 경제 성장이 국민

---

12) Jonathan D. Ostry & Prakash Loungani & Davide Furceri, "Neoliberalism: Oversold?", Finance & Development, Vol. 53, No. 2, 2016. 6월호, International Monetary Fund, https://www.imf.org/external/pubs/ft/fandd/2016/06/ostry.htm

의 삶의 질과는 괴리되는 시대를 열었습니다. 나라의 성취가 이제는 결코 국민 모두의 것이 아닌 셈입니다. 위기 상황에서 나와 내 가족은 누구도 책임져주지 않는다는, 바야흐로 각자도생의 시대가 열렸다는 사실을 적나라하게 드러냈습니다.

광복 이후 처음으로 자식 세대가 부모 세대보다 못 살게 되기 시작했습니다. 중산층이 지속적으로 줄어드는 반면, 상층과 하층은 동시에 늘어났습니다. 그 속도도 OECD에서 손꼽힐 정도로 상당히 빨랐습니다. '양극화'가 사회 여러 분야에서 위화감 없이 폭넓게 적용되고 있습니다. 같은 대한민국 하늘 아래 전혀 다른 삶의 단면들이 점점 더 늘어나고 있습니다.

노동의 유연화가 빠르게 진행되면서, '비정규직' 용어조차 생소했던 한국은 불과 몇 년 만에 OECD 국가 중 비정규직 비율에서 선두를 다투는 나라가 되었습니다. 비정규직의 형태와 규모 등에 대해서는 정부, 노동계, 학계마다 통계에 다소 차이가 있긴 합니다만, 한 가지 확실한 사실은 우리나라의 비정규직은 IMF 외환위기 이후 본격적으로 급증했다는 점입니다. IMF의 '처방'대로 구조조정, 명예퇴직, 정리해고가 대규모로 이루어졌고, 그 빈자리는 비정규직으로 대체되었습니다. 정리해고된 직장인들과 청년실업자들이 몰리는 자영업 시장에서는 수많은

'사장님'이 양산되어 출혈경쟁이 이어졌습니다.

사실 우리나라에는 유독 '사장님'이 많습니다. 회사의 장(長) 직급이라는 본래 의미를 넘어, 직업 등 신상정보를 잘 모르는 상대방을 부르는 호칭으로도 써도 큰 실수가 아닙니다. 그만큼 상대방이 '사장님'일 확률이 높다는 뜻입니다. 물론 영어의 'you'나 중국어의 '你'처럼 명확한 2인칭 표현이 잘 없는 한국어의 특성도 있겠지만요.

'사장님'이 많다는 것은 곧 '사(社)'가 많다는 뜻입니다. 삼성, LG, 현대차, SK 같은 대기업이나, 적어도 상호명에 '㈜'가 들어가는 기업체뿐만이 아닙니다. 동네마다 자리잡은 음식점, 호프집, 카페, 치킨집, 편의점, PC방, 모텔도 그렇습니다. 유행에 따라서는 대만 카스텔라 가게, 인생네컷 사진관, 무인 아이스크림 가게, 마라탕 집, 탕후루 집까지 그 종류는 다양합니다. 옛날에 마을 어귀마다 장승이 있었다면, 요즘은 동네마다 이렇게 자영업 가게들이 있습니다. 각 음식점과 호프집과 카페와 치킨집과 편의점과 PC방과 모텔마다 '사장님'이 있습니다.

우리 주변에 이렇게 '사장님', 즉 자영업자들이 많아진 근본적인 계기 또한 IMF 외환위기에서 찾을 수 있습니다. 당시 한국 경제 전반에 걸쳐 구조조정이 혹독하게 진행되었고, 하루가 멀다 하고 명예퇴직이나 정리해고가 뉴스를 가득 채우던 시절이었습니다. 어제까지 출근할 곳이 있는 어엿한 중산층들도 하루아침에 거리로 내몰리게 되었습니다. 경력직들도 하루아침에 '정리' 되는 마당에 청년들에게 주어진 신입 채용의 기회는 더더욱 바늘구멍이 되어버렸죠. 어차피 힘들게 직장에 들어가 보았자 성공와 안정은 남의 나라 이야기가 되어 버렸습니다.

결국 이들에게 주어진 대안은 그리 많지 않았습니다. 어디에도 고용될 수 없었던 그들은 스스로를 고용하기 위해 '사장님'을 자처하게 되었습니다. 그리 많지 않은 퇴직금으로 당장 생계를 해결해야 하는 형편이었으므로, 어쩔 수 없이 대거 장사로 뛰어들게 되었습니다.

그리고 그 장사는 일단 별다른 기술이 요구되지 않고 진입장벽이 비교적 낮은 업종 위주로 쏠릴 수밖에 없었습니다. 음식점, 호프집, 카페, 치킨집, 편의점, PC방, 모텔 등 우리 주위에서 비교적 흔히 볼 수 있는 점포들이 바로 그 대상입니다. 영화 〈극한직업〉을 보면 잠복근무하는 형사들도 위장용으로 치킨집을 직접 운영할 정도로 진입장벽이 낮습니다.

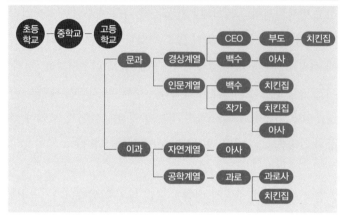

그림 6. 한국 학생들의 진로

출처: 이원석, 《공부란 무엇인가》, 책담, 2014, 168쪽을 인용하여 재구성

　'한국 학생들의 진로는 결국 모두 치킨집으로 통한다'는 풍자가 있습니다. 이 시대를 살아가는 한국인의 경력단계를 요약해 놓은 도표입니다. 인문계든 자연계든 예체능계든 전공을 가리지 않고 모든 결말이 치킨집, 과로사, 아사 셋 중 하나입니다. 버전에 따라서는 1인 가구가 증가하는 현실을 반영해서 치킨집 대신 편의점으로 업데이트되기도 합니다.

　치킨집이든 편의점이든, 대한민국의 생계형 '사장님'들은 이렇게 탄생합니다. 꼭 사업을 하고 싶어서 자발적으로 '사장님'을 선택하는 경우는 많지 않다는 뜻입니다. 오래 전해 내려오는 가업을 잇거나 특출난 아이디어를 사업화하기보다는, 말 그대로 생계형 창업이 많습니다. 먹고살기 위해 어쩔 수 없이 '사장님'으로 남을 수밖에 없습니다. 제대로 된 노후 준비를 하지 못한 채 실직 또는 은퇴한 베이비붐 세대와 길어진 취업난에 좌절하던 청년층이 다 몰립니다. 또한 한계 상황에서 마지막 탈출구로서 자영업을 강요당할 수 있는 잠재적인 '사장님 예비군'도 대규모로 대기 중입니다.

여기에는 사실 그동안 정부도 한몫했습니다. 실업률을 낮추려는 목적에서 창업을 미화하고 부추긴 면도 없지 않습니다. 쉽게 말해 '일자리가 부족하니 장사라도 해봐라'는 뜻이지요. 전국 대학과 지방자치단체에서는 창업 지원 부서와 조직들이 우후죽순으로 생겨나기도 했습니다. 보조금 예산도 상당한 규모로 책정되었고요.

그 결과 영세 자영업자들이 벌이는 '을(乙)들의 전쟁'이 심화하며 결국에는 모두가 같이 어려워졌습니다. 생계를 걸 수밖에 없는 치열한 출혈경쟁에는 패자만 넘쳐날 뿐 승자는 극히 적습니다. 겉으로 보기에는 패자가 아닐지라도 벼랑 끝에서 조금 더 버텼다는 차이일 뿐입니다.

내수 전체의 규모는 큰 틀에서 정해져 있는데, 비슷한 종류의 고만고만한 가게들이 계속 많아지다 보니 시장은 갈수록 포화 상태가 됩니다. 기존 점포에서 그리 멀지도 않은 곳에 비슷한 업종의 다른 점포가 또 들어섭니다. 누군가 희망을 안고 개업하는 동안 다른 한편에서는 폐업신고가 계속 들어옵니다. 그 빈자리에는 시간차를 두고 새로운 경쟁자가 들어오지만, 그리 오래 지나지 않아 전임자의 전철을 다시 밟게 되는 악순환이 반복됩니다. 소상공인 자영업자들이 모인 대표적인 온라인 커뮤니티의 이름은 '아프니까 사장이다'[13]입니다.

그렇게 자영업에서 실패해도 다시 근로자로 돌아갈 가능성은 거의 희박합니다. 재취업이 사실상 불가능한 상황에서 죽이 되든 밥이 되든 희망은 여전히 다시 자영업뿐입니다. 그렇게 적지 않은 '사장님'들이 자의 반 타의 반으로 자영업 시장에 계속 머물게 됩니다. 폐업과 재창업을 반복하며 귀중한 퇴직금마저 날리게 되는 경우도 허다합니다. 그래서 결국에는 간판 업계와 인테리어 업계만 성공한다는 씁쓸한 우스갯소리도 있습니다.

이 문제는 결국 우리 경제 규모에 비해 치킨집이 많을 수밖에 없는 이유로 귀결됩니다. 우리나라에서 '사장님'이 유독 많다는

---

13) https://cafe.naver.com/jihosoccer123

사실은 결국 '사장님' 외의 일자리가 그만큼 부족하다는 현실을 반영합니다. 퇴직한, 혹은 퇴직을 앞둔 임금 근로자들을 유인할 '양질의 일자리'가 턱없이 부족하기 때문에 생기는 문제입니다. 양질의 일자리를 구할 수 있는데도 굳이 저소득을 감수하며 소규모 창업에 나설 사람은 많지 않습니다. 현재 한국의 자영업은 양질의 일자리를 구하지 못한, 혹은 쫓겨난 다수의 사람이 생계를 위해 미약한 내수를 서로 차지하려고 과당경쟁하는 구조입니다. 즉 대한민국 '사장님'들의 문제 역시 근본적으로는 IMF 외환위기를 통해 이식된 신자유주의에서 파생된 구조적인 문제입니다.

직업 안정성이 상시적으로 위협받고 있습니다. 핵심적인 소수 정규직을 제외하고는 구조조정, 정리해고, 희망퇴직, 명예퇴직 등의 위협에서 자유로울 수 없습니다. 그 빈자리는 아웃소싱, 하청, 파견, 용역, 알선, 위탁 등 이른바 노융(勞融) 산업이 채우고 있습니다. 자본이 부담하는 각종 책임에서 상대적으로 더 자유로운 외주와 간접고용 형태로 대체되는 추세이지요. 그마저 적지 않은 경우가 시간제나 기간제의 형태를 띠는 등 지속가능성 면에서 불안정한 경우가 많습니다.

정규직 역시 고용 불안정에서 자유로울 수 없는 처지입니다.

평생 고용은 옛말이 되어 버렸고, 해고 가능성은 떨칠 수 없는 위협이 되었습니다. 청년실업은 이제 여러 세대가 공유하는 만성적인 일상이 되며, 대학생 다음에는 취준생이 또 하나의 통과의례가 되었습니다. 대기업과 중소기업, 정규직과 비정규직, 원청과 하청 간의 격차는 임금, 복리후생, 직업 안정성 등 모든 면에서 갈수록 벌어지고 있습니다. 노동의 유연화가 불러온 이러한 경제 환경의 변화는 중산층을 심각하게 위협하게 되었습니다.

이러한 경제 여건의 변화는 더 나아가 대한민국 내 곳간을 줄이면서, 인심을 낼 수 있는 여력을 크게 악화시키는 결과로까지 이어집니다. 이 환자가 앓고 있는 증상들 역시 그때부터 본격적으로 시작되었습니다. 양질의 일자리 등 희소한 경제적 자원을 둘러싼 각종 사회적 갈등도, 더 이상 노동만으로는 오를 수 없는 계층 이동의 사다리도, 그래서 젊은 세대가 미래에 대한 불안감으로 출산을 선택하지 않게 된 것도 앞에서 살펴본 그대로입니다. 대한민국이 앓고 있는 증상들은 상당수가 본격적으로 이 시점에서 비롯된 결과물입니다.

저출산만 보더라도, 사실 우리나라는 20년도 더 된 2002년에 이미 초저출산 시대에 접어들었습니다. 당시 월드컵으로 온 국민이 환호하는 이면에는 기록적인 추세가 그때부터 벌써 싹트고 있었던 셈입니다. 공교롭게도 이때는 IMF 신자유주의의 효과가 본격적으로 나타나던 시점이기도 합니다. 출산율이 하락하고 자살률이 상승하기 시작하는 타이밍과도 맞물립니다. 제가 중학생이던 2000년대 초중반, 학교 사회 과목의 단골 수업 주제 중 하나는 '저출산, 고령화 시대의 도래'였습니다. 그로부터 20년이 또 흐른 지금, 이 문제는 해결되기는커녕 오히려 더욱 심각해져 있습니다.

저출산 현상의 핵심 주범으로 꼽히는 일자리와 주거가 각각 노동과 자본과 밀접하게 관련되어 있다는 사실은 결코 우연이 아닙니다. IMF 사태를 계기로 대한민국에 신자유주의가 본격적으로 이식된 지 한 세대가 지났고, 이 환자는 지금 그 후폭풍을 정통으로 맞고 있는 셈입니다.

COOL HEAD
AND
WARM HEART

4장
처방과
치료

01. 처방전 : 수문 열기

"댐의 물길이 막혔다면 다시 뚫어내고,
물이 고여 있다면 펌프로라도 퍼내서
물이 다시 개천으로 흘러내리게끔 복원하는 길입니다."

이제 진단은 끝났습니다. 이 환자가 앓고 있는 증상들의 핵심적인 원인이 과연 무엇인지, 어떤 경로를 거쳐서 어떤 증상으로 발현되었는지를 길게 알아보았습니다. 가장 근본적이고 구조적이며 핵심적인 원인은 비어가는 곳간, 즉 경제에서 찾을 수 있습니다.

더 구체적으로는, IMF 체제를 통해 이 환자에게 본격적으로 이식된 신자유주의입니다. 신자유주의 체제 하에서 자본은 유동화되고 노동은 유연화되었습니다. 자본과 노동 간 힘의 격차가 벌어지면서 낙수효과가 눈에 띄게 약화되었습니다. 그동안 적당한 수준의 분배 비율을 유지하던 양자 간에는 협상력이 빠른 속도로 벌어지게 되었고, 이는 곧 낙수효과를 크게 약화시키는 결과를 낳았습니다. 신자유주의의 발원지인 미국과 영국은 물론이고, 대한민국도 예외는 아닙니다. IMF 외환위기를 기점으로 이 환자에 본격적으로 이식된 신자유주의가 만들어낸 구체적인 부작용들을 우리는 이미 목도하고 있습니다.

그렇다면 이 증상들은 결국 어떻게 치료할 수 있을까요? 이 환자는 어떻게 다시 건강해질 수 있을까요? 구체적이고 실현 가능한 치료법이 있을까요?

네, 있습니다. 그것도 두 가지나 있습니다. 물론 하나하나가 다 쉬운 길은 아니지만요.

첫 번째는 낙수효과가 다시 작동하게끔 복원하는 방식입니다. 댐의 물길이 막혔다면 다시 뚫어내고, 물이 고여 있다면 펌프로라도 퍼내서 물이 다시 개천으로 흘러내리게끔 복원하는 길입니다. 미국 트럼프 전 대통령의 대선 슬로건인 "Make America Great Again"을 빌리자면 "Make Tricle-down economics Work Again(낙수효과가 다시 작동하게 하라)" 정도가 되겠습니다. 근본적인 원인에 손을 대서 바꾸려는 취지이지요. 따라서 이 방식은 한편으로는 신자유주의가 유동화한 자본을 덜 유동화하고, 유연화한 노동을 덜 유연화하는 길이기도 합니다.

사실 자본과 노동은 성장을 위해서는 협력하는 관계이지만, 성장의 과실을 분배하는 과정에서는 이해관계가 엇갈릴 수밖에 없습니다. 서로 더 많은 몫을 주장하는 이해관계의 갈등은 어쩌면 필연적일지도 모릅니다. 그 갈등은 때로는 힘 대 힘으로 충돌해 폭발하기도 하고, 때로는 타협으로 간신히 봉합되기도 합니다. 정부가 개입하기도 하고, 한편으로는 옆 동네 사회주의 진영과 경쟁도 하고 영향도 주고받습니다.

자본주의의 역사는 곧 자본과 노동이 성장을 위해 협력하고 분배 앞에서 갈등해온 흔적입니다. 그리고 그 과정에서 노동의 지위를 조금씩 향상시켜온 기록이기도 합니다. 현재 우리가 살아가고 있는 자본주의는 지난한 과정을 겪으면서 수정되고 보완된 역사적 산물입니다.

낙수효과가 미약해진 이유는 물이 흐르지 않고 고여 있기 때문입니다. 따라서 낙수효과를 다시 작동하게 하려면 물이 고여 있는 댐의 수문을 찾아 물길을 터줘야 합니다. 그리고 현실에서 그 댐은 기업입니다.

기업은 생산 활동을 위해 생산요소를 고용하여 배분하는 인위적인 조직입니다. 기업은 경제가 생산하고 성장하기 위한 수단이지, 그 자체가 목적이 아닙니다. 기업의 경제적 의의는 '생산하는 조직'에 있습니다. 그 생산의 대상은 자동차 등의 소비재가 될 수도 있고(예: 현대자동차), 반도체 등의 또 다른 생산재가 될 수도 있고(예: 삼성전자), 아니면 교육이나 여행 등의 서비스가 될 수도 있습니다(예: 메가스터디, 롯데관광).

그리고 기업은 생산의 과실을 다시 이해당사자들에게 분배하게 됩니다. 분배 과정은 생산에 기여한 내용과 정도에 따라 차등적으로 이루어집니다. 노동력을 제공한 ① 근로자는 임금을, ② 하청업체는 공급 대금을, ③ 채권자는 이자를, ④ 지주는 임대료를, 기업의 생산활동에 필요한 각종 법과 제도를 집행하고 SOC를 조성하는 ⑥ 정부 역시 세금을 납부받습니다. 즉 ⑤ 소비자가 기업의 생산물을 구입하고 지불한 대가는 이렇게 다양한 이해당사자들에게 분배됩니다. 기업의 분배는 결국 누군가의 소득입니다.

이렇게 분배하고 남은 부분은 기업 내부에 일단 잔류하여 유보됩니다. 이 과정에서 기업은 소득이 추가로 분배되거나 투자되기를 기다리며 임시로 머물러 있는 곳입니다. 도관체(conduit)라고 표현하기도 하는데, 더 쉽게 비유하자면 물을 흘려보내기전에 잠시 가두어둔 댐이 됩니다.

그런데 낙수효과가 작동하지 않는 이면을 살펴보면, 이 댐이물을 주구장창 계속 가두어두기만 하고 내보내지는 않는 상황입니다. 이윤이 분배되거나 투자되지 않고 기업 내부에 대기 상태로 계속 쌓여 있는 비중이 높아졌습니다. 물이 꾸준히 순환하지 못한 채 기약 없이 그저 갇혀 있는 셈입니다. 239쪽 낙수효과만평과도 정확히 일치하는 대목입니다.

반대로 일선 실개천들은 물이 없어 가물어가게 되는 핵심적인 원인이기도 합니다. 기업으로 한번 들어간 돈이 어떻게든 다시 나와서 돌지 못하니 소비든 투자든 고용이든 만성 부진을 벗어나지 못합니다. 경제는 꾸준히 성장하고 수치상의 국민소득또한 높아져 가지만, 정작 실질임금이나 가계소득 등으로는 그만큼 체감되지 못합니다. 중소기업이 대부분인 하청업체 역시저임금 장시간 노동을 벗어날 여력이 없고, 자영업 시장도 그 여파를 받아 제한된 내수 규모를 두고 싸우는 출혈경쟁만이 반복됩니다. 내수가 위축되면 세수도 제약되니 정부 재정에도 부담이 됩니다. 실제로 여러 통계자료를 보더라도 노동소득 분배율

등은 낮아지는 반면, 기업의 내부유보는 늘어나는 추세입니다.

이러한 상황에서는 물만 계속 더 부어 보았자 별 의미가 없습니다. 댐의 '수문'이 닫혀 있는 한, 물의 양이 아무리 늘어난들 개천에서는 체감하기 어렵기 때문입니다. 그 해결책은 댐의 철거가 아닙니다. '수문'이 안 열려서 그렇지, 댐 자체는 필요합니다. 분배가 되지 않는다고 성장의 주역인 기업 자체를 해체할 수는 없는 노릇이지요.

다만 댐의 '수문'을 열어서, 혹은 펌프를 작동시켜서라도 물이 개천까지 흘러들어가는 낙수효과를 다시 부활시킬 필요는 있습니다. 기업 내부에 유보된 유휴자본(idle capital)이 이제는 경제 곳곳을 돌며 다시 부지런히 일하게 하는 작업이지요. 사실 신자유주의의 대부격인 밀턴 프리드먼 같은 경제학자도 기업은 단지 중간 단계이기 때문에 모든 이윤이 내부에 유보되는 대신 이해당사자들에게 분배되어야 한다고 주장했습니다.[14]

이제 중요한 문제는 얼만큼의 물을 가두거나 흘려보내느냐, 그리고 민간기업들로 하여금 그만큼 '수문'을 개방하도록 어떻게 유도하느냐 하는 대목입니다. 그 구체적인 수단으로는 댐에 고인 물, 즉 사내유보금에 대한 세금을 생각해볼 수 있습니다.

---

14) 장하성, 《왜 분노해야 하는가》, 헤이북스, 2015, 431쪽에서 재인용

쉽게 말해, 흐름을 막은 채 의미없이 고여 있지 말라는 뜻입니다. 개천까지 분배되거나, 아니면 미래를 위해 투자되거나, 어떻게든 다시 흐르도록 유도하려는 목적이지요. 사실 이 세금 제도는 과거에 시행된 바도 있었지만 IMF 외환위기 이후 폐지되었습니다.

심지어 피케티는 아예 자본 전체에 대한 세금인 '자본세(capital tax)'를 제안합니다. 재산(wealth)에 세금을 부과하여 수익률을 억제하고, 그 세원으로 노동과의 격차를 인위적으로 줄이자는 발상입니다. 댐의 '수문'을 열어 낙수효과를 유도하는 방법에서도 한발 더 나아간 대안입니다. 자본주의 체제를 유지하면서도 동시에 자본주의를 통제하고 불평등을 더 이상 방치해서는 안 된다는 문제의식이 강하기 때문입니다.

실제로 피케티는 20세기에는 소득과 자산에 대한 누진세가 오히려 영국과 미국에서 더 활발했다고 주장합니다.[15] 20세기 전반 미국은 소득과 상속재산에 대해 70% 이상의 최고 세율을 적용한 바 있습니다. 심지어는 3세대 이상에 걸쳐 대물림된 상속재산에 대해서는 100% 세율을 적용하자는 주장까지 나오기도 했습니다. 영국은 미국보다도 한술 더 떠서, 98%의 최고 세율을 기록한 적도 있습니다. 또한 이 두 나라에서는 노동으로 번

15) 토마 피케티, 《21세기 자본》, 장경덕 외 옮김, 글항아리, 2014, 604~611쪽

근로소득과 자본으로 번 불로소득, 이자소득, 배당금, 임대료 등을 구분하여, 후자에 더 무겁게 과세했습니다.

하나 주목할 부분은 그 목적이 세수 확보가 아니었다는 사실입니다. 사실 그 정도 최고 세율을 적용받을 만한 소득 또는 상속재산의 비중은 극히 낮습니다. 세수 자체는 크게 의미가 없을 정도이지요. 다만, 그렇게 극단적일 정도로 고율의 세금을 부과한 것은 자본을 형성하는 데 많은 비용이 들게끔 의도적으로 설계하여 상속을 통한 부가 영구히 집중되는 현상을 억제하려는데 그 목적이 있습니다.

오늘날의 미국과 영국으로서는 상상하기 어려운 모습이지요. 신자유주의가 본격적으로 도입되기 이전의 영국과 미국은 그만큼 지금과는 확연히 달랐습니다. 두 나라는 둘째 가라면 서러워할 정도로 개인의 자유를 중요시하지만, 점점 심해지는 부의 집중 현상은 그 자유를 보장할 사회의 근간부터 위협할 수도 있는 심각한 문제라고 보았습니다. 그래서 자본에 대한 누진세는 공동체를 유지하기 위한 불가피한 최소한의 타협이라고 보았던 것입니다.

오늘날 반(反)자본주의적으로 비칠 수도 있는 제도가 정작 자본주의의 본산에서 운영되었던 역사는 결코 우연이 아닙니다. 자본주의 체제가 유지되기 위해서는 노동과 자본의 격차가 한없이 벌어지도록 방치해서는 안 된다는 사실을 그 두 나라는 누구보다도 잘 알고 있었기 때문입니다.

다만 피케티가 제안한 자본세는 현실적인 문제로 인해 최소한 가까운 시일 안에는 사실상 시행하기 어려울 전망입니다. 자본세가 실제 효과를 낼 수 있으려면 모든 나라, 혹은 최소한 OECD 회원국이나 G20처럼 자본을 보유한 세계 주요 나라들이 공동으로 세금을 도입해야 합니다. 유동성이 높은 자본은 세금을 피해 다른 나라로 얼마든지 이동할 수 있기 때문입니다.

지금도 세계 많은 나라가 자본을 지키고, 또 유치하기 위해 사활을 걸고 있습니다. 어쨌거나 성장을 위해서는 자본이 필수적이기 때문입니다. 신자유주의 조류하에서 유동화된 자본이 이제는 국경을 넘어서도 이동할 수 있게 되면서 국제 경쟁은 더욱 치열해졌습니다. 법인세를 인하하고 규제를 완화하는 등 '바닥을 향한 경쟁(race to the bottom)'은 지금도 계속되고 있습니다.

이러한 상황에서 자본에 대한 세금은 자칫 고양이 목에 방울 달자는 격일지도 모릅니다. 예를 들어 만약 우리나라 혼자 고율의 자본세를 도입할 경우 필연적으로 자본이 급격하게 유출된다고 보는 편이 합리적입니다. 낙수효과를 유도하기는커녕, 그나마 댐에 가두었던 물이 통째로 해외로 증발해 버리는 꼴입니다. 모두가 다 같이 실행하면 가장 이상적이겠지만, 그 와중에도 혼자 세금을 낮춰서 자본을 끌어들일 유인 자체는 사라지지 않습니다. 그래서 자본세는 신중하게 접근해야 할 대안입니다. 물론 세율과 세원 등에서 세부적으로 조정할 여지는 있겠지만요.

한편 노동 쪽에서는 어떤 대안이 있을 수 있을까요. 노동을 조금 덜 유연화하는 방법으로 비정규직을 철폐하고 정규직으로 전환하는 방향의 정책들이 그동안 추진되기도 했습니다. 직업 간의 보상 수준의 격차가 지나치게 큰 현실에서 정규직과 비정규직 간의 이중구조를 해소하려는 취지였지요. 하지만 이 방식 역시 항상 만능은 아닙니다.

현재 우리가 통상적으로 생각하기 쉬운 정규직은 아침 9시부터 저녁 6시까지, 점심시간 1시간을 제외한 하루 8시간, 주5일 근무를 반복적으로 수행하는 근로입니다. 그에 비해 비정규직은 시간이 짧든지(시간제), 혹은 기간이 한정적이든지(기간제) 통상적인 정규직 근무 시간에서 벗어난 일자리 형태를 일컫는 경향이 있습니다.

　정규직과 비정규직을 가르는 기준이 되는 이 시스템은 영국의 방직공장 사장이자 노동운동가였던 로버트 오웬(Robert Owen, 1771~1858)이 1817년에 제시한, 하루 24시간을 3등분으로 나눈 표준 시간표에 그 뿌리를 두고 있습니다. 하루 8시간 일하고, 8시간 놀고, 8시간 쉬는 8-8-8 체계가 지금까지 이어져온 셈입니다. 그전에는 심지어 하루 16시간 주 6일 근무가 기본이었습니다. 오늘날 통상 '정규직'으로 간주하는 전일제 주중 근무는 오랜 시간에 걸쳐 장시간 노동의 폐해를 겪으면서 타협과 조정을 거쳐온 결과물이지요.

　하지만 최근에는 정규직과 비정규직의 표준적인 개념 자체가 다시 조금씩 변화하고 있습니다. 최근 등장하는 일자리는 전형적인 생산직, 사무직의 범주에 국한되지 않는 경우가 많습니다. 배달업, 택배업, 운전업, 가사 서비스업, 렌털 서비스업 등 이른바 '플랫폼 노동' 등 새로운 근로 형태가 속속 등장하고 있습니다. 근로계약서를 통해 사전에 정해진 시간 동안 노동을 제공하는 전통적인 방식이 아닙니다. 시간, 공간, 방식 면에서 기존과는 모두 다릅니다. 예전에는 예외적인 형태였지만 요새는 드물지 않습니다.

실제로도 시간과 장소, 방식과 기간을 자율적으로 유연하게 조절할 수 있는 일자리에 대한 선호도는 꾸준히 증가하고 있습니다. 8시간 근무 16시간 휴식, 5일 근무 2일 휴식이라는 획일화된 시스템에서 벗어나서, 밀도 있게 일하고 푹 쉬는 형태가 주목받고 있습니다. '저녁이 있는 삶'뿐만 아니라, '아침이 있는 삶', '낮이 있는 삶', 혹은 '겨울이 있는 삶' 등 다양한 수요가 생겨나고 있습니다. 여가에 대한 수요가 증가하고, 일과 가정의 균형을 중시하는 가치관 등이 반영된 결과입니다. 그리고 이러한 추세는 앞으로도 계속 이어질 전망입니다.

따라서 비정규직을 무조건 없애는 방법이 꼭 능사는 아닐지도 모릅니다. 생활 방식이 바뀌고 기술이 더 발전하고 새로운 분야에서 다양한 성격의 일자리가 계속 생겨나면서, 노동의 형태역시 더욱 다양해질 것입니다. '표준'적인 정규직을 규정하는 전통적인 사회 통념은 그만큼 더 희미해지면서, 상대적인 위치에 있는 비정규직에 대한 구별 또한 점차 무의미해질 수도 있습니다. 노동을 덜 유연화하려는 취지에서 비정규직을 정규직으로 전환하는 정책 역시 그 효용성에 한계가 있을 수 있습니다.

다른 한편으로는 '동일 노동, 동일 보상' 원칙도 생각해볼 수 있습니다. 말 그대로 동일한 노동에는 동일한 보상을 지급하자는 주장입니다. 정규직과 비정규직이라는 고용 형태 대신 노동의 내용, 즉 업무 성격에 따라 보상을 결정하자는 취지입니다. 이 원칙에 따르면 정규직 근로자와 동일한 업무를 하는 비정규직 근로자는 오히려 더 높은 임금을 지급받아야 마땅할지도 모릅니다. 고용 불안정을 추가로 감수하고 있기 때문입니다.

동일 노동에 동일한 보상이 주어진다면 자본은 이제 '덜 유연한 대신 싼 노동'과 '유연한 대신 비싼 노동' 사이에서 고용을 고민하게 됩니다. 적어도 지금처럼 '유연하고 싼 노동'을 선택할 유인만이 일방적으로 강한 상황에서는 벗어나게 됩니다. 노동을 제공하는 입장에서도 조금 전에 살펴본 바와 같이 다양한 선택지를 고려할 수 있고, 노동시장은 새로운 균형을 찾아나가게 될 겁니다. 단기간에 극적인 변화가 어렵다면, 동일 노동에 대한 임금 수준이 유사한 수준까지라도 올라와야 낙수효과가 조금이라도 더 활성화될 수 있습니다.

또한 자본과 노동의 격차가 돈뿐만이 아니라 시간에도 해당된다는 점을 상기해본다면, 근로시간을 줄이는 방식 역시 '수문'을 여는 낙수효과에 해당합니다. 돈뿐만이 아니라 시간을 분배하는, '저녁을 먹는 삶'뿐만 아니라 '저녁이 있는 삶'으로도 나아가는 취지입니다. 특히 근로시간 단축은 일과 가정의 양립을 위해 물리적으로 필요한 시간을 확보함으로써 저출산 증상을 완화하는 데도 큰 도움이 될 수 있습니다. 다만 임금 등의 제반 조건은 그만큼 줄어들지 않아야 진정한 의미가 있겠지요.

가끔 주중에 쉬어가는 국경일 등의 하루가 얼마나 가뭄에 단비 같은 휴식인지를 우리는 이미 경험으로 몸소 체감하고 있습니다. 예전에는 토요일에도 출근했었지만 지금은 주 5일제가 보편적으로 자리 잡았습니다. 그리고 이제 일부 민간기업들은 주 35시간이나 주 4일제 제도 등을 이미 자체적으로 운영하고 있기도 합니다. 그럼에도 일각의 우려처럼 경제가 마비되는 일은 전혀 일어나지 않았습니다. 오히려 피로도가 눈에 띄게 낮아지면서 오히려 일상으로 돌아가서도 능률이 오릅니다. 근로시간 단축에 따른 시간의 낙수효과는 어쩌면 노동과 자본에 모두 이로운 방향일 수도 있습니다.

02. 처방전 : 엘리베이터

"낙수효과를 다시 작동시키려 무리하지 않고,
그냥 개천에서 댐 위까지 '엘리베이터'를 설치하는 발상입니다.
그러면 굳이 댐의 '수문'을 억지로 열어 물길을 뚫지 않고도
모두의 갈증을 해결할 수 있습니다."

　자본과 노동의 격차를 벌리는 데 밑바탕이 된 양자의 물리적인 속성은 쉽게 극복할 수 있는 성질이 아닙니다. 많은 증상을 유발한 근본적인 힘이기도 하지요. 그래서 앞에서 살펴본 바와 같이, 낙수효과를 인위적으로 부활시켜 개천에 물을 공급하는 방법은 현실에서 자본의 반발이 클 수도 있습니다.

　그래서 이번에는 낙수효과가 계속 막혀 있는 상황을 상정한 대안도 같이 생각해볼 수 있습니다. 메마른 개천을 일일이 복원하는 대신, 목말라하는 가재, 붕어, 개구리들을 댐 위로 이동시켜 주는 방법입니다. 호랑이를 잡기 위해 호랑이굴에 들어가는

발상의 전환입니다. 쉽게 말해 낙수효과를 다시 작동시키려 무리하지 않고, 그냥 개천에서 댐 위까지 '엘리베이터'를 설치하는 발상입니다. 그러면 굳이 댐의 '수문'을 억지로 열어 물길을 뚫지 않고도 모두의 갈증을 해결할 수 있습니다. 이 방식은 자본을 덜 유동화하고 노동을 덜 유연화하는 대신에, 근로자를 아예 자본가로 만들어 버리는 취지입니다. 자본의 유동성과 노동의 유연성을 일단 인정하되, 그렇다면 노동을 아예 자본으로 편입해 버림으로써 실리를 취하자는 뜻입니다.

실제로 이러한 취지가 이미 반영된 사례들도 꽤 있습니다. 우리는 이미 소액주주들을 일컫는 이른바 '개미' 열풍에서 그 가능성을 확인한 바 있습니다. 사실 보통 개미들은 직장인인 경우가 많습니다. 자본에 고용되어 노동력을 제공하는 자본주의 체제에서 지극히 평범한 근로자이지요. 하지만 개미들은 근로자의 지위에 그치지 않고 직접 주식을 보유함으로써 주주, 즉 자본가로서의 정체성도 동시에 지닙니다. 노동자들이 이제 스스로 자본가가 되기로 선택한 결과입니다.

사실 경제주체는 정해져 있는 개념이 아니라, 경제 활동의 내용에 따라 매 순간 다른 정체성의 주체가 되기도 합니다. 마치

제가 부모님에게는 아들이자 아내에게는 남편이자 태어날 아이들에게는 아버지가 되는 것과 같은 이치입니다. 이 책을 사서 읽으시는 여러분은 지금 소비자입니다. 회사에 출근하면 자본에 고용된 노동자가 되어 노동력을 제공하고 임금을 받게 됩니다. 틈틈이 주식투자를 하신다면 자본을 제공하고 그 대가로 자본이익과 배당금을 받는 자본가의 정체성을 갖게 됩니다.

개미들은 일과시간에는 자본에 고용된 노동자 신분이지만, 점심시간과 퇴근 이후에는 다른 노동자들을 고용한 자본가의 지위에 서게 됩니다. 본질적으로는 노동자이나, 소액이나마 자본가의 위치도 겸하게 되는 셈입니다. 이제 개미들은 직장에서 노동의 유연성을 강요받을지언정, 계좌에서는 그 노동의 유연성을 강요하는 자본의 유동성을 편익으로 누리는 이중적인 정체성을 갖게 된 셈입니다.

주식투자가 단순히 소액에 그치지 않는 경우도 더러 있습니다. 직장이 부업이고 재테크가 본업이 된 개미들도 심심찮게 발견됩니다. 직장인들의 '자기계발'은 개미들의 '자본계발'로 바뀌어가고 있습니다. 예전에는 노동자로서 직장에서의 승진과 출세가 성공의 척도로 인식되었다면, 최근에는 자본가로서 투자와 재테크가 주된 관심의 대상으로 떠올랐습니다. 자본을 모아 노동에서 조기에 은퇴하는 파이어족(Financially Independent, Retire Early 族)을 꿈꾸는 개미들도 상당히 많습니다.

많은 직장인에게 직장은 더 이상 꿈을 갖고 열정을 바쳐서 활약하는 무대가 아닙니다. 그저 퇴근 후의 투자를 위한 시드머니를 충전하고, 대출을 받기 위해 정기 소득을 증명하는 수단일 뿐입니다. 회사를 위해서 야근할 시간에 유망 종목에 대한 투자 공부를 하는 편이 훨씬 나은 선택입니다. 20~30년 뒤 회사의 운명? 본인 인생 몇 년 앞도 모르는 세상에서 그건 더 이상 관심의 대상도 되지 못합니다. 애당초 그 전에 투자만 성공하면 뒤도 안 돌아보고 퇴사할 예정인 이 개미들은 '엘리베이터'에 스스로 본격적으로 탑승한 셈입니다.

홍수나 지진 등 자연 재해가 찾아오기 직전에 자연에서는 동물들이 특이 행동을 보이는 경우가 더러 있습니다. 그중에서도 개미는 더듬이로 진동을 감지하는 능력이 인간보다 500배 이상 민감하다고 합니다. 그래서 홍수나 지진 전에 미리 집을 옮기기는 모습이 관찰되기도 합니다. 아직 아무것도 모르는 인간의 눈에는 그저 흥미로운 개미 떼로만 보이겠지만, 사실 그들은 변화한 조건에서 살아남기 위해 목숨을 건 여정을 떠나고 있는 셈입니다.

어쩌면 우리 사회의 동학개미와 서학개미들도 마찬가지일지 모르겠습니다. 그들은 일에 대한 열정이 부족한 것이 아니라, 시대적 변화에 적응하고 살아남기 위해 합리적인 선택을 하고 있을 뿐입니다.

사실 동학개미와 서학개미 열풍이 불게 된 배경은 코인 열풍과 크게 다를 바가 없습니다. 노동의 가치가 떨어지는 현실에서 더 이상 근로소득에만 의지할 수는 없다는 위기의식이 빚어낸 결과입니다. 스트레스 받아가며 힘들게 일해 보았자 월급의 인상 속도는 집값을 따라가지 못하고, 직장에 충성해 보았자 정작 평생 안정적으로 일할 수 있다는 보장도 없습니다. 좋게 말하면 가성비(가격 대비 성능)가 너무 떨어지고, 나쁘게 말하면 순진하고 멍청한 선택입니다.

부모님 세대는 월급을 아끼고 모아서 집을 샀다지만, 이제 부동산은 진입장벽 자체가 이미 너무 높아졌습니다. 경제에 자본이 축적되면서 금리 또한 예전과는 비교할 수 없는 수준으로 내려왔습니다. 근로소득만 알뜰히 모아서는 결혼과 출산과 육아, 내집 마련, 노후 준비 등 인생의 전 과정이 모두 쉽지 않은 시대에 주식 투자는 어쩔 수 없는 몸부림일 뿐입니다.

물론 주식투자가 항상 성공한다는 보장은 어디에도 없습니다. 시퍼런 계좌를 볼 때마다 마음에도 시퍼런 멍이 듭니다. 바로 저의 이야기이기도 하지요.

　다만 '엘리베이터'는 무엇보다도 상대적으로 공정합니다. 미래에 대한 불확실성은 모두에게 공평한 조건이고, 같은 종목의 주주로 묶인 이상 리스크는 동일하게 부담합니다. 학연, 지연, 혈연은 수익률 앞에서 더 이상 통하지 않으며, 종목과 타이밍을 잘 맞추면 기회는 누구에게나 열려 있습니다. 직장에는 충성하고 비위 맞추며 고생해도 출세한다는 보장이 없는데, 재테크는 스스로 발품을 팔고 공부하는 만큼 성공 확률을 조금이나마 올릴 수 있습니다.

　계층 이동성이 약화하는 추세 속에서 주식은 그래서 개천을 벗어날 수 있는 사실상 유일한 희망이 되어주었습니다. 최근 몇 년 새 늘어난 신규 증권계좌의 상당수가 2030 세대에 의해 개설되었다는 사실은 그래서 결코 우연이 아닙니다.

　노동자가 자본가의 정체성도 겸하는 이 '엘리베이터' 방식은 개미 열풍 이전에도 있었습니다. 예를 들어 '스톡옵션(Stock Option)'이나 '우리사주제도'는 임직원들이 자신이 일하는 회사의 주식을 보유하도록 하는 제도입니다. 이러한 제도들이 적용되면 자본에 고용된 노동자로서 임금을 받는 동시에, 그 자본을 소유한 주주로서 자본이득도 동시에 얻을 수 있습니다. 자본에 고용된 노동과 그 노동을 고용하는 자본의 정체성을 동시에 지니는 셈입니다. 물론 주식 수나 보유 기간에 따라 양의 정체성 비중도 다소 달라질 수는 있지만, 어쨌거나 노동에 대한 낙수효과를 추구하는 대신 노동자를 아예 자본가로 만들어서 경영 성과를 직접 공유한다는 취지에서는 주목할만 합니다. 한편으로는 노동자와 자본가라는 양 정체성의 간격이 그리 크지 않을 수 있다는 점을 상징적으로 보여주는 현상이기도 합니다.

연금 역시 마찬가지입니다. 국민연금을 예로 들면, 대다수 국민이 노동으로 번 임금의 일부가 매달 모이면 엄청난 규모가 됩니다. 이 막대한 기금을 국가가 자본시장에서 직접 운용하고 그 수익을 다시 국민에게 환원하는 구조입니다. 이미 우리나라 국민연금은 전 세계 자본시장에서 꽤 큰손으로 널리 알려져 있고, 수익률도 상당히 양호한 수준으로 평가받고 있습니다. 국민연금에 가입된 개개인 입장에서는 노동자의 정체성뿐만 아니라 간접적으로나마 자본가의 지위도 갖게 되는 셈입니다.

사실 이 '엘리베이터' 방식은 그 필요성이 앞으로 가면 갈수록 더 커지리라고 예상됩니다. 자본과 노동의 관계가 점점 임계점으로 향해가고 있기 때문입니다.

'4차 산업혁명', '인공지능', '사물인터넷', '가상현실,' '증강현실', '블록체인', '빅 데이터', '클라우딩'…

최근 몇 년 동안 우리 일상에서 자주 접하게 된 기술 용어들입니다. 관련 주제를 다룬 언론 기사와 각종 책이 끊임없이 쏟아지고 있고, 젊은 층이 자주 찾는 번화가에서는 VR 카페들도 어렵지 않게 찾아볼 수 있습니다. 연예계에서는 가상인간이 데뷔해서 노래를 부르고 춤을 춥니다. 한때는 아예 정부 조직의 공식 명칭(대통령 직속 4차 산업혁명위원회)으로도 사용되기도 했습니다.

이런 거창한 용어들을 접할 때면 미래에 무언가 큰 변화가 일어날 것 같기는 하면서도, 동시에 아직 일상생활에서는 쉽게 체감하기 어려운 것도 현실이지요. 사실 저런 개념 자체도 들으면 아주 생소하지는 않지만, 막상 또 직접 설명하려면 막막하게만 느껴지는 경우가 많을 겁니다.

저는 과학자가 아니고 이 책도 과학도서가 아니기 때문에, 여기서 기술공학적 주제는 다루지 않겠습니다. 대신 경제적 관점에서, 4차 산업혁명이 정확히 무엇을 말하는 개념인지, 그리고 이러한 일련의 변화들이 우리의 일상에 어떠한 경제적 영향을 미칠 것인지, 그에 대한 우리의 대응 방향은 어때야 하는지 등에 대해서는 같이 생각해볼 만한 가치가 충분하다고 봅니다.

4차 산업혁명. 이제는 관용구처럼 쓰이는 단어입니다. 산업혁명이 4차까지 왔다면, 그 전에 이미 3차까지 진행된 적이 있다는 뜻이겠죠. 1차, 2차, 3차를 살펴보면 4차 산업혁명에 대한 실마리도 나올지 모릅니다.

제1차 산업혁명은 약 250년 전인 18세기 후반, 제임스 와트(James Watt, 1736~1819)가 증기기관을 고안해내면서 촉발되었습니다. 그전까지는 사람과 가축의 물리적 힘만이 전부였다면, 석탄의 화력을 이용한 증기기관은 사람 수만 명이나 말 수천 마리보다도 강한 동력을 끊임없이 제공해줄 수 있었습니다. 가내수공업과는 비교가 안 될 정도로 빠르고 효율적인 방적기계가 등장하면서, 기존에 없던 본격적인 대량생산이 가능해졌습니다.

이 시기 맨체스터 지역을 중심으로 대거 등장한 섬유공장들은 영국 산업에 큰 영향을 미치게 됩니다. 또 뒤이어 증기기관차까지 발명되면서, 이렇게 대량생산된 상품을 멀리까지 수송하여 신속하게 유통하는 것도 가능해졌습니다. 기존에는 '우리' 동네에서 '소량'으로 제작된 재화만 소비할 수 있었다면, 이제는 '생전 가보지도 못한 곳'에서 '대량'으로 생산된 상품도 접할 수 있게 되었습니다. 가격도 많이 싸졌고요. 생산과 유통 방식에서 근본적인 변화가 생겨난 것입니다.

제2차 산업혁명은 그보다 1세기 후 미국에서 출발했습니다. 제1차 산업혁명이 인간의 노동력을 보완하는 새로운 에너지들을 활용할 수 있게 되면서 시작되었다면, 제2차 산업혁명은 이런 에너지를 보다 효율적으로 생산하고, 저장하고, 활용할 수 있게 되면서 가능해졌습니다. 그 중심에는 전기와 내연기관이 있었습니다. 우리가 흔히 아는 발명왕 에디슨(T. Edison, 1847~1931)과 자동차의 원조인 포드(H. Ford, 1863~1947)가 대표적입니다. 컨베이어벨트를 따라 분업화한 체계는 생산량을 더욱 극대화하면서, 우리가 지금까지도 '제조업' 하면 떠올리게 되는 대표 공정으로 자리매김하게 됩니다. 그 효과는 20세기 초반 두 차례 세계대전을 거치며 증명되었고, 미국은 유럽을 제치고 세계 중심 국가로 우뚝 서게 되었습니다.

제3차 산업혁명은 보다 친숙하죠. 정보화 혁명입니다. 세계대전 이후 군사적 목적으로 개발된 인터넷과 IT기술이 민간 영

역으로도 이전되면서 변화가 크게 확산되었습니다. 생산 과정
도 고도로 전자화·자동화되었고, 개인의 삶도 PC와 휴대전화
등이 널리 보급되면서 상당히 달라졌습니다. 한 15년 전부터는
PC와 휴대전화를 합친 스마트폰도 일반화되어 오늘에 이르고
있습니다.

그런데 이런 산업혁명들에는 공통점이 하나 있는데, 변화가
막 일어나던 사람들은 이것이 산업혁명이라는 인식을 전혀 인
식하지 못했다는 점입니다. 예를 들어 산업혁명 당시의 영국인
은 '와, 지금이 제1차 산업혁명이구나! 역사적인 순간에 살고 있
다니 감격스러운걸!'이라는 생각을 전혀 하지 못했습니다. 일단
'산업혁명'이라는 용어가 처음 쓰인 시기가 그로부터 한참 뒤입
니다. 이 용어는 1880년대 영국의 경제학자 토인비(A. Toynbee,
1852~1883)가 "1760년대부터 지난 100년 동안 영국에서 일어
난 산업의 변화는 가히 산업혁명(Industrial Revolution)이라고 부
를 만하다"고 평가한 데서 널리 유래되었습니다. 아니, 산업혁명
같은 역사적 사건을 동시대에 직접 겪은 당시 사람들이 그걸 몰
랐다고요?

태풍이 불 때 가장 고요한 곳은 아이러니하게도 그 중심이라
고 합니다. 태풍이 지나간 뒤 벌어진 사태를 보고 태풍이었다고

해석하는 건 누구나 할 수 있지만, 그 태풍의 소용돌이 한가운데에서 알아차리기란 결코 쉽지 않습니다. 설령 바람을 느낀다고 해도, 그것이 지나가는 산들바람인지 태풍급인지를 판단하기란 더욱 조심스러울 수밖에 없습니다. 그래서 '산업혁명'뿐만 아니라 다른 역사적 사건들도 전부 사후에 붙은 이름입니다.

산업혁명은 단순히 특정 산업이 유행하는 수준이 아닙니다. 단순히 시장에서 인기를 끄는 발명품 몇 가지만을 두고 '혁명'이라고 부르지는 않습니다. 단지 생산 양식이 바뀐다는 수준을 넘어, 그 변화가 정치, 경제, 사회, 문화 전반에 걸쳐 아주 큰 파급효과를 촉발했기 때문에 '혁명적'인 수준의 변화라고 평가하는 겁니다. 노동의 축적이 자본이 되는 예처럼, 양적 변화가 계속 누적된 나머지 질적으로도 변환된 상태입니다.

제1차 산업혁명의 증기기관이 상품의 생산과 유통 방식을 획기적으로 바꾸어놓았고, 제2차 산업혁명의 전기가 에너지의 생산, 저장, 활용 수준을 넘어 현대 문명의 기반을 쌓았으며, 제3차 산업혁명의 인터넷이 지구를 하나의 마을로 인식하게끔 했던 것처럼 말입니다. 증기기관과 전기, 인터넷의 발명과 도입을 산업혁명이라고 평가하는 이유는 단순히 그 발명품들이 획기적이고 신기하기 때문만이 아닙니다. 생활방식, 산업과 교육, 가치관과 문화, 법과 제도 등 그에 상응하는 삶의 방식 자체가 이전과는 크게 달라졌기 때문입니다. 따라서 이러한 변화는 사회적으로 충분히 인식되고 평가하는 과정 역시 오랜 시간을 필요로 합니다. 그래서 그 변화를 경험하고 체감할 만한 시간이 충분히 흐르고 난 뒤에야 제대로 된 평가가 이루어질 수 있습니다.

그런데 제4차 산업혁명은 조금 다릅니다! 제1차부터 제3차 산업혁명처럼 사회 전반에 커다란 영향을 미친 '혁명적'인 수준의 변화라는 역사적인 평가가 내려진 것이 아닙니다. 본격적인 변화가 아직 오지도 않은 상태에서, 심지어는 의미 있는 변화가 정말 있을 것인지도 불분명한 상태에서 사후가 아닌 사전에 미리 선언되었죠. 역사상 유례가 없는 일입니다. 그 이유는 인간 문명에 어떤 변화가 찾아올지를 이번에는 사전에 미리 짐작해 볼 수 있기 때문입니다.

제4차 산업혁명을 이끄는 가장 핵심적인 기술은 바로 인공지능입니다. 사실 인공지능은 어제오늘 등장한 개념이 아닙니다. 본격적으로 연구된 지 족히 수십 년은 됩니다. 1997년에는 IBM에서 제작한 딥 블루(Deep Blue)가 체스로 인간을 이기는 데 성공하고, 2004년에는 왓슨(Watson)이라는 슈퍼 컴퓨터가 TV 퀴

즈쇼 대결에서도 인간을 압도합니다. 이때까지만 해도 신기하기는 했지만 딱 그 이상도 이하도 아니었습니다. 우리의 일상생활에 실질적인 영향을 준 것도 아니었고요.

하지만 2016년 알파고(AlphaGo)가 인류의 바둑 최강자인 이세돌 9단에 4승 1패로 완승을 거두면서 분위기는 다시 달라집니다. 경우의 수가 거의 무한인 바둑에서는 기계의 연산이 인간의 직관을 따라올 수 없다는 평가가 지배적이었는데, 이 믿음이 보기좋게 빗나간 것입니다. 인공지능은 인류 사회에 충격을 안겨주며 다시 본격적으로 주목받게 됩니다.

그로부터 다시 몇 년 뒤, 2022년 말에는 '챗GPT'라는 인공지능이 등장합니다. 출시 2개월 만에 이용자 1억 명을 돌파한 이 인공지능은 사람과의 일상 대화는 물론, 각종 글쓰기도 수준급으로 해내고 있습니다. 복잡한 논문을 무리 없이 요약하고 연설문과 보고서를 수려하게 뽑아내기도 합니다. 미국 경영전문대학원 MBA와 의사면허 시험도 이미 통과했으며, 코딩 능력은 웬만한 전문가보다 낫다는 평가를 받고 있습니다. 아이폰 이후 최고의 혁신으로도 꼽히는 이 서비스를 활용하기 위해 이미 여러 업무 분야에서 매뉴얼이 개발되고 있습니다.

2023년, LG전자는 인공지능이 탑재된 가전제품을 광고하면서 '아무것도 하지 않고 모든 것을 하는 삶'이라는 카피 문구를 선보인 바 있습니다. 인공지능은 더 이상 아주 막연한 먼 미래의 이야기가 아닙니다. 공상과학 소설이나 영화에만 나오는 상상도 아닙니다. 어느새 우리의 삶 속으로 알게 모르게 조금씩 들어오고 있습니다. 변화가 시작되고 있습니다. 채용 면접과 근무평가 등 인사 관리에도 활용되고 있습니다. 인간의 피조물이 인간을 평가하는 단계에 이르고 있습니다.

인공지능은 단순히 또 하나의 신기한 발명품 수준이 아닙니다. 그 파급 효과는 '산업혁명'이라는 칭호를 충분히 받을 수 있을 정도로 우리 삶의 방식을 송두리째 바꾸어놓을 수 있는 잠재력이 있습니다. 인공지능은 인간이 만든 도구임은 분명하지만, 기존 도구와는 크게 다릅니다. 그동안 인간만의 고유 영역이자 핵심 정체성이었던 '지능'에 도전한다는 점에서 그렇습니다.

사실 인간은 다른 동물과 비교했을 때 신체적으로 매우 나약한 존재입니다. 빠르지도 않고 날지도 못합니다. 나무를 타지도 못하고 잠수를 오래 할 수 있는 것도 아닙니다. 근육도 약하고 이빨과 발톱은 다른 동물들에 비하면 흔적기관 수준입니다. 스스로를 지킬 만한 뿔도 없고요, 피부도 두껍지 못합니다. 야생에

던져졌을 때 생존 경쟁에서 가장 먼저 탈락할 만한 스펙이라고 할 수 있지요.

그럼에도 불구하고 인간이 지구상에서 만물의 영장으로 우뚝 설 수 있었던 것은 어디까지나 뛰어난 지능 덕분이었습니다. 그 지능 덕분에 인간은 도구를 사용할 수 있었고, 스스로의 물리적 한계를 가뿐히 보완할 수 있었습니다. 최초의 도구는 동물을 사냥하는 석기와 식량을 저장하는 토기 수준이었지만, 오랜 시간이 흘러 현대의 인류는 그 어느 생명체도 이루지 못한 복잡하고 정교한 기계문명을 건설하여 운용하고 있습니다. 인간은 새와 달리 날개를 가져본 적이 없지만, 대신 비행기를 만들어 지구 반대편까지 날아갈 수 있게 되었습니다.

그러나 기계가 아무리 복잡하고 정교한다 한들, 그 본질적인 역할은 어디까지나 도구였습니다. 의사결정은 항상 인간의 '지능'에서 나왔고, 기계는 그 결정을 단순히 집행하는 수단에 지나지 않았습니다. 인간은 날개 없이도 지구 반대편까지 날아갈 수 있게 되었지만, 그렇다고 비행기가 스스로 알아서 운항할 수는 없습니다. 목적지는 결국 인간의 '지능'으로 정해야 합니다.

하지만 인공지능은 기계의 역할을 더 이상 단순한 도구로 한정 짓지 않습니다. 이제는 인공지능 스스로가 도구를 사용할만한 지능을 가진 또 다른 주체가 될 수 있습니다. 기존 기계들이 인간의 나약한 물리력을 보완해주는 '손발'의 역할에 국한되어 있었다면, 인공지능은 그 손발을 제어하는 '두뇌'와 심지어 감성을 담당하는 '심장'의 역할까지 수행할 수 있습니다. 인공이기는 하지만 이 역시 '지능'이니까요. 인간이 만든 도구 '주제에' 스스로 판단하고 의사결정까지 내린다? 이 순간 인공지능은 인간이 만들어낸 단순한 발명품을 넘어섭니다. 지금까지 인간만의 고유 영역이라고 여겨졌던 '지능'을 넘보는 경쟁자로 등극합니다.

그래서 인공지능이 보편화되는 제4차 산업혁명은 인간이 스스로의 경쟁자를 등장시킨다는 점에서 매우 혁명적인 변화입니다. 인간을 만물의 영장으로 만들어준 고유의 정체성을 또 다른 주체에게 넘겨준다는 뜻입니다. 산업지형도를 바꾸는 수준에 그치지 않고 인간의 존재 의의에까지 근본적인 의문을 던질 수 있는 화두인 셈이지요. 인간이 만든 인공지능이 이렇게 인간 지능의 정수를 하나씩 정복하다 보면, 역설적으로 인간 본연의 역할과 지위를 위협할 수도 있습니다. 양날의 검, 그것도 아주 날카로운 검입니다.

적어도 현재까지는 세상에서 가장 뛰어난 지능을 가진 만물의 영장은 인간입니다. 하지만 강력한 경쟁자가 본격적으로 등장한다면 이야기는 달라질 수 있습니다. 인공지능의 등장은 여러 측면에서 전례없던 변화를 예고합니다. 사회 각 분야에 막대한 파급 효과를 미치는 경제 영역에서부터 일단 그 영향이 확실하기 때문입니다. 인공지능의 시대에 인간의 지위는 과연 어떻게 될까요.

새로운 기술은 새로운 일자리를 창출해내기도 하지만 기존 일자리를 위협하기도 합니다. 인쇄술의 발달은 당시 선망받던 기술인 필경술을 사양산업으로 내몰았습니다. 제1차 산업혁명이 한창이던 19세기 초반 영국에서는 방직기계가 널리 보급되면서 숙련된 수공업 직조공들의 입지가 급격히 줄어들었습니다. 전통적인 수공업은 몰락했고 실업자가 넘쳐났습니다. 그래서 기계를 아예 물리적으로 파괴하는 러다이트 운동(Luddite Movement)이 일어나기도 했지요. 물론 산업혁명의 거대한 물줄기를 막을 수 없었다는 점을 역사는 분명히 증명합니다.

꼭 아주 먼 과거의 일만은 아닙니다. 자동차가 등장하면서 인력거꾼이라는 직업은 드라마에서만 볼 수 있게 되었고, 통신기술이 발달하고 휴대전화가 대중화되면서 전화교환원은 역사의 뒤안길로 사라지게 되었습니다. 상·하수도가 발달하고 수세식 변기가 보편화하면서 똥장수는 이제 어른들만 아는 아득한 기억이 되었습니다. 이러한 변화는 오늘날에도 마찬가지로 끊임없이 일어나고 있습니다. 정형화된 루틴대로 반복되는 단순한 서비스 업무들은 사람 대신 기계가 수행한 지 이미 오래입니다. 요식업 매장마다 설치된 키오스크는 주문받는 아르바이트를 대체하고 있고, 차량 필수품이 된 하이패스는 고속도로 톨게이트 수납원들을 줄이고 있습니다.

기술 진보는 양날의 검이자 동전의 양면입니다. 인간에게 미지의 영역을 열어주는 동시에 기존 영역을 닫아버리기도 합니다. 기존의 일자리를 소멸시키면서 노동에게 위협이 되기도 하지만, 한편으로는 새로운 기회를 창출해내기도 합니다. 그 빈 자리는 곧 신기술이 창출해낸 새로운 직업군으로 대체됩니다. 산업구조가 바뀌는 과정에서 오히려 더 많은 일자리가 생겨나기도 합니다.

인력거꾼의 빈자리는 택시 기사가 채웠고, 전화교환원은 사라졌지만 대신 상담원 일자리가 생겼습니다. 상·하수도의 발달은 인테리어라는 새로운 블루오션으로 이어졌습니다. 키오스크로 인해 주문받는 아르바이트는 줄어든 반면, 배달 기사라는 새로운 직업군이 등장했습니다. 사회는 그렇게 바뀌고 구성원들은 새로운 환경에 적응해갑니다. 비록 그 과정이 언제나 평화롭고 정의롭기만 했던 것은 아니지만요.

산업구조와 일자리가 이렇게 지금까지 전환해온 과정들은 기계와 인간 간의 분업으로 요약할 수 있습니다. 힘, 속도, 지구력 등 물리적인 능력이 요구되는 육체노동은 이미 오래 전부터 기계가 도맡아 해오고 있습니다. 예전 같으면 사람이 땀 흘려가며 했을 고된 일들은 상당 부분 기계로 자동화되었습니다. 대신 인간은 기계가 감당할 수 없는 정신노동과 감정노동 등의 영역을 주로 맡아왔습니다. 반대로 말하면 인간은 육체노동의 영역은 기계에게 넘겨주더라도, 나머지 영역에서는 인간만의 고유한 능력으로 일자리를 지킬 수 있었습니다. 물리적인 힘은 기계에 추월당한 지 이미 오래였지만 '지능'에서만큼은 인간이 여전히 독보적인 위치에 있기 때문입니다. 현재 상당수의 직업이 인간의 육체보다는 '지능'에 의존하는 데에는 이러한 배경이 있습니다.

하지만 인공지능이 본격적으로 등장하면 상황은 크게 달라집니다. 지금까지의 정보화·기계화가 인간이 사전에 설계하고 입력한 프로그램대로만 작동하는 방식이었다면, 인공지능은 이제 새로운 정보를 습득하고 해석하는 과정마저 자동화하여 진행합니다. 인간이 별도로 명령을 내리지 않아도 새로운 정보를 스스로 관찰하고 학습하고 이해하며, 나아가 이를 활용하여 새로운 상황에 적용할 수도 있다는 뜻입니다. 마치 실제 인간처럼 말입니다.

물리적인 힘이 필요한 육체노동에 이어, '지능'이 요구되는 정신노동과 감정노동마저 기계에 대체될 가능성이 커집니다. 괜한 엄살이 아닙니다. 새로운 경쟁자는 그 어떠한 인간보다도 빠르고 정확하고 효율적으로 일하는 데다가 월급도 수당도 4대 보험도 받지 않고, 점심시간도 휴식시간도 퇴근도 필요로 하지 않습니다. 전기만 공급된다면 365일 24시간 쉬지 않고 일만 할 수 있습니다. 그러면서도 아무런 불평불만이 없습니다. 밥도 먹고 잠도 자고 화장실도 가야 하는 인간으로서는 도저히 당해낼 수 없는 상대입니다.

사실 이런 상황들은 이전에도 정도의 차이만 있을 뿐 계속 존재해왔습니다만, 이제 인간은 '지능'이라는 유일한 비교우위마저도 조만간 상실할 위기에 처해 있다는 점이 결정적인 차이점입니다. 그렇다고 모든 인공지능을 폐기하자는 러다이트 운동을 다시 일으킬 수도 없고, 설령 맞선다고 한들 도저히 뒤집을 수 없는 승부입니다. 인간의 노동은 이제 종류를 막론하고 전방위로 점차 기계에 대체될지도 모릅니다. 인간이 만들어낸 인공지능, 컴퓨터, 로봇으로 인해 정작 인간은 일자리에서 비자발적으로 '로그아웃'될 위기에 처해 있습니다.

그리고 그 속도는 지금까지 인류가 겪었던 역대 산업혁명 가운데 가장 빠르고 급진적일 것입니다. 설령 살아남는 직종도 전에 없던 수준의 경쟁을 피해갈 수는 없습니다. 미래학자 제러미 리프킨(Jeremy Rifkin, 1945~)이 일찍이 예견한 '노동의 종말(The End of Work)'이 조금씩 현실화되는 과정입니다. "피곤을 모르는 기계들이 인간의 노동을 빼앗고 있다." 같은 제목을 가진 이 책이 경고하는 부제이기도 합니다.

사실 과학기술이 꾸준히 발전하면서 변화하는 것은 기본이고 변화의 속도도 빨라졌습니다. 말하자면 가속도가 붙은 셈이지요. 변하는 건 당연하고 더 빠르게 변화한다는 뜻입니다. 예전에는 세대별로 생활상이 달랐다면 지금은 한 세대 안에도 달라지고, 그 간격도 좁아지는 추세입니다. 그래서 다음 세대, 그리고 그다음 세대는 정말 예측하기조차 쉽지 않은 상황입니다. 기술이 어떤 방향으로 어떻게 얼마나 발전할지 아무도 섣불리 단언할 수 없습니다.

미래에는 인공지능을 스스로 창조하는 초인공지능(ASI, Artificial Super Intelligence)까지 나올지도 모를 일입니다. 인공지능을 만들어낸 인간의 온갖 프로그래밍도 인간을 대체해서 그것마저 인공지능이 하게 된다면 말이죠. 인공지능의 처음 탄생이 인간 뇌에 대한 모사였다면, 초인공지능은 인공지능에 대한 모사를 통해 스스로 증강할 수도 있는 일입니다. 그 정도 수준이 되면 이미 인공지능은 가장 똑똑한 인간도 가볍게 능가하여 스스로가 자유롭게 활동하고 결정을 내리는 단계에 이를 것입니다. 그 발전 속도는 인간이 상상하기 어려울 수도 있습니다.

인공지능을 필두로 한 제4차 산업혁명은 '일하지 않는 자'를 대거 양산시킬 예정입니다. 아니, 더 정확히 말하면 '일하지 못하는 자'라고 볼 수 있습니다. 기술이 발달하면서 인간 노동은 점점 필요가 없어질 것입니다. 강력한 수준을 넘어 이제는 완벽해진 경쟁자 앞에서 노동은 갈수록 설 자리를 잃어갈 수밖에 없습니다. 근로 의지가 있어도 기계와의 경쟁에서 패해 '일하지 못하는' 사람들이 적지 않을 것입니다. 인공지능을 다루는 엔지니어나 플랫폼 경영자 등 소수의 엘리트를 제외하면, 이제 대부분의 노동은 이른바 '잉여인력' 신세로 전락하고 맙니다.

그 결과는 대량 실업입니다. 물론 새로운 일자리는 여전히 생겨나겠지만, 아무래도 인공지능 등 첨단기술 관련 직종에 주로 치중되어 있겠지요. 기존의 일자리를 잃은 사람들이 옮겨가기에는 재교육과 훈련도 쉽지 않습니다. 진입장벽이 높으며, 무엇보다도 그 수도 매우 적습니다.

여기서 자본주의의 역설이 발생합니다. 앞에서 살펴본 바와 같이 자본주의는 자본이 노동을 고용하는 경제체제로 정의됩니다. 그런데 자본주의 경제가 극한의 생산력에 도달하면서 생산이 자동화될수록 자본에 고용되는 노동은 오히려 줄어들게 됩니다. 고용이 줄어드니 소득도 줄고, 소득이 줄어드니 소비도 줄어들고, 줄어든 소비는 다시 또 고용을 줄이는 악순환에 빠집니다. 생산력은 양적으로나 질적으로나 급격히 발전하는 반면, 정작 이를 소화할 소비 여력은 따라오지 못하면서 극심한 불균형이 야기됩니다.

이러한 변화는 일시적인 경기 순환이 아닌 산업구조의 근본적인 변화에 기인합니다. 특단의 조치가 없는 한 경제는 만성적인 침체에서 벗어나기 어렵게 됩니다. 안정적인 노동소득으로 두터운 중산층을 키워내던 자본주의의 황금기 시절은 이제 다시는 찾아오지 않습니다.

이러한 흐름을 그대로 방치한다면 노동과 자본 간의 격차는 지금보다 훨씬 더 벌어질 것입니다. 어쩌면 자본의 유동화와 노동의 유연화를 내세우는 신자유주의의 영향과도 비교할 수 없을 정도로 벌어질 것입니다. 현재의 증상들은 이제 더욱 극단적인 수준으로 치닫게 될 것입니다.

사회는 인공지능을 통제하는 소수의 엘리트와 나머지 대다수 '잉여인력'으로 계층이 철저히 분리될 것입니다. 자본과 노동의 격차가 극대화되면서 그 장벽은 태어나서 죽을 때까지 결코 극복할 수 없을 정도로 더욱 공고해질 것입니다. 심지어 이미 양극화가 심각한 지금과도 비교할 수 없을 정도의 초양극화로 접어들 수밖에 없습니다. 공상과학 영화에서만 접하던 이른바 '기술 계급 사회'가 도래하는 것입니다. 기술은 결코 모두에게 균등한 결과물을 가져다주지 않습니다. 기술이 진보하면 인간의 삶도 같이 풍요로워지리라는 막연한 믿음은 기술도 자본도 없는 '잉여인력'에게는 순진하고 헛된 희망일 뿐입니다.

준비 없이 맞는 과학기술의 혁명은 결코 축복이 아닙니다. 자칫 사회공동체를 붕괴하는 재앙이 될 수도 있습니다. 언제 올지는 아직 모르지만, 언젠가 온다는 사실만은 확실합니다. 이 추세는 한번 시작된 이상 이제 돌이킬 수 없습니다. 인류 사회는 기존에 경험해보지 못했던 새로운 국면으로 영구적으로 진입하게 됩니다. 그리고 그 시간은 우리 예상보다 일찍 찾아올 것입니다.

논의는 이제부터 다시 시작입니다. 일자리를 빼앗기고 정체성마저 위태로울 위기에 처한 인간은 어떻게 다시 살아남을 수 있을까요. 우리는 어떤 길을 선택해야 할까요.

인간의 정체성마저 위협할 수 있는 이 획기적인 기술 진보는 우리가 활용하기에 따라 전혀 다른 결과를 낳을 수 있습니다. 근로시간을 줄이고 삶의 질을 개선하는 방향으로 나아가는 디딤돌이 될 수도 있고, 아니면 극단적으로 양극화된 사회를 불러오는 재앙이 될 수도 있습니다. 사회공동체를 뿌리부터 뒤흔들 시스템의 변화까지 지금부터 준비해둘 필요가 있습니다. 목적지를 묻는 근본적인 질문 앞에서 기대와 우려가 교차하지만, 어쩌면 참 다행스럽게도 그 선택만큼은 인공지능이 아닌 우리 인간에게 달려 있습니다. 적어도 아직까지는 말입니다.

기본소득: 엘리베이터의 끝판왕

가장 흔히 거론되는 대안은 바로 기본소득(Basic Income)입니다. 기본소득은 흔히 현금을 무차별적으로 살포하는 '포퓰리즘'적 복지 정책으로 오해를 받기도 합니다만, 사실 이 제도는 복지라기보다는 배당의 성격이 더 강합니다. 기술 발달에 힘입은 국가경제의 성과를 주권자인 국민에게 배당해주는 개념입니다.

마치 주식회사가 이윤을 내면 그 주인인 주주가 배당을 받는 것처럼 말입니다.

기본소득은 인공지능 시대에 노동을 자본의 위치로 끌어올려주는 '엘리베이터' 역할을 수행합니다. 어차피 인간의 노동 자체는 기계와의 경쟁에 밀려서 점차 설 자리를 잃어갈 수밖에 없는 추세입니다. 기본소득은 거스를 수 없는 이러한 현실을 냉정하게 인정하는 대신, 인공지능 등 고도로 발달한 생산력을 활용하여 아예 자본소득에 같이 투자해서 대비하자는 취지입니다.

복지국가가 더 많은 세금으로 각종 사회 서비스를 공동구매하는 개념이라면, 기본소득은 한발 더 나아간 불로소득의 형태입니다. 앞서 '엘리베이터'의 사례로 살펴본 스톡옵션, 우리사주제, 연금이 해당 종사자 또는 가입자에만 적용된다면, 기본소득은 모든 국민으로 확대한 버전입니다. 재테크를 개개인의 정보력과 운에 맡기지 않고 국가가 제도적으로 지원하는 방식입니다. 쉽게 말해 국가에서 받는 배당이고, 더 쉽게 말하면 젊어서부터 받는 연금입니다.

기본소득의 재원은 인공지능의 노동입니다. 쉽게 말해, 이제는 인간이 기계를 착취하자는 뜻입니다. 온갖 귀찮고 더럽고 힘들고 궂은 일은 전부 기계에게 떠넘겨버리는 대신, 사람은 그 편익을 착취하자는 취지입니다. 기계는 인간과 달리 보호해줄 필요가 없으니까요. 인간보다 강하고 지구력 있고 이제는 더 똑똑해지기까지 한 기계는 이제 인간을 위해 본격적으로 더 일하도록 만들 필요가 있습니다.

기본소득은 "일하지 않는 자는 먹지도 말라"는 명제를 정면으로 부정합니다. 반대로 기본소득은 "일하지 않는 자도 같이 먹자"는 뜻에 가깝습니다. 그래서 기본소득은 기존 상식과 거리가 가장 먼 처방전입니다. 아니, 아무 일도 안 했는데 그냥 먹여 살려 준다고요?

"일하지 않는 자는 먹지도 말라"는 원리는 그동안 누가 정하고 합의한 규칙이 아닙니다. 그렇게 할 수밖에 없었습니다. 일하지 않는 자들까지 모두 먹여 살리기에는 생산력이 미약했기 때문입니다. 20세기에 시도되었던 현실의 사회주의가 모두 실패로 돌아간 이유이기도 합니다. "능력에 따라 일하고 필요에 따라 분배한다"는 목표를 현실에서 구현하기에는 '능력에 따라 일한' 결과물이 형편없었기 때문입니다.

이 사실을 뒤집어 생각해보면, 기본소득이라는 '엘리베이터'의 전면적인 도입은 인공지능이 본격적으로 상용화된 이후에나

가능하다는 뜻이 됩니다. 인공지능의 노동을 유의미할 정도로 착취하고 배당으로 분배할 정도가 되어야 하니까요. 사실 인공지능이 상용화된다는 전제조건 자체가 이미 높은 생산력을 확보한 상태라는 사실을 의미합니다.

얼마 전까지만 해도 너무 이상적이라고만 치부되었던 이 아이디어가 예전보다 더 진지하게 논의되는 이유는 역시 경제 상황의 변화 덕분입니다. 인공지능을 필두로 한 각종 기술이 급격하게 발전하면서 산업'혁명'이라고 불릴 정도로 생산성의 급성장이 예고되어 있기 때문입니다. 그쯤 되면 모든 사회구성원을 노동 여부와 상관없이 먹여 살릴 만한 경제력도 기대해볼 수 있습니다.

물론 기본소득을 실제로 시행하기 위해서는 기존 복지와 병행할지, 대상은 어떻게 선별할지, 재원은 어디서 조달할지 등 현실적으로 따져볼 문제들이 적지 않습니다. 그래도 세계 여러 나라에서 정책 실험을 진행한 바 있고, 자원 부국들을 중심으로 부분적으로 시행하는 사례들도 있는 만큼 아주 터무니없는 발상은 아닙니다.

실제로 해외에서는 진보와 보수를 가리지 않고 진지하게 논의되는 주제이기도 합니다. 기본소득은 특유의 넓은 이념적 스펙트럼으로 인해 오히려 사회적 합의를 도출하기에도 용이한 측면이 있습니다. 예를 들어 미국의 보수 진영에서는 기존 복지제도를 통·폐합해서 단일한 종류의 기본소득으로 일원화하자고 오래 전부터 주장해왔습니다. 기본소득의 '보편성(universality)' 조건은 이해관계 조정을 오히려 용이하게 하고, '무조건성(unconditionality)' 조건은 각종 행정비용을 절약하는 이득이 상당히 크기 때문입니다. 과거 복지제도의 한계 역시 뚜렷한 만큼, 양극화와 실업 등 미국 사회가 당면한 문제들을 효율적으로 해결할 수 있는 새로운 대안으로서 꾸준히 주목받아 왔습니다.

기본소득이 모든 문제를 일거에 해결하는 반드시 유일한 정답이라고 확언할 수는 없지만, 전례 없던 변화에 대응하는 최소한의 기반은 될 수 있습니다. 주식회사의 배당이 다양한 방식으로 이루어지듯, 기본소득 역시 여건에 따라 다양한 방식을 생각해볼 수 있습니다. 미래에 여건이 더 무르익는다면 실제 현실에서도 단계적으로 적용하게 될 날이 올 수 있습니다. 불균등을 완화하면서 사회 통합적 기능도 기대해볼 수 있습니다.

한편 일각에서는 기본소득이 노동 의욕을 감퇴시킬 수 있다는 우려를 제기하기도 합니다. '일하지 않는 자'도 먹여 살려주면 누가 굳이 고생스럽게 노동을 하겠느냐는 지적입니다. 하지만 기본소득이 놀고먹는 베짱이만 양산하지는 않습니다. 줄어드는 것은 노동이지, 일이 아닙니다.

기본소득으로 생계가 해결되었을 때 의욕이 감퇴하는 대상은 '생계를 위해 억지로 해야 하는 노동'입니다. 노동은 경제적 대가를 목적으로 자본에 고용되어 의식적으로 하는 작용입니다. 먹고살기 위해 우리가 이미 지금 열심히 하고 있지요. 하지만 기본소득이 보편화될 정도라면 이미 인공지능을 비롯한 기계문명이 인간의 노동을 상당 부분 대체한 단계일 것입니다. 자본은 인간의 노동을 더 이상 필요로 하지 않게 되지요. 더 이상 노동을 고용하지 않으니 인간은 설령 노동을 하고 싶어도 자리가 없는 상황입니다.

반대로 '생계와 무관히 자발적으로 하고 싶은 일'은 이제 비로소 할 수 있게 됩니다. 직업 없는 소득이 주어지면, 반대로 소득 없는 직업도 생길 수 있습니다. 기계로부터 착취한 기본소득 덕분에 이제 경제적 자유를 얻게 된 인간은 생계를 위한 지긋지긋한 '노동'에서 벗어나게 됩니다. 대신 선호와 능력에 따라 좋아하는 '일' 자체를 직업으로 삼게 됩니다. 마치 놀이처럼 말입니다. 본인이 좋아하는 일이니 돈을 받지 않아도 자발적으로 하게 됩니다.

자신이 좋아하는 일을 직업으로 삼을 수 있는 기회는 지금도 큰 행운입니다. 흔히 '덕업일치'라고 하지요. 많은 사람이 '덕'을 '업'으로 삼지 못하는 이유 중 생계와 같은 현실적인 문제를 빼놓을 수 없습니다. 대신 이제 경제적인 여건이 조성되면 각자의 가치관과 선호도에 따라 마음놓고 꿈을 좇을 수 있습니다. 누군가는 넘치는 끼를 음악으로 승화시킬 수도 있고, 누군가는 연기에 평생을 바칠 수도 있습니다. 누군가는 세상의 원리가 궁금해서 학문에만 전념할 수도 있으며, 인간의 존재 이유를 탐구하기 위해 종교에 심취할 수도 있습니다. 인간의 한계에 도전하기 위해 운동에만 매진할 수도 있습니다. 그 무엇이 되었든 생계 걱정에서 벗어나서 개개인의 자아실현에 몰두할 수 있게 됩니다. 자아실현을 위한 물질적 · 시간적 여건이 갖추어지는 셈입니다.

인류는 이미 일찍이 이러한 사회를 경험한 적이 있습니다. 비록 일부의 사람들만 누렸다는 한계가 있긴 하지만 말입니다. '배부른 철학자' 소크라테스가 활동했던 고대 그리스는 '현실의 떡'이 풍족하던 시대였습니다. 당시 그리스는 지중해의 패권을 쥐고 있었으며 상공업과 무역을 활발하게 전개하며 번영을 누리고 있었습니다. 덕분에 '배부른 소크라테스'들이 양산되었습니다. 소크라테스 본인(?)뿐만 아니라, 우리에게 낯설지 않은 플라톤, 아리스토텔레스, 피타고라스 등의 철학자들이 쏟아져 나왔던 시대였습니다. 비단 이렇게 유명한 철학자들뿐만 아니라, 일반 '시민'들도 생각하고 연구하고 공연보고 토론하는 것이 평범한 일과이자 직업이었습니다.

'학교(school)', '학자(scholar)' 등 학문과 관련된 현대 영어 단어들도 모두 '여가(schole)'를 의미하는 이 당시 그리스어에서 유래했습니다. '공부'의 어원이 '여가'에서 유래했다는 점은 의미심장합니다. 우리에게 '공부'는 싫어도 억지로 해야 하는 대상이라, '여가'와는 반대되는 개념으로 인식되기 때문입니다. 고대 그리스인들이 '공부'와 '여가'를 동일시한 이유는 그들이 우리와는 질적으로 다른 특이한 민족이어서가 아닙니다. 그들이 했던 공부는 입시, 취업, 승진 등 생계를 위한 시험공부가 아니었기 때문입니다. 지금 우리처럼 머리를 싸매며 밑줄을 긋고 외우는 대신, 각자 관심 있는 분야에 대해 아무런 부담 없이 생각하고 토론하고 배우는 공부였습니다. 그렇게 자발적으로 하는 '공부'는 '여가'가 될 수 있습니다. 원래 시험기간에는 시험공부를 제외한 다른 모든 활동이 재미있게 마련이지요. 심지어 다른 공부라도 말입니다.

시험 부담이 없었던 고대 그리스인들은 그렇게 '재미있는' 공부를 즐기는 데 그 '여가'를 활용했습니다. 인간은 어디서 와서 어디로 가는가, 신은 있는가, 국가란 무엇인가 등을 생각하고 토론했습니다. 이 시기에 정치, 철학, 수학, 문화, 예술이 번성하고 직접 민주주의가 꽃피었던 데에는 다 이유가 있었던 셈입니다.

이렇게 '배부른 소크라테스'가 가능하기 위해서는 물론 '먹고 사는' 문제가 먼저 해결되어야 합니다. 아무리 잘난 소크라테스라도, 아니 그 할아버지라도 '그림의 떡'만으로는 살 수 없습니다. 하루 종일 '공부'하고 '여가'만 보내면 소는 누가 키울까요? 다시 말해, '그림의 떡'을 추구하기 위한 '현실의 떡'은 어떻게 언제 어떻게 만들어 먹었을까요?

그 답은 노예에서 찾을 수 있습니다. 고대 그리스에서 '시민'들이 의식주 걱정 없이 전인교육에 몰두하며 문화와 예술, 사상과 철학을 한창 꽃피울 수 있었던 역사는 노예들의 희생 덕분에 비로소 가능했습니다. '시민'들이 '배부른 소크라테스'가 되어 자아실현에 나섰던 찬란한 문명의 뒤편에는 광산, 농장, 채석장 등 위험하고 힘든 산업 현장에서 열악한 처우 속에서 '배고픈 돼지' 처지를 강요받았던 노예들이 있었습니다. 직접민주주의의 상징이었던 아고라 광장은 한편으로는 노예들을 거래하던 시장이기도 했습니다. 아테네 전성기에는 성년 시민 1명당 노예 1.5명을 거느렸다는 추산도 있습니다.

노예는 그냥 '말하는 가축'이자 '움직이는 재산'으로 치부되기 일쑤였습니다. 게으르거나 무례하다는 이유로 매를 맞고 감금당하던 사례도 비일비재했습니다. 모든 면에서 '시민'들과는 다른 차별적인 대우를 받았죠.

고대 그리스뿐만이 아닙니다. 동서고금을 막론하고 전근대적인 신분제도가 있었던 모든 사회에서는 하위 계급이 상위 계급을 위해 대신 노동했습니다. 앞에서 살펴본 바와 같이 A부족이 국가로 발전한 배경이기도 합니다. 고대 로마 시대도 그렇고, 유럽 귀족들도 마찬가지이며, 조선시대 양반 사대부들도 해당합니다. 경제 활동에 매진할 필요가 없으니 시간적인 여유가 넘쳤고, 남는 시간에 자기들끼리 예절과 교양을 정하고 배워서 스스로의 부를 과시하는 수단으로 삼았습니다. 일하지 않아서 시간이 여유롭다는 사실은 곧 높은 계급을 의미하게 되었습니다. 정확히 반대로, 자신뿐만 아니라 상위 계급을 위한 노동까지 담당해야 했던 하층민들은 눈코 뜰 새 없이 바쁠 수밖에 없었습니다.

그렇다면 만약 우리의 노동을 기계가 대신 해준다면 어떨까요? 인공지능을 비롯한 기계문명 덕분에 우리는 그리 멀지 않은 미래에 새로운 노예를 얻게 될지도 모릅니다. 과거 그 어떤 노예보다 훨씬 강하고 정확하고 빠른 녀석으로 말이지요. '말하는 가축'

과는 달리 사람이 아니기 때문에 군이 보호할 필요도 없습니다.

기계는 과거 노예처럼 일하고, 이제 인간은 과거 귀족처럼 여가를 즐기면 됩니다. 인간은 기계의 노동을 '착취'하는 덕분에 생계를 위한 노동에서 벗어날 수 있습니다. 이러한 상황에서도 인간은 여전히 할 일이 남아 있습니다. 생계 걱정에서 벗어난 인간은 이제 본격적으로 자아실현을 위해 몰두할 수 있습니다. 고대 그리스의 '배부른 소크라테스'들이 그랬던 것처럼, 우리도 이제 생계를 위한 노동에서 벗어나서 자아실현에만 전념할 수 있게 됩니다. 매슬로 5단계, 즉 자아실현을 최종적으로 달성할 수 있는 물질적인 여건이 마련된 셈입니다. 이 영역이야말로 모든 동식물과 심지어 기계마저도 넘볼 수 없는 인간만의 고유한 정체성일 것입니다.

자연스럽게 문화와 예술이 꽃피고 사상과 철학이 빛을 발하게 되겠지요. 로봇과 기계문명과 인공지능의 노동을 발판 삼아, 인간은 각자의 관심사와 잠재력을 최대한 발휘하게 됩니다. 인공지능을 착취해서 '엘리베이터'를 타고 올라간 결과물은 인간의 자아가 실현되는 르네상스입니다. 물론 이 환자가 지금 앓고 있는 증상들도 상당 부분 치료된 상태일 것입니다. 과연 가능할지, 가능하다면 언제가 될지는 아무도 모르지만요.

03. 응급치료

"저출산 문제만큼은 '수문 열기'와 '엘리베이터' 중에서
일단 더 빠른 효과를 볼 수 있는 처방을 닥치는 대로 써봐야 합니다.
둘 중에서 '엘리베이터' 방식이지요."

지금까지 환자 대한민국이 앓고 있는 증상들을 진단하고 그에 따른 처방까지 살펴보았습니다. 여러 각도에서 분석해볼 수 있지만, 각각의 개별 요인을 아우를 수 있는 근본 원인은 경제에 있습니다. IMF 체제를 통해서 이 환자에게 이식된 신자유주의는 자본을 유동화하고 노동을 유연화하면서 낙수효과를 크게 약화시켰고, 결과적으로 이는 우리 사회 곳곳에서 곳간을 비게 만들었습니다.

그리고 그에 대한 처방으로 두 가지 방법을 살펴보았습니다.

'수문'을 여는 방법과 '엘리베이터'를 타는 방식입니다.

먼저 '수문'은 신자유주의 체제에서 막혔던 낙수효과가 다시 작동하게끔 물길을 복원하는 처방입니다. 즉 신자유주의가 유동화한 자본을 덜 유동화하고, 유연화한 노동을 덜 유연화하는 방식입니다. 증상을 앓게 된 근본적인 원인에 직접 손을 대서 바꾸는 치료법이지요.

반면 '엘리베이터'는 낙수효과가 계속 막혀 있는 상황을 전제로 고안한 차선의 대안입니다. 개천 복원을 포기하는 대신, 목말라하는 가재, 붕어, 개구리들을 아예 댐 위로 이동시켜 주는 발상의 전환입니다. 이 방식은 자본을 덜 유동화하고 노동을 덜 유연화하는 대신에, 노동자를 아예 자본가로 만들어버리는 취지입니다. 신자유주의 체제에서 추진된 자본의 유동성과 노동의 유연성을 일단 인정하되, 그렇다면 노동을 아예 자본으로 편입해서 노동자도 자본가로서의 정체성을 동시에 누리게 함으로써 실리를 취하자는 뜻입니다. 그러면 댐의 '수문'을 무리해서 열지 않아도 모두의 갈증을 해결할 수 있으니까요.

이 두 가지 처방, 즉 '수문 열기'와 '엘리베이터' 방식은 각각의 장단점이 있습니다.

먼저 '수문 열기'는 증상의 근본 원인을 직접적으로 다룬다는 점에서 가장 근본적인 방식이긴 합니다. 신자유주의에서 추진된 '자본의 유동화'와 '노동의 유연화'라는 핵심적인 발병 경로를 억제하겠다는 취지이지요.

하지만 현실적으로는 자본의 저항이 셀 수 있고, 완치까지 시간도 오래 걸립니다. 이 환자가 앓고 있는 증상의 뿌리는 신자유주의의 여파가 누적된 시간만큼 깊기 때문입니다. IMF 체제를 통해 신자유주의가 이 환자에게 본격적으로 이식된 지도 20년이 훌쩍 넘었습니다. 지금부터 다시 '수문'을 열어 낙수효과를 복원하는 치료에 전념한다고 해도 그 이상의 시간이 필요합니다. 또한 이 과정에서 자본의 저항까지 고려한다면 완치는 정말 요원한 일이 될지도 모릅니다.

반대로 '엘리베이터'는 증상의 원인을 정면으로 건드리지는 않습니다. '수문 열기'만큼 근본적인 치료법은 아닙니다. 하지만 그만큼 시간과 노력을 절약할 수 있습니다. 말라 버린 개천을 일일이 복원하기란 사실 말처럼 쉬운 일이 아니거든요.

반면, 이 방법도 완벽하지만은 않습니다. '엘리베이터'는 사실 선택하고 싶다고 바로 실행할 수 있는 치료법은 아닙니다. 노동에게 자본의 정체성을 일일이 부여하기 위해서는 그만큼의 경제력이 전제되어야 합니다. 인공지능이 상용화되어야 비로소 가능해질 기본소득처럼 말입니다.

두 처방 모두 이 환자가 채택할 수 있는 의미 있는 선택지이지만, 그와 동시에 한계와 부작용도 분명히 염두에 두어야 합니다. 현실에서는 어느 한쪽만을 극단적으로 좇기보다는 상황에 따라 적당한 비중으로 섞어서 사용할 수 있습니다. 환자 대한민국을 사랑하는 국민들 간에 정치적·사회적인 합의도 필요하지요.

다만, 앞에서 본 세 가지 증상 중에는 그런 합의를 기다릴 여유조차 없는 증상이 있습니다. 바로 저출산입니다. 저출산 문제만큼은 '수문 열기'와 '엘리베이터' 중에서 일단 더 빠른 효과를 볼 수 있는 처방을 닥치는 대로 써봐야 합니다. 둘 중에서 '엘리베이터' 방식이지요. 즉 환자 대한민국이 지금 앓고 있는 저출산 증상에는 '엘리베이터' 처방을 적용해서 긴급하게 치료에 나서야만 합니다.

자유민주주의를 지향하는 이상, 개개인의 선택에 국가가 일일이 간섭할 수는 없습니다. 다만, 낳고 싶지만 현실적인 문제 때문에 망설이는 경우에는 국가가 적극적으로 도와줄 필요도 있습니다. 이제 대한민국에서 아이는 단순히 신혼부부 개개인의 선택에만 맡겨둘 문제가 아닙니다. 저출산 현상은 단순히 개인적인 차원의 문제가 아니라, 사회구조적인 증상입니다. 강 건너 불구경하듯이 개인의 가치관으로만 치부할 단계는 안타깝게도 이미 한참 전에 지났습니다. 출산율을 반등시키고 나서야 비로소 다시 가능해질 사치입니다.

저출산은 이 환자의 생명마저 위협하고 있다는 점에서 가장 심각하고 시급한 증상입니다. 다만 그 여파가 지금 당장 가시적으로 체감되지는 않습니다. 감염병처럼 전파력이 빠르지도 않고 전쟁처럼 파괴력이 눈에 보이지도 않습니다. 같은 위기라고 하더라도 그 결과물이 상대적으로 직관적이지 않고, 그저 막연한 미래의 문제만으로 치부되기 쉽습니다. 서울을 비롯한 수도권의 웬만한 번화가는 여전히 젊은 사람들로 북적입니다. 결혼식장과 어린이집은 여전히 예약 경쟁이 치열하지요.

또한 여러 요인이 복합적으로 중첩되어 있는 특성상 인과관계와 책임 소재도 명확하게 나누어 떨어지지 않습니다. 전체를 조율하여 거시적인 안목에서 유기적인 처방을 도출해내기가 쉽지 않습니다. 그렇기 때문에 논의되는 대책 또한 각 분야별로 파편화되는 경향이 있습니다. 문제에 대한 근본적인 해결책을 꾸준히 강구하기보다는 단지 방치하지 않는다는 인상만을 주는 수준에서 타협하려는 유인도 커집니다.

　이런 특성들로 인해 저출산 문제는 역설적으로 적극적인 대응이 쉽지 않았습니다. 그 어느 위기 못지않게 이 환자의 지속 가능성을 치명적으로 위협하는 증상인데도, 다른 현안들에 비해 상대적으로 우선순위에서 밀리기 일쑤입니다. 어쩌면 아직까지도 이 환자는 끓는 물의 개구리처럼 불감증에 걸려 있는지도 모릅니다. 위기를 위기인 줄 모르는 때가 더 위험한 법입니다.

　사실 대한민국은 저출산 증상을 치료하기 위해 꽤 오래전부터 이미 많은 돈을 써왔다고 알려져 있습니다. 저출산 예산이 처음 편성된 2006년부터 지금까지 약 300조 원 넘게 투입되었으며, 심지어 해마다 갈수록 늘어나는 추세입니다. 막대한 예산에도 불구하고 출산율은 계속 추락 중이니, 백약이 무효라는 체념이 나올 법도 합니다.

　하지만 그 내막을 살펴보면 실상은 약간 다릅니다. 이 환자는 아직 '백약'을 제대로 써보지도 않았습니다. '저출산 예산'이 그 막대한 규모에 비해 별 효과가 없는 이유는 그 정책들이 애초에 출산율을 높이기 위한 목적으로 기획된 산물이 아니기 때문입니다. 각자 고유의 배경과 목표를 지닌 여러 사업 가운데, 돌고 돌아 간접적으로나마 저출산 완화에 조금이나마 기여해볼 수 있다면 일단 모아서 저출산 예산이라고 통합해서 부르는 방식입니다. 저출산과 어떻게든 연계할 만한 작은 접점이라도 확보하면 예산 통과가 한결 수월해지는 관료 사회의 실무 관례가 있긴 합니다. 그건 제가 잘 알지요.

예를 들어 가족 여가를 증진한다는 명목으로 템플스테이 지원 예산이, 청년 일자리를 지원한다는 명목으로 해외 취업 촉진 예산이 포함된 식입니다. 저출산 대응 예산이라는 간판을 달고는 있지만, 실제 직접적인 연결고리가 있는지는 의문 부호가 붙을 수밖에 없습니다. 연말정산 추가 공제, 전기요금 감면, 주차요금 할인, 고궁 무료 입장 등의 혜택은 없는 것보다야 낫겠지만, 반대로 말하면 효과도 없습니다. 그런 혜택을 받으려고 아이를 낳는 사람은 없습니다. 젊은이들이 아이를 낳지 않는 이유는 고궁 입장료 때문이 아니기 때문입니다.

중앙정부와 지방자치단체가 제각각 시행 중인 저출산 대책역시 중구난방에 가깝습니다. 중·장기적인 핵심 밑그림은 실종된 채 상당수가 중복되거나 유사한 내용인 경우가 적지 않습니다. 저출산의 근본적인 원인에 대한 심층적인 분석도, 그래서 나아가야 할 지향점에 대한 정교한 논의도 찾아보기 어렵습니다. 인구 정책 또한 출산율을 높이기 위해 힘쓰기보다는 인구 감소를 전제로 새로운 변화에 적응하는 방향으로 초점이 맞춰지고 있습니다.

귀농·귀어 등 인구 유입을 위한 지방자치단체 간의 경쟁도 마찬가지입니다. 또한 직장 등을 위해 정기적으로 방문하는 '생활 인구'를 늘리려는 노력도 그리 큰 의미는 없습니다. 지역 소멸을 걱정하는 각 지자체 입장에서는 절박할 수 있겠지만, 우리나라 전체적으로 보면 아랫돌을 빼서 윗돌로 괴는 꼴입니다. 전체 인구가 순증가하는 것이 아니라, 대한민국 안에서 단순히 거주지역만 바뀌는 형태이기 때문입니다. 한 곳이 늘어나면 그만큼 다른 곳에서는 줄어들게 되는 제로섬 경쟁이지요. 관건은 대한민국 어디에서든 새로운 인구가 태어나게 하는 방향이 되어야 합니다.

그나마 출산·육아와 직결되는 출산장려금과 아동수당 등은 주관 기관, 액수, 기간 등이 전부 제각각입니다. 물론 아예 아무것도 없는 상태보다야 뭐라도 도움이 되긴 하겠지요. 그렇지만 명료하게 통일되어 있지 않다는 사실 자체가 수요자 입장에서 혼선을 유발할 수 있습니다. 투입되는 비용에 비해 체감 효과를 반감시키는 요인입니다.

이러한 현실은 그 의도가 어찌되었든, 결과적으로는 우리 사회가 저출산에 많은 자원을 투입해서 적극적으로 대응해왔다는 착시 효과를 불러일으킬 수 있습니다. 오히려 "돈을 그렇게 쏟아부었는데도 안 되더라" 하는 냉소와 불신만 부추기고 있습니다. 이런 거품들을 걷어내고 나면, 정작 출산·육아와 직결되는 지원 예산은 다른 OECD 국가와 비교해서도 충분하지 않다는 평가가 나옵니다. 피부에 와닿는 경제적인 이유로 출산을 망설이는 당사자들 입장에서는 정작 정책 체감도가 매우 낮은 근본적인 이유이기도 합니다.

결국 이 환자는 출산율 반등을 위해 노력하고도 실패한 것이 아닙니다. 오히려 제대로 노력해보지도 않았기에 당연히 효과를 기대하기 어려운 상태입니다. 저출산 현상을 되돌릴 수 없다고 한탄하기에는 자원을 본격적으로 투입해보지도 않았습니다. 밑빠진 독에 물을 부었던 것이 아니라, 애초에 물을 제대로 부어보지도 않은 셈입니다.

이제는 처방을 전향적으로 검토해야 합니다. 그동안 '저출산 대응' 타이틀을 달았던 정책에 효과가 없다면 방향부터 다시 짜야 하며, 액수가 적다면 다른 예산을 조정해서라도 우선순위를 확보해야 합니다.

저출산 증상에 관한 한, 이 환자는 이제 더 이상 외면하거나 회피하거나 머뭇거릴 시간이 없습니다. 안타깝지만 이미 충분히 늦었습니다. 오래전 이 환자의 조상을 죽음의 문턱에서 가까스로 살려냈다는 충무공 이순신 장군처럼 "신에게는 아직 12척의 배가 있사옵니다"라는 의지로 대응해야 합니다. 그때처럼 이 환자의 명운이 걸린 절체절명의 문제입니다. 지금부터라도 수단과 방법을 가리지 않고 할 수 있는 치료법은 모두 시도해봐야 합니다.

저출산 증상도 크게 보면 신자유주의로 인해 파생된 경제 문제인 만큼, 원칙적으로는 '수문 열기'부터 출발해야 합니다. 다른 증상들과 마찬가지로, 댐의 '수문'을 열어서 낙수효과부터 다시 복원하는 데서부터 출발해야 합니다. 출산을 둘러싼 사회·경제적 환경을 개선하는 방법은 가장 근본적인 처방입니다. 일자리와 주거 등 근본적인 문제에서부터 시작해야 합니다. 양질의 일자리를 창출하고 부동산 가격을 안정화해서 미래에 대한 계획이 서도록 도와줄 필요가 있습니다. 사교육비 부담을 덜어주고, 근로시간을 단축하는 등 일과 가정의 양립을 권장하는 방향도 필요합니다. 결코 단편적인 지원책만으로 해결될 사안이 아니기에, 세심하면서도 저변이 넓어야 합니다. 고용, 부동산, 복지, 교육 등 우리 사회 전 분야에 걸친 중·장기적인 고민이 필요합니다.

하지만 매우 안타깝게도, 이 환자는 그런 점진적인 변화를 기다릴 여유조차 함부로 누릴 수 없습니다. 대한민국은 머지않아 가히 국가 소멸을 걱정해야 할 심각한 위기 상황이기 때문입니다. 이런 추세로는 대한민국이라는 나라가 소멸할 수도 있다는 경고음이 곳곳에서 들립니다. 그래서 이제는 이 환자를 일단 목숨부터 살려놓고 본다는 차원에서 접근해야 합니다.

사실 저출산의 핵심 주범으로 꼽히는 일자리와 주거 등은 모두 단번에 해결하기 어려운 구조적인 문제들입니다. 저출산 증상을 치료하는 '수문 열기'의 방향성은 백번 옳지만, 대신 그만큼 시간이 걸립니다. 개선 과정까지도 쉽지 않을뿐더러, 또한 개선한다고 해도 즉각적인 효과를 기대하기도 쉽지 않습니다. 백번 양보해서 완벽한 처방을 당장 시행한다고 해도 이미 시작된 인구 절벽은 하루아침에 끝나지도 않습니다. 출산율은 단기적으로 금방 올라가지 않습니다. 그랬다면 이렇게 문제가 되지도 않았겠죠.

그래서 댐의 '수문'을 열어 낙수효과가 다시 복원되기를 기다리는 것만으로는 결코 충분하지 않습니다. '수문'을 여는 근본적인 치료와 동시에, '엘리베이터'식 처방도 과감하게 같이 시행할 필요가 있습니다. 노동자를 아예 자본가로 만들어 버림으로써 실리를 취하는 방식입니다.

가장 광범위한 '엘리베이터'인 기본소득은 아직 시기상조가 맞습니다. 그 정도의 '엘리베이터'를 운용하기에는 이 환자의 경제력이 아직은 턱없이 부족하기 때문입니다. 다만 저출산 문제만을 위한 '엘리베이터' 정도는 아예 불가능하지는 않습니다. 또한 해야 합니다. 자본을 미처 축적하지 못한 청년층들도 아이를 낳고 키울 만한 여건을 과감하게 만들어줘야 합니다. 새로운 생명을 대한민국에 초대할 큰 인심을 발휘해볼 수 있도록, 최소한의 곳간을 빠르게 채워주는 발상입니다.

과거 이 환자의 출산율이 높았던 배경에는 자녀가 생산재였던 이유도 무시할 수 없습니다. 농경 사회에서는 자녀가 많을수록 농사일을 도울 일손이 늘어나는 효과가 있었습니다. 쉽게 말해 자녀를 낳으면 낳을수록 경제적으로도 이득이었습니다.

하지만 산업화된 지금 시대는 상황이 정반대입니다. 자녀는 더 이상 부모의 생업을 돕는 일손이 아닙니다. 오히려 소비재입니다. 그것도 이미 사치품의 영역에 들어간 소비재입니다. 낳으면 낳을수록 경제적으로는 부담으로 작용합니다. 특히 출산 관련 의사결정을 내리는 신혼부부의 경우 자본이 없어서 노동을 축적시키느라 시간이 걸리는 상황으로 해석할 수 있습니다.

그렇다면 이제는 아이를 가지면 오히려 경제적으로도 이득이 되도록 제도를 다시 설계해야 합니다. 사실 돈을 준다고 바로 출산을 결심하게 되는 것은 아니지만, 반대로 생각하면 돈 없이 극복할 수 있는 문제도 아니기 때문입니다.

그래서 차라리 아이를 낳는 신혼부부에게 그냥 현금으로 직접 지급하자는 목소리도 점차 힘을 얻고 있습니다. 일전에 허경영 국가혁명당 명예대표가 주장한 바 있는 결혼수당 1억 원과 출산수당 5,000만 원 등의 아이디어도 재조명을 받고 있습니다.

사실 이러한 제안이 처음 등장했을 때만 해도 허무맹랑하다는 반응이 대부분이었습니다. 하지만 이제는 마냥 덮어놓고 무시할 일은 아니라는 목소리도 점차 힘을 얻고 있습니다. 일견 파격적으로 보일 수도 있는 대안도 같이 과감하게 검토할 필요가 있습니다. 출산율을 반등시켜 나라 소멸을 막을 수 있다면 결코 지나치지 않을지도 모릅니다.

이 '엘리베이터'를 운용하기 위해서는 그 재원도 당연히 중요한 문제입니다. 저출산 문제는 지금 당장 시급한 데 반해서, 인공지능은 아직 상용화되지 않아 우리가 '착취'할 만한 기계의 노동은 없으니까요. 결국 당분간은 우리 인간이 알아서 메워야 합니다. 참고로 이 환자의 현재 채무 수준은 다른 나라들보다는 양호한 상황이긴 하지만, 그 증가 속도가 빨라서 마냥 안심할 수는 없는 형편입니다.

그래서 불필요한 다른 지출을 구조조정해서 최대한 아끼는 것은 물론, 필요하다면 증세도 적극 검토해야 합니다. 단, 그 세원(稅源)은 자본이 부담하도록 해야 합니다. 앞에서 살펴본 바와 같이, 어차피 자본에 증세를 하지 않는다고 해서 낙수효과가 저절로 살아나지는 않습니다. 적어도 저출산이라는 시급한 증상만큼은 '엘리베이터'를 운용하기 위해 '수문'을 여는 방식도 동시에 일부 병행하는 것이죠. 하늘의 물이 세입(稅入)과 세출(稅出)을 거쳐서 궁극적으로는 개천으로 흘러 들어가게끔 정부가 중간에서 매개체가 되는 셈입니다.

사실 저출산 증상을 해결하기 위한 '엘리베이터'는 다른 나라들도 이미 폭넓게 활용 중인 처방전입니다. 저출산고령사회위원회에서도 한때 검토했다가 정치적인 이유로 무산된 바 있는 헝가리의 출산장려 정책은 전형적인 '엘리베이터' 방식입니다. 결혼하면 약 5천만 원을 장기 저리로 대출해주고, 첫 자녀 출산 시 무이자 전환, 둘째·셋째 출산 시 원금 일부나 전액을 탕감해 주는 방식입니다.

이탈리아는 이 환자처럼 사망자 수가 출생아 수를 뛰어넘는 '인구 데드크로스(dead cross)'를 마주했습니다. 이에 이 나라는 세금 공제와 각종 수당을 적극 검토하고 있습니다. 첫 아이 출산 시 2,500유로(약 350만 원)를 공제받을 수 있고, 둘째를 낳으면 7,500유로가 추가로 공제됩니다. 셋째 자녀는 1만 2,500유로, 넷째는 1만 7,500유로로 공제액이 늘어납니다. 6세 이하 아동에 대해 매월 400유로, 25세 이하 청년에 대해 매월 250유로를 지급하는 파격도 검토하고 있습니다. 구체적인 액수가 중요한 것이 아니라, "자녀가 있으면 세금이 없다"라는 슬로건을 내세울 정도의 진정성이 의미 있는 처방입니다. 그런데 이 나라의 출산율은 1.2명대입니다. 우리보다 훨씬 높습니다.

일본은 아동수당을 기존 중학생에서 고등학생까지 확대 지급하며 부모의 소득 제한도 없앴습니다. 육아 세대에 공공주택 20만 호를 제공하며, 육아휴직을 선택하는 부모의 급여를

100% 보장하는 안을 검토 중입니다. "젊은 층이 미래에 대한 희망을 갖고 결혼해 아이를 낳을 수 있는 사회를 만들지 않는 한 저출산 추세를 반전시키기 어렵다"는 것이 일본의 의지입니다. 적어도 이 결단은 일본보다 대한민국이 먼저 내렸어야 합니다.

프랑스는 자녀 수에 비례해 소득세를 감면해줍니다. 소득에 부과되는 세금을 가구원 수로 나눠 부과하는 '저출산 대응 소득세제'를 운영하는데, 가구원 숫자가 많을수록 세금 감면 혜택이 커집니다. 출산수당, 아동수당, 가족수당도 별도로 지급합니다. 이 나라는 출산율이 무려 1명 후반대입니다.

독일은 아동수당은 물론, 자녀를 돌보느라 일시적으로 노동 능력이 떨어지거나 일을 아예 할 수 없는 부모에게도 부모수당을 함께 지급합니다. 아이가 2명 이상일 땐 부모수당의 10%에 해당하는 '형제자매 보너스'도 나옵니다. 자녀가 18세가 될 때까지는 소득과 관계없이 모든 부모에게 매월 250유로씩 아동수당을 지급합니다.

나라마다 구체적인 기준이나 액수는 얼마든지 차이가 있을 수 있습니다. 다만 '엘리베이터' 방식이라는 점에서는 모두 맥락을 같이 합니다. 노동자를 아예 (작은) 자본가로 만드는 방식입니다. 자본을 미처 축적하지 못한 청년층들에게 자본을 직접적으로 지급해서 아이를 낳고 키울 만한 여건을 조금이나마 보장해 주려는 것이죠.

유사 처방 주의: 이민

한편, 일각에서는 인구위기에 대한 처방전으로 이민의 문호를 넓히자는 주장도 없지 않습니다. 어차피 저출산 추세를 단기간에 되돌리기는 어려워 보이니, 아예 이민자들을 적극적으로 받아들여서 새로운 동력으로 삼자는 논리입니다. 현실적으로 유일한 치료법 같아 보일 수도 있지만, 사실은 이 발상이야말로 매우 신중하게 접근해야 합니다.

성급한 이민 정책은 일자리를 둘러싼 경쟁을 지나치게 격화시킴으로써 노동의 처지를 더 악화시키는 부작용이 있습니다. 게다가 주택, 학교, 의료 등 사회적 인프라와 재정, 예산 등 경제에도 부담으로 작용할 수 있습니다. 당장 치안부터 불안해질 수 있고, 새로운 유형의 갈등이 빈발할 수 있습니다. 자칫 출산율을 자체적으로 높이기 위한 예산보다도 더 큰 사회적 비용을 치르게 될 수도 있습니다. 배보다 배꼽이 더 커지는 꼴이지요.

어떤 사회도 이민자를 무제한 수용할 수는 없습니다. 백번 양보해서 이민을 받아들인다고 하더라도, 충분한 검토와 사회적 합의를 거쳐 큰 부작용이 없는 범위 안에서 제한적으로만 시행해야 합니다. 인구가 유입되는 수와 속도를 통제할 수 있어야 함은 물론입니다.

실제로 이민자가 증가하면서 크고작은 문제들로 골머리를 앓는 나라들이 적지 않습니다. 실업이 심각해지고 치안이 악화되며 각종 사회적 · 문화적 · 종교적 갈등이 격화되고 있습니다. 트럼프를 당선시킨 미국과 EU를 탈퇴한 영국의 사례는 일부에 불과합니다. 자유, 평등, 박애라는 지극히 고상한 가치들을 내세우는 프랑스와 EU를 이끄는 모범 국가인 독일 역시 실업, 치안 불안, 테러 등 국민적인 피로도가 증가하고 있습니다.

게다가 이 환자에게는 동생이라는 변수도 꼬리표처럼 항상 따라다닙니다. 현재 대한민국 인구의 절반에 달하는 잠재적인 난민이 언제 어떻게 발생할지 모르는 리스크를 항상 안고 있습니다. 다른 나라들에는 없는 대한민국만의 특수한 사정입니다.

이 환자가 원하지 않아도 어쩔 수 없이 형의 역할을 다해야 하는 잠재적인 가능성까지 염두에 두지 않으면 안 됩니다.

무엇보다도 가장 중요한 부분은 정체성입니다. 언어, 문화, 정서, 관습, 종교, 인종, 역사, 가치관 등이 다른 사람들이 한꺼번에 대거 유입되는 현상은 대한민국이라는 국가공동체의 정체성과도 직결되는 문제입니다. 특히 이민자들이 한국 사회에 적응하지 못하거나, 아예 적응하려고 노력하기보다는 자신들의 정체성을 계속 수호하려 한다면 새로운 사회 문제로 대두될 수 있습니다. 자칫 '우리나라'라는 정체성을 위협하는 결과를 낳을 수도 있습니다. '우리나라'가 아닌 '너희 나라', 심한 표현으로는 '느그 나라'가 되어 버리는 꼴이지요.

민족이 실존하는지에 대한 학문적인 논쟁과는 별개로, 일단 같은 핏줄이라는 믿음 자체는 사람들을 뭉치게 하는 중요한 정체성이 될 수 있습니다. 같은 언어, 같은 문화, 같은 정서, 같은 관습, 같은 종교, 같은 인종, 같은 역사, 같은 가치관 등 태생적인 정체성을 공유하는 집단에서 일체감을 느끼는 것은 지극히 자연스러운 현상이지요.

반대로, 나와 다른 사람들을 이해하고 포용하는 것은 매우 예외적인 영역입니다. 나와 다른 타자를 이해하고 존중하려는 의식적인 노력이 있어야만 비로소 가능한 일입니다. 그런 인심을 발휘하기 위해서는 당연히 곳간도 차 있어야 합니다.

그런 점에서는 중국, 북한 등 사회주의를 표방하는 일부 나라에서 민족주의가 대두되는 흐름도 같은 맥락입니다. 사회주의라는 이념은 "만국의 노동자여, 단결하라"는 슬로건에서 알 수 있듯이, 다른 언어, 다른 문화, 다른 관습, 다른 종교, 다른 인종, 다른 역사, 다른 가치관을 가졌더라도, 계급 의식에만 의존한 연대와 단결을 강조합니다. 근대 국민국가의 토대가 된 민족주의와는 정반대 방향이지요. 20세기에 등장했던 사회주의가 지속하지 못한 이유는 사회주의 자체가 '악(惡)'이기 때문이 아닙니다. 단순히 그 고상한 인심을 지속시킬 만한 곳간, 즉 경제적 여력에 도달하지 못했기 때문입니다. 언어도 다르고 생김새도 다르고 문화도 다른, 전혀 모르는 사람들과 노동 계급이라는 공통점만으로 연대하기에는 현실적인 장벽이 높기 때문입니다. 어찌 보면 너무나도 당연한 수순입니다.

디스토피아 사회를 그린 양대 소설 《1984》과 《멋진 신세계》에서는 계급 이외의 모든 정체성이 부정당합니다. 그런데 그 가상 세계들이 모두 문명이 극도로 발달한 시대를 배경으로 한다는 점은 결코 우연이 아닙니다. 이런 고상한 가치들은 당연히 그럴만한 여력, 즉 곳간이 차 있어야만 가능한 이념이기 때문입니다.

어쨌든 서로 다른 사람들과 융화되어 산다는 것은 선의만으로 가능한 일이 결코 아닙니다. 매우 부자연스러운 현상인 만큼, 그 인심을 뒷받침할 곳간이 차있어야만 비로소 시도해볼 수 있는 도전이지요. 그런 점에서는 곳간이 비어가는 대한민국이 오히려 가득 찬 곳간이 가장 요구되는 이민을 추진한다면 사실 그 결과가 불을 보듯 뻔한 일입니다. 가장 원초적인 사회 문제인 저출산 현상을, 가장 고상한 상태가 전제되어야만 비로소 가능한 해결책인 이민으로 대응한다? 앞뒤가 맞지 않습니다. 이미 비어 있는 곳간에서 심지어 더 큰 인심을 내라고 강요하는 꼴입니다. 설령 그렇게 이민을 받는다고 하더라도, 근본적인 문제가 해결되지 않는 한 이민으로 유입된 인구 역시 똑같이 저출산 증상에 시달릴 것입니다.

외부 이민자에 대해 문호를 개방했다고 알려진 나라들 역시 마찬가지입니다. 이민자를 받아서 발전한 측면도 분명 있긴 하지만, 그 전에 애초에 이민자를 받아서 동화시킬 만한 역량을 갖추고 있었습니다. 고대 로마제국이나 20세기의 미국은 사실 모두 그러한 인심을 발휘할 만한 곳간이 채워진 상태였습니다. 애초에 사회가 개방과 포용을 발현할만한 경제적 여건을 갖추고 있었고, 따라서 우수한 이민자들이 몰리는 선순환이 이어졌던 것입니다. 사실은 인과관계가 정반대이지요.

이민은 비가역적인 변화입니다. 한번 들어온 사람을 다시 쫓아낼 수는 없습니다. 단순히 사람이 없으니 수입해서 절대적인 머릿수만 채우자는 식의 이민 정책은 막대한 대가를 치를 수 있습니다. 외국인부터 들여올 생각보다는, 먼저 한국인이 태어나게끔 하는 처방이 우선입니다. 결국에는 대한민국에서 아이를 낳고 키우고 싶게 만드는 방법을 우선적으로 고민해야 합니다. 그것이야말로 이 환자를 진정으로 위하는 근본적인 치료법일 것입니다. 몸에 좋은 약은 원래 입에는 쓴 법이니까요.

04. 유의사항

"이 책에서 '분배' 측면을 주로 진단하고 처방했다고 해서,
'성장'이 중요하지 않다는 의미는 절대로 아닙니다."

이러한 처방과는 별개로, 짚고 넘어가야 할 중요한 문제가 하나 더 있습니다. 처방을 둘러싼 불필요한 논란에 빠지지 않음으로써 치료에 더 효과적으로 집중하기 위해서라도 확실히 해둘 필요가 있는 전제 조건이기도 합니다.

환자 대한민국에 대한 지금까지의 처방과 치료는 결국 신자유주의로 인해 낙수효과가 약해졌다는 진단을 전제로 하고 있습니다. 유동화된 자본과 유연화된 노동 간 달라진 역학관계가 그 근본적인 원인이지요. 그래서 이 진단에 기반을 둔 '수문 열

기'와 '엘리베이터'라는 처방 역시, 결국에는 이 발병 경로를 역으로 추적해가면서 발견되는 문제의 원인을 해결하려는 취지입니다. 약화된 낙수효과를 복원해서 물을 다시 흐르게 하거나, 정 아니면 흐르지 않는 물을 찾아서 직접 올라가 버리겠다는 뜻이니까요.

이러한 일련의 논의는 사실 경제의 '성장'보다는 '분배' 측면에 더 가깝습니다. 곳간을 어떻게 채워넣을지는 아직 따져보지 않은 채, 일단 채워진 상태로 주어진 곳간을 어떻게 꺼내서 나눠야 하는지에 중점을 두었기 때문입니다. '성장' 그 자체보다는 그 '성장'의 과실을 '분배'하는 문제를 먼저 진단하고 처방한 셈입니다. 신자유주의로 인해 달라진 자본과 노동이 '성장'에 어떤 영향을 미치는지는 아직 본격적으로 진찰해보지도 않았습니다.

여기에서 중요한 유의사항이 하나 있습니다. 이 책에서 '분배' 측면을 주로 진단하고 처방했다고 해서, '성장'이 중요하지 않다는 의미는 절대로 아닙니다. 혹시라도 '분배' 문제만 해결하면 '성장'에는 소홀해도 된다고 읽히지는 않을까 하는 노파심에, 처방전에 덧붙이는 유의사항입니다. 우리 사회 한쪽에서는 성장만 하면 분배가 저절로 따라온다고 큰소리치고, 반대쪽에서는 성장은 이제 충분하니 분배만 하자고 주장합니다. 중간이 없지요. 이미 앞에서 진찰한 환자 대한민국의 증상처럼 이분법적인 흑백논리가 그대로 적용되는 지점이기도 합니다.

분명히 덧붙입니다. 성장은 그 자체로도 매우 중요합니다. 여전히 중요합니다. 성장이 만능은 아니지만, 성장이 있어야 분배도 비로소 가능합니다. 일단 곳간을 채워놓아야 필요할 때 꺼내 쓸 수 있는 법입니다.

곳간이 차 있다고 반드시 행복한 것은 아니지만, 행복을 위해서는 곳간이 너무 비어 있어도 안 됩니다. 우리는 이슬만 먹고도 살 수 있는 존재가 아닙니다. 썩은 해골물만 마시고도 마음가짐을 고쳐먹고 욕심을 내려놓을 수 있는 원효대사도 아닙니다. 그리고 사실 모두가 그렇게 될 필요도 없지요.

앞에서 살펴본 바와 같이 경제의 성장은 정치, 사회, 문화 등을 포함한 기타 모든 분야가 발전하기 위한 기본 전제입니다. 경제력이 먼저 뒷받침되어야만 다른 분야들도 비로소 발전할 수 있습니다. 사실 대한민국도 그동안 눈부신 고도성장을 겪어오지 않았더라면 지금 그나마 여기까지 오지도 못했습니다.

하지만 최근 들어 이 환자는 성장 잠재력이 계속 떨어진다는 지적을 심심찮게 들어오고 있습니다. 땅도 좁고 자원도 없는 데다가, 심각한 저출산 증상까지 겪는 와중에 매우 뼈아픈 지적이 아닐 수 없습니다. 기존 주력 산업의 경쟁력이 예전같지 않은 가운데, 확실한 미래 먹을거리를 아직 제대로 확보하지 못한 상황이기도 하지요. 밖으로는 세계 시장에서 경쟁이 날이 갈수록 치열해지고, 안으로는 인구가 고령화되며 감소하는 등 활력을 잃어가는 이중고에 빠져있습니다. 특단의 조치가 없다면, 지금까지 그나마 지켜왔던 곳간이 머지않아 더 빠르게 비어갈지도 모릅니다. 성장은 대한민국이 꼭 해결해 나가야 할 또 하나의 과제임이 분명합니다.

그럼에도 불구하고, 이 책에서 '분배' 측면을 주로 진단하고 처방한 이유는 크게 두 가지입니다. 먼저, 지금 낙수효과가 틀어막힌 분배 구조를 그대로 방치하고서는 '성장'의 의미가 없습니다. 노동으로 생계를 영위하는 대한민국 대다수의 사람에게, 그 성과는 결코 쉽게 허락되지 않는 그림의 떡일 뿐입니다. 그 상태에서는 아무리 열심히 '성장'해보았자 먹을 수 없는 떡 그림만 계속 열심히 크게 그리는 꼴입니다. 닫힌 댐 위에서만 계속 물을 가둬두는 꼴이지요.

그 물이 가재, 붕어, 개구리들의 목도 축일 수 있는 '분배' 구조를 먼저 제대로 갖추어두어야만 나라 전체가 '성장'한 과실이 비로소 더 큰 의미를 가질 수 있습니다. 물이 개천 구석구석까지 흘러 들어가게 '수문'을 열든, 아니면 가재, 붕어, 개구리들을 '엘리베이터'에 태워 댐 위로 올려주든 말입니다.

두 번째는 조금 더 현실적인 이유입니다. '성장' 문제까지 일일이 다 다루려면 처방전이 너무 길어집니다. 사실 '성장'을 제대로 진찰하고, 진단하고, 처방하려면 이 책의 범위를 훌쩍 넘어섭니다. 별도의 책으로도 충분히 다룰 수 있을 정도입니다. '성장'은 그만큼 중요합니다. 곳간을 꺼내는 일보다 채우는 일은 훨씬 더 지난한 과정이기도 합니다. '분배'보다 덜 직관적이며, 그래서 더 복잡하고 막막하게 느껴질 수도 있지요.

아무리 훌륭한 처방전이라도 환자가 읽기에 힘들다면 두꺼운 종이뭉치에 불과합니다. 일단 접근성부터 편해야만 증상의 심각성을 새삼 깨닫고 당장 응급치료부터 결심해볼 용기를 내볼 여지라도 있습니다. 지금 무엇보다도 시급하게 중요한 일은 환자 대한민국의 치료 그 자체이니까요.

COOL HEAD
AND
WARM HEART

5장 ·
응원;

환자 옆 보호자들

"대한민국이 기댈 수 있는 마지막 보루이자 희망이
그나마 하나 있다면 바로 이 환자의 보호자,
즉 대한민국의 국민들입니다."

환자 '대한민국'은 과연 완치될 수 있을까요.

사회 갈등은 과연 치유될 수 있을까요. 지역과 진영과 이념에
이어, 성별로 나이별로 직업별로도 편이 또 갈라지는 세태에서
벗어날 수 있을까요. 이 모든 차이점을 건너뛰어 '대한민국'이라
는 공통점만으로 하나가 되었던 2002년 월드컵 같은 시절은 다
시 이루어지지 않을 꿈★일 뿐일까요. 아니, 설령 이 환자가 월
드컵을 다시 개최한다고 해도 우리는 그때처럼 진정으로 하나
가 될 수 있을까요.

계층 이동의 사다리는 다시 복원될 수 있을까요. 개천에서 살기로 한 가재와 붕어와 개구리도, 하늘을 날아보기로 한 용도 각자 자기 자리에서 각자 나름대로의 희망을 품어볼 수 있을까요. 그러면서도 본인의 의지와 노력만 있으면 다시 사다리를 한 칸 한 칸 도전해볼 수 있는 기회는 다시 허락될 수 있을까요.

무엇보다도 매년 기록을 새로 쓰는 저출산이 더 이상 미래가 아닌 과거의 기록으로만 남을 수 있을까요. 유전자를 남기고 싶은 원초적인 본능이 더 이상 값비싼 사치가 아닐 수 있을까요. 이 정도면 삶을 살아볼 만하다고, 나를 닮은 새로운 생명을 세상으로 초대할 수 있는 용기와 인심을 내볼 수 있을까요.

차가운 머리와 따뜻한 가슴

알프레드 마셜(Alfred Marshall, 1842~1924)이라는 영국 경제학자는 훌륭한 경제학자의 자질로서 차가운 머리(cool head)와 따뜻한 가슴(warm heart)을 함께 꼽은 바 있습니다. 학자에게는 당연히 냉철한 이성이 중요하지만, 그 이성은 결국 인간의 삶을 개선하기 위해서 쓰여야 비로소 의미가 있다는 뜻입니다. 반대로 해석해보면, 무작정 열정만 앞세워서는 안 되고, 당면한 문제를 합리적으로 해결해나갈 수 있는 지성도 겸비해야 한다는 뜻이겠지요.

차가운 머리와 따뜻한 가슴. 이 두 가지는 비단 19세기 영국에만 필요한 자질이 아닐 것입니다. 시대와 공간을 뛰어넘어, 지금 우리가 살아가는 2024년 대한민국에도 예외가 아닙니다. 이 환자에 대한 치료에 돌입하기 위해 한 번쯤 되짚어봐야 할 선결 조건일지도 모릅니다.

특히 그중에서도 차가운 머리는 정확하고 근본적인 치료의 향방을 좌우할 수도 있는 핵심적인 자질입니다. 따뜻한 가슴은 꼭 필요하지만, 또 한편으로는 그것만으로는 충분하지 않습니다. 이 환자가 앓고 있는 증상들이 결코 간단하지 않다는 점에서 더욱 그렇습니다. 여러 정치적 · 경제적 · 사회적 · 문화적 요인들이 누적되어 매우 복잡하게 얽힌 문제들이라, 따뜻한 가슴만으로는 오롯이 풀어내기 어렵습니다. 오히려 눈에 보이는 증상 그 자체에만 집중하는 우를 범하면서 상황을 더 악화시킬 수도 있지요. 가슴을 계속 따뜻하게 보존하기 위해서라도 머리는 항상 차갑게 유지해야 합니다.

그런 의미에서 이 책은 '따뜻한 가슴'을 담아 '차가운 머리'로 쓰인 책입니다. 환자 대한민국을 아프게 하는 정치적, 사회적, 문화적 현상들을 일일이 직접적으로 다루는 대신, 그 각각의 개별 요인들을 아우를 수 있는 더 근본적이고 구조적인 원인을 찾아보았습니다. 그리고 이 책에서 발견한 답은 경제에 있습니다.

환자 대한민국의 증상들에서 구조적인 공통점을 하나 찾는다면, '곳간이 비어가니 인심도 줄어드는 현상'입니다. 사회 갈등은 현재 같이 살아가는 동세대에 대한 인심이, 계층 이동성 하락은 다른 세대 간의 인심이, 저출산은 미래 세대를 대한민국에 새롭게 초대할 인심이 줄어드는 현실을 단적으로 보여줍니다. 그리고 그 인심이 줄어드는 이유는 결국 곳간이 줄어들기 때문입니다. 이는 비단 대한민국만의 증상도 아니며, 미국과 영국 등을 비롯한 세계 곳곳에서 공통적으로 관찰되는 현상입니다.

인류 역사상 가장 풍요로운 시대에 곳간이 비어가는 경제 문제가 발생하는 역설적인 이유도 알아보았습니다. 노동의 축적인 자본은 축적되면서 노동과의 격차가 점점 더 벌어지게 되는데, 그래도 예전에는 적당한 수준에서 과실을 분배하며 균형이 유지되었습니다. 그러나 1970년대 이후 자본주의의 조류가 신자유주의로 접어들게 되면서 자본은 유동화되고 노동은 유연화되면서 상황은 크게 달라졌습니다. 낙수효과가 미약해지며 양극화 현상이 심해졌고, 곳간이 비어가면서 인심은 메말라가기 시작했습니다.

대한민국의 경우 1990년대 후반 IMF 외환위기를 겪으며 신자유주의가 본격적으로 이식되었습니다. 지금 앓고 있는 증상들은 상당수가 그때부터 본격적으로 비롯되어 나타난 후폭풍입니다.

어렵지만, 치료법이 없지는 않습니다. 크게 두 가지를 살펴보았습니다. 첫 번째는 낙수효과가 다시 작동하게끔 '수문'을 열어서 복원하는 방식입니다. 두 번째는 개천에서 댐 위까지 '엘리베이터'를 설치해서 노동자에게 아예 자본가의 정체성을 부여하는 방식입니다. 특히 이 방식은 인공지능에 의해 인간의 정체성마저 위협받게 될 미래에 잠재적으로 더 요긴하게 사용될 수 있습니다.

이 두 처방은 각각 장단점이 있으니, 상황에 맞게 적절히 조합해서 치료하면 됩니다. 다만 현재 대한민국의 저출산 문제는 가장 치명적인 증상인 만큼, 신속하게 '엘리베이터' 처방으로 응급

치료에 돌입해야 합니다. 그렇게 이 환자를 일단 살려놓고 나서, 다음 처방들을 단계적으로 시행해야 합니다. 대한민국은 여기서 이렇게 허무하게 쓰러질 환자가 아닙니다.

마지막 보루

물론 결코 쉬운 길은 아닙니다. 쉽게 해결될 문제였다면 애초에 여기까지 오지도 않았겠지요.

대한민국이 기댈 수 있는 마지막 보루이자 희망이 그나마 하나 있다면, 바로 이 환자의 보호자, 즉 대한민국의 국민들입니다. 대한민국을 신경 쓰는 사람들이 아직 5,000만 명이 넘게 있다는 사실이 이 환자로서는 천만다행일 뿐입니다. 저출산 증상이 여기서 더 심해질수록 이것도 더 이상 장담하기 어렵지만요.

이 보호자들은 때로는 대한민국을 스스로 자조하기도 하고, 비판하기도 하고, 더러는 욕도 합니다. 하지만 그건 이 환자를 사랑하지 않는다는 뜻이 결코 아닙니다. 오히려 그 반대입니다.

어디까지나 '우리' 나라이니까, 사랑하기 때문에 나오는 관심의 표현입니다. 대한민국의 보호자임과 동시에 주인이어서 미우나 고우나 이 환자를 나몰라라 할 수 없는 책임감을 지니고 있기 때문입니다. 기본적으로 관심이 있기 때문에 자조도 하게 되고, 애정이 있기 때문에 비판도 하게 되는 것입니다. 그만큼 조금이라도 더 나아지기를 바라는 마음에서요. 대한민국과는 비교도 안 될 정도로 더 심각한 환자들을 굳이 일부러 찾아가며 쓴소리하지는 않지요.

사실 보호자들이 이 환자를 사랑한다고 해서 평소에 무슨 거창한 티를 내는 것도 아닙니다. 이들은 자나 깨나 나라 걱정만 하며 위인전에 나올법한 애국지사도 못 되고, 그렇다고 도덕적 선으로만 무장한 성인군자들도 아닙니다. 이 환자의 보호자, 즉 대한민국의 국민은 사실 매우 평범하디 평범한 개개인입니다. 배고프면 밥 먹고, 마려우면 화장실 가고, 졸리면 잠들었다가, 때 되면 다시 일어나고, 공부했다가 놀기도 하고, 일했다가 쉬기도 하며, 사랑했다가 헤어졌다가, 싸웠다가 화해했다가, 기뻐했다가 슬퍼했다가, 웃었다가 울었다가, 그런 온갖 희로애락을 겪어가며 각자의 삶을 열심히 꾸려나가기도 바쁜 사람들입니다. 그것만으로도 이미 충분히 벅차고 팍팍한 삶이니까요.

하지만 그와 동시에 이 보호자들은 환자가 위기에 처했을 때는 똘똘 뭉치는 특유의 DNA도 같이 보유하고 있습니다. 평소에는 흩어져서 각자 바쁘게 사느라 서로에게 무관심해 보일 수 있어도, 정작 필요한 순간에는 힘을 모을 줄 알고, 그래서 없는 기적도 종종 만들어내기도 하지요. 그래서 덕분에 이 환자는 종종 자신의 객관적 역량을 훌쩍 뛰어넘는 놀라운 능력을 발휘해내기도 합니다.

'한강의 기적'이라 불리는 성장의 역사가 그랬고, '쓰레기통에서 장미를 피워낸' 민주주의의 역사가 그러하였습니다. IMF 외환위기 당시에는 이 보호자들이 자신들의 금붙이를 앞장서서 모아냈고, 이때 본격적으로 이식된 신자유주의로 지금까지 고통받고 있을지언정 그 외환위기 자체는 당초 계획보다 훨씬 빠르게 극복해냈습니다. 태안 앞바다가 온통 기름으로 까맣게 물들었을 때는 갯바위 하나하나를 손으로 닦아내는 수고를 아끼지 않았습니다. 선출된 권력이 초심을 잃었을 때는 추운 겨울날에도 전국에서 모여 촛불을 밝혔고, 결국 대한민국의 주인이 누구인지를 분명히 각인시켰습니다.

이 나라는 그런 나라입니다. 대한민국은 그렇게 작은 평범함들이 모여서 위대해진 나라입니다. 말도 많고 탈도 많지만, 그래도 대한민국이 여기까지 꾸역꾸역 올 수 있었던 것은 결국 이 보호자들 덕분입니다. 이 나라의 유일한 자원은 사람이니까요. 누군가는 이 '평범한' 사람들을 개, 돼지에 비유하기도 합니다만, 사실 이들은 개보다 훨씬 충성스럽고 돼지보다 훨씬 똑똑합니다. 그러니까 나라가 망할 것 같으면 자기 금을 내놓고, 또 나라가 이상해질 것 같으면 거리로 나왔겠지요.

대한민국은 이미 이 보호자들에게 크게 빚지고 있습니다. 다행히 적어도 아직까지는 대한민국을 아끼고 사랑하는 보호자들이 건재합니다. 그리고 그중 상당수는 이 환자가 치료가 필요하다는 데 동의하고 있습니다. 물론 모든 보호자의 생각이 항상 100% 일치할 수는 없습니다. 하지만 적어도 대한민국이 계속 이대로 방치되어서는 안 된다는 점에는 상당한 공감대가 형성되고 있습니다.

아마 어쩌면, 이 사실만으로도 이 환자를 포기하기에는 너무나도 이를지도 모릅니다. 세상 든든한 보호자들이 이렇게나 많은데, 하는 데까지는 해봐야지요. 다행히 보호자들은 그동안 이 환자를 살려온 경험이 있습니다. 지혜도 있습니다. 역량도 있고,

저력도 있습니다. 위기를 기회로 바꾸어내는 DNA가 있습니다.

그리고 이 보호자들이 있는 한, 대한민국은 결코 쉽게 무너지지 않을 것입니다. 물론 단기적으로는 여전히 또 시끄럽고 복잡하고 지난한 과정이겠지만, 결국에는 그 시간을 딛고 기어코 다시 우뚝 일어설 것입니다. 그리고 그 역동성이야말로 대한민국이 지금까지 뚜벅뚜벅 걸어온 발자취 그 자체이기도 합니다.

이 희망 하나를 '따뜻한 가슴'에 품고, 이제 '차가운 머리'로 환자 대한민국을 치료해봅시다.

이 책을 쓴 이유

저는 환자 대한민국을 사랑하는 보호자 중 한 사람입니다. 사실 매우 평범하고 평범한 개인이지요. 앞에서 든 "배고프면 밥 먹고, 마려우면 화장실 가고, 졸리면 잠들었다가, 때 되면 다시 일어나고, 공부했다가 놀기도 하고, 일했다가 쉬기도 하며, 사랑했다가 헤어졌다가, 싸웠다가 화해했다가, 기뻐했다가 슬퍼했다가, 웃었다가 울었다가, 그런 온갖 희로애락을 겪어가며 각자의 삶을 열심히 꾸려나가기도 바쁜 사람"은 바로 제 이야기이기도 합니다. 현역 군복무 후 예비군 훈련도 꼬박꼬박 나가고, 유리지갑이라 자연스럽게 세금도 잘 낼 수밖에 없는, 평범하고 흔한 보호자 중 한 사람입니다.

그런 제가 대한민국에서 태어나서 지금껏 보고 겪고 부대껴
온 다른 보호자들, 즉 우리 국민은 참 대단한 사람들입니다. 부
지런하고, 똑똑하고, 정도 많고 흥도 넘치는 민족입니다. 그래서
좋은 사회 시스템만 뒷받침된다면, 우리 국민은 숨겨진 잠재력
을 놀라운 수준까지 무한하게 발휘해낼 수 있다고 저는 감히 확
신합니다.

　그리고 저는 사실 그 사회 시스템을 설계하고 발전시키는 데
기여하고 싶어서 국가공무원이 되었습니다. 관심 있는 전공분
야에서 공익을 위해 일할 수 있는 기회는 그 자체만으로도 의미
있는 경험이자 커다란 영광이지요. 국립대에서 수학하고 지금
은 국가기관에 소속된 공직자로서, 저는 이 환자에 대한 일말의
책임감을 항상 가지고 있습니다. 《환자명: 대한민국》은 그 책임
감의 연장선에서 나온 고민의 산물입니다.

　여기까지 읽으셨다면 이미 잘 아시겠지만, 이 책은 딱딱한 경
제 · 사회 보고서는 아닙니다. 다만 제 전공과 업무 경험을 살려,
환자 대한민국이 당면한 여러 증상을 제 나름대로 진단하고 처
방해본 결과물입니다. 사회 갈등, 계층 이동성 하락, 저출산 등
현재 우리 사회가 직면한 다양한 문제점들을 포괄하면서, '경제'

라는 관점을 차용해서 현 상황의 구조적인 원인을 진단하고 그에 따른 근본적인 처방을 모색해보고자 했습니다. 제가 현직 국가공무원 신분이라는 사실과는 별개로, 대한민국 정부의 공식 입장이 아니라는 점도 분명히 밝힙니다. 어디까지나 작가 개인의 생각을 풀어낸 제언입니다.

그렇기 때문에 한편으로는 독자층도 넓습니다. 제 직장 동료 · 상사인 공무원들, 혹은 정치인, 교수 등 일부 전문가들에 한정되어 있지 않습니다. 환자 대한민국의 증상에 공감하고, 나아가 정확한 진단과 처방을 통해 제대로 치료되기를 바라는 사람이라면, 대한민국 국민 남녀노소 누구에게나 술술 읽히고 무리 없이 이해될 수 있길 바랐습니다. 그래서 최대한 쉽게 풀어쓰려고 노력했습니다. 다만 결코 쉽게 쓰이지는 않았습니다. 제가 대한민국에서 나고 자라 지금까지 쭉 살아오면서 그동안 보고 배우고 느끼고 경험한 다방면의 감상들을 같이 녹여내고 싶었습니다.

이 책은 제 개인적으로는 오래된 버킷리스트(bucket list) 중 하나이기도 합니다. 물론 버킷리스트 치고는 상당히 재미없는, 오히려 피곤하고 고통스러운 일이었지요. 퇴근 후 저녁에, 출근 전

새벽에, 주말에, 연휴에 책상에 앉아 작업을 하기는 쉽지만은 않았습니다. 공무원이기 이전에 결국 사람이니까요. 그래도 더 나은 나라를 위한 더 큰 고민은 누군가는 시간을 가리지 않고 끊임없이 해야 한다고 믿었습니다. 이 환자가 꼭 평일 일과시간에만 아픈 것은 아니기 때문입니다. 우리나라가 더 나은 방향으로 발전해나가는 데 기여할 수 있다면 공직이라는 직업 외적으로도 참 의미 있는 보람이 될 것 같았습니다.

난생 처음으로 제 이름으로 책을 내는 심정은 여전히 부끄럽습니다. 혹시라도 이 책에서 제시한 진단이나 처방에 오류가 있다면 그건 전적으로 제 역량이 부족하기 때문입니다. 그 가능성을 감수하면서도 무모할지도 모르는 용기를 내보는 이유는, 처방전에 완벽만을 추구하다가 자칫 사후약방문(死後藥方文)이 되지는 않을까 하는 노파심 때문입니다. 환자 대한민국을 제대로 치료하기 위한 골든타임은 분명히 점점 줄어들고 있습니다. 그래서 설령 이 책의 진단과 처방이 오진이라 하더라도, 저보다 더 '따뜻한 가슴'과 '차가운 머리'를 가진 다른 보호자들의 집단지성을 통해 얼마든지 다시 바로잡아갈 수 있다고 과감히 판단했습니다. 그리고 이 과정에서 환자 대한민국에 대한 관심이 다시 환기될 수만 있다면, 그 자체만으로도《환자명: 대한민국》을 결심했던 용기는 후회되지 않을 것 같습니다.

앞으로 대한민국이 완치되어 새롭게 나아갈 발자취에 이 책이 작은 이정표라도 되었으면 합니다. 사랑하는 이 환자가 제대로 된 치료를 받을 수만 있다면 이 책은 그 역할을 충분히 다한 것입니다. 오래된 약은 오히려 건강에 해롭듯이, 그때는 이 책도 역사의 뒤안길로 사라져야 합니다. 다 먹은 약봉지처럼 미련 없이 버려야지요. 대신 그때는 더 '따뜻한 가슴'과 더 '차가운 머리'로 쓰인, 더 훌륭한 처방전들이 이 환자를 계속 건강하게 지켜줄 것입니다. 그리고 그렇게 되기를 진심으로 바랍니다.

부끄러운 글을 멋진 책으로 만들어주신 지음미디어에 감사합니다. 용기 내어 투고한 원고에 '설렌다'며 출판을 제안해주셔서, 환자 대한민국에 대한 애정이 의미 없는 짝사랑은 아니었다는 안도감이 가장 먼저 들었습니다. 작업을 핑계로 바쁘다는 핑계를 묵묵히 들어준 주위 사람들에게도 진심 어린 고마움을 같이 전합니다. 혼자 무슨 사서 고생이냐 싶을 때마다 포기하지 않을 용기를 얻었습니다. 이 환자와는 또 다른 의미로 사랑합니다.

초판 1쇄 인쇄 2024년 1월 11일
초판 1쇄 발행 2024년 1월 29일

지은이 송하늘
펴낸이 임충진

펴낸곳 지음미디어
출판등록 제2017-000196호
전화 070-8098-6197
팩스 0504-070-6845
이메일 ziummedia7@naver.com
ISBN 979-11-93780-00-8 03300

값 18,800원

COOL HEAD
AND
WARM HEART